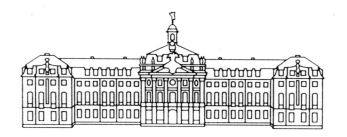

WESTFÄLISCHE
WILHELMS-UNIVERSITÄT

Universität Münster

Ein Porträt

Herausgegeben von
Erhard Obermeyer

Aschendorff Münster

Die Universität Münster in ihrer Gesamtheit als *universitas* des Forschens und Studierens darzustellen, käme der Lösung der Quadratur des Kreises gleich. Diese *universitas* in ihrer umfassenden Vielfalt kann ein Betrachter allein nicht ermessen. Hier und dort gelingt ihm, allenfalls ein Zipfelchen davon zu greifen, vielleicht auch zwei oder drei. Und dann ist das auch nur vom jeweils subjektiven Blickpunkt des Betrachters bestimmt und abhängig. Darum will dieses Buch auch nicht beanspruchen, das allein mögliche oder einzig richtige Bild der Universität Münster zu vermitteln. Viele Bücher ließen sich über diese Universität schreiben, keines davon wäre vermutlich hinreichend, die allumfassende *universitas* auszuloten.

Viele haben die Mosaiksteine zu diesem Porträt gesammelt, haben mit Rat und Tat daran mitgewirkt, sie zum Werk zu gestalten, das in seiner Eigenart nun dieses Bild vermittelt.

Ein Dank gebührt zunächst der Rektorin der Universität, Frau Prof. Dr. Maria Wasna. Aufschlußreich hat sie die Wege durch die akademische Welt gewiesen, folgend ihrem Vorgänger im Amt, Herrn Prof. Dr. Hans-Uwe Erichsen, der die Verwirklichung dieses Buches initiierte und hartnäckig verfolgte.

Dank gebührt den Verantwortlichen in Archiven und Bibliotheken, Instituten und Seminaren, die für dieses Buch Fotos und Texte, wertvolle Informationen und Anregungen beisteuerten. Dank letztlich sei abgestattet den Kollegen in der Pressestelle der Universität, die bereitwillig Auskunft gaben und vieles Interessante von ihrem Wissen beisteuerten.

Der Herausgeber

Eine Hochschule, die an die historische Mitte der Stadt anknüpft

Das Denkmal Franz von Fürstenbergs, des Universitätsgründers, geschaffen 1875 vom münsterschen Bildhauer Heinrich Fleige.

So macht das Studieren wahrlich Spaß! Die viel gelobte Lebensqualität der Stadt Münster hat zur Attraktivität ihrer Universität beigetragen. Wo gibt es das schon, daß Studenten in Sichtweite des Domes und zu Füßen des Universitätsgründers Siesta halten können? Trotz vieler Konkurrenten im Lande, trotz benachbarter Universitäten und Gesamthochschulen – die Universität Münster brauchte sich über einen Mangel an Zulauf nie zu beklagen. Rund 45 000 Studierende – das entspricht schon der Bevölkerung einer Mittelstadt. Hinzu kommen noch einmal rund 10 000 Bedienstete – von der Rektorin bis zur wissenschaftlichen Hilfskraft, vom Kanzler bis zum Hausmeister: Jeder fünfte, der über den Prinzipalmarkt bummelt, hat mit der Universität zu tun! Die Stadt ist geprägt von der Universität, die Universität von der Stadt.

Dauerthema an der Universität: die Studienplatzmisere

Mit Ironie versuchte dieser Student im Winter 1988 auf die katastrophale Studienplatzsituation aufmerksam zu machen. Die Illusionen waren offenbar das einzig Reale...

Die Universität sah sich in den letzten Jahren einem seltsamen Widerspruch ausgesetzt. Auf der einen Seite verzeichnete sie ständig wachsende Studentenzahlen, auf der anderen Seite setzte die Landesregierung in der überfüllten Hochschule den Rotstift an, sparte Stellen weg. Zugleich wurde vom Wissenschaftsministerium die Qualität der Lehre angemahnt, kritisierten Politiker eine zu lange Studiendauer.

Dabei hat die Universität keineswegs Stellenstreichungen generell abgelehnt, denn zum Teil wurden in den 70er Jahren Fächer am Bedarf vorbei aus politischen Gründen ausgebaut. Jedoch das Kriterium „Auslastung" wurde als Maßstab für Stellenstreichungen abgelehnt, denn eine „Nichtauslastung" ließ sich schnell konstruieren, wenn die „Überlast" vom Anfang der 80er Jahre als Richtschnur genommen wurde.

Dieser Kampf um die Stellen durchzieht die Arbeit der Rektorate der letzten Jahre wie ein roter Faden, wobei dieser Kampf durch die Sorge um den wissenschaftlichen Nachwuchs verschärft wurde: Es gibt nicht mehr genug Stellen für die Qualifizierung junger Wissenschaftler. Längst vorbei die Zeiten, in denen jedem Hochschullehrer auch eine Assistentenstelle zugeordnet werden konnte.

Im statistischen Schnitt ist jeder Studienplatz in Münster zweimal besetzt, wobei in verschiedenen Fächern diese Belastung natürlich noch weit höher liegt.

Die Verschlechterung ihrer Studienbedingungen nahmen auch die Studenten nicht protestlos hin. Sie machten massiv gegen die Mißstände Front, demonstrierten mit Kreativität und Phantasie. Das Echo in der Politik war gleich Null.

Papst und Kaiser stellten Privilegien und Urkunden aus

"Nos Josephus Secundus", Kaiser des Heiligen Römischen Reiches Deutscher Nation, unterzeichnete am 8. Oktober 1773 die Gründungsurkunde der Universität. Das Exemplar liegt wohlgehütet im Staatsarchiv.

Auf dieser Urkunde fußt die Universität: Am 8. Oktober 1773 unterzeichnete Kaiser Joseph II. die Urkunde, bestätigte damit die landesherrliche Fundationsurkunde, die Kurfürst und Fürstbischof Max Friedrich von Königsegg-Rothenfels bereits am 4. August 1771 ausgestellt hatte. Außerdem bezog Joseph II. ausdrücklich das Diplom von 1631 ein, mit dem Kaiser Ferdinand II. erstmals die juristischen Voraussetzungen für eine Universität Münster geschaffen hatte. Damit wurde deutlich gemacht, daß die neue Universität an den Plan der alten vor 140 Jahren anknüpfte. Vor dem Kaiser hatte auch der Papst Clemens XIV. eine Errichtungsbulle für die Universität ausgestellt, und zwar am 28. Mai 1773. Die Universität Münster war die letzte, die die päpstliche und kaiserliche Approbation erhielt. Die wirtschaftlichen und finanziellen Voraussetzungen für die Gründung wurden mit der Aufhebung des Überwasserklosters geschaffen. Die Gründungsurkunde der Universität trägt deshalb im Staatsarchiv die Signatur „Überwasser Urk. 763".

Promotion: Die Besten der Besten werden jährlich ausgezeichnet

Die Besten eines guten Jahrgangs, hier des akademischen Jahres 1990/91: 68 Wissenschaftler wurden von der Universität für ihre herausragende Promotion geehrt – sie hatten mit „summa cum laude" promoviert. 68 von insgesamt 913, die in diesem akademischen Jahr ihr Studium mit der Promotion abgeschlossen hatten. Den absoluten Spitzenplatz in der Qualitätsspitze hält die Katholisch-Theologische Fakultät, zwei Drittel ihrer Promotionen wurden mit „summe cum laude" bewertet. In den absoluten Zahlen war die große Philosophische Fakultät natürlich nicht zu „schlagen", 24 der 140 Promotionen erreichten die Spitzennote.

Ein „Doktor" ist ein Gelehrter und erhält diesen akademischen Titel für seine wissenschaftliche Leistung. An der Universität Münster wird pro Jahr rund neunhundertmal auf diese Weise das Studium krönend abgeschlossen. (Davon entfällt allerdings etwa die Hälfte auf die Mediziner.) Die moderne Form der Promotion geht zurück auf die Universitäten und Fakultäten des späten Mittelalters und der frühen Neuzeit. Damals bildeten sich die verschiedenen akademischen Grade heraus, wie der Historiker Prof. Dr. Hans J. Teuteberg anläßlich einer Promotionsfeier darlegte.

An unterster Stufe stand der „Scholar" (Schüler), der in der Regel mit dem Studium der Philosophie und freien Künste in der Artistischen oder Philosophischen Fakultät begann. Er schloß sich einem älteren „Magister" (Meister) an. Nach zweijährigem Studium – „Grundstudium" würde man heute sagen – konnte er die erste Prüfung ablegen, aus dem Scholar wurde ein „Baccalarius artium". (An manchen Universitäten gab es auch den „Lizentiaten" als Vorstufe.) Dieser Baccalar mußte nun nicht nur weiter lernen, sondern auch schon lehren – der heutige Assistent schimmert hier durch. Nach einer zweiten Prüfung konnte er dann auch den Titel eines „Magister artium liberalium" erhalten.

Strebte dieser junge Magister nun auch noch die Würde eines „doctor", eines Lehrers, an, mußte er in den oberen Fakultäten Theologie, Jura und Medizin von vorn anfangen als Scholar. Über Baccalariat oder Lizentiat erreichte er dann schließlich den „doctor medicinae", den „doctor juris" oder den „doctor theologiae" – ein langes Studium, das durchaus acht bis neun Jahre währen konnte, hatte seinen Abschluß gefunden. Ein Doktor hatte also schon ein reiferes Alter und war mit den heutigen Jungprofessoren vergleichbar.

Die Verleihung des Doktorgrades wurde feierlich begangen, in der Kirche mit Festzug, Eid, Glocken und Fanfaren. Der neue Doktor erhielt nicht nur den berühmten Doktorhut, sondern auch einen Doktorring und genoß nun ähnliche Privilegien wie der Adel. Das alles gab's nicht umsonst: Neben den kräftigen Gebühren und einem Ehrengeschenk für den Dekan mußte auch ein opulenter Doktorschmaus ausgerichtet werden.

Eine spätere Entwertung des Doktorgrades führte zu kuriosen Entwicklungen. Neben dem „doctor rite promotus" (also gerade bestanden) kam der „doctor bullatus", der ohne wissenschaftliche Leistung verliehen und auch gekauft wurde. Da „bulla" nicht nur Kapsel, sondern auch Blase heißt, entstand der Begriff von den „aufgeblasenen" Doktoren.

Der Ulk nach der Promotion knüpft an altes Zeremoniell an

Dem Ernst folgt der Ulk: Die Kommilitonen lassen sich einiges einfallen, um den frischgebackenen Doktor zu feiern.

Dem Ernst folgt der Ulk: Er muß im Prüfungsstreß wohl eine Vorliebe für Gurken entwickelt haben...

An der Universität Münster wird nicht nur fleißig studiert, sondern auch fleißig examiniert: Rund 5000 Studierende beenden jährlich ihr Studium erfolgreich. Damit liegt Münster in der amtlichen Prüfungsstatistik an zweiter Stelle in Deutschland – hinter der erheblich größeren Universität München. Das Statistische Bundesamt Wiesbaden hatte das Prüfungsjahr 1985 für seine Erhebung zugrunde gelegt. Danach waren es in Münster exakt 4955 gegenüber 5447 erfolgreichen Prüfungen in München. Die ebenfalls größeren Universitäten Berlin, Hamburg und Köln folgen mit deutlichem Abstand – 4135, 3940 und 3865. Sehr gut schneidet die Universität Münster auch bei einem anderen Vergleich ab, wenn nämlich die bestandenen Prüfungen in Relation gesetzt werden zur Gesamtzahl der Studierenden. Münster erzielt dabei einen Wert von 11,3 Prozent, besser ist nur noch Freiburg mit einem Wert von 12 Prozent. Die Universität Münster liegt also bei dieser Art von „Ranking" vorn, zumal auch die Studienzeiten in etlichen Fächern unter dem Landesdurchschnitt liegen.

Hoch zu Roß: Auch vor Jahren folgte dem bestandenen Rigorosum die Ehrung.

Maria Wasna: Universität dient der Wahrheitserkenntnis

Prof. Dr. Maria Wasna, Psychologin, Rektorin der Universität Münster, bestimmt im nebenstehenden Beitrag das Selbstverständnis der Universität.

Die universitas kennzeichnete die Universität im Mittelalter als eine geschworene Einung von Magistern und Studierenden, die in einem freien Zusammenschluß bestand. Diese „conjuratio" fand ihren Ausdruck in einem wechselseitig geleisteten Eid.

Auch heute verlangt die Universität „eine eigentümliche soziale Lebensform", damit die Idee der Bildung und des Wissens zum Leitbild der Institution wird. Schelsky fordert, daß das geistige und soziale Leitbild der Universität gegenüber anderen geistigen und institutionellen Ansprüchen in der Gesellschaft „polemisch" abgegrenzt wird. In der deutschen Universitätsgeschichte ist diese soziale Selbstbehauptung und Polemik stets gegen die Forderung, die Universität zur Stätte der Berufsausbildung durch Wissenschaft zu machen, gerichtet worden.

Zum Leitbild der Universität gehören zentrale Kategorien als ihr struktureller Kern:

1. Freiheit von Forschung und Lehre:

Die im Grundgesetz verankerte Freiheit von Wissenschaft, Forschung und Lehre garantiert, daß Lehrende und Lernende allein „der Idee der Wahrheit" verpflichtet sind. Die Bedeutsamkeit dieses Prinzips ist angesichts der Folgen des staatlichen Dirigismus in der ehemaligen DDR und in den Staaten Osteuropas und der desolaten Situation der Universitäten dort deutlich bewußt. Der Freiraum der Wissenschaft kann nur effizient genutzt werden, wenn alle in der Hochschule Tätigen die Chance haben, Eigenverantwortung und Initiative zu entwickeln.

2. Einheit von Forschung und Lehre:

Forschung und Lehre sind in der Wissenschaft untrennbar. Wenn die Forschung als Privileg Vorrang erhält oder Ressourcen aufgrund der Nachfrage in der Lehre zugeteilt werden, dann wird die Idee einer Einheit der Universität als lebendige geistige Mitte der Wissenschafts- und Bildungsorganisation im ganzen aufgegeben.

Karl Jaspers warnte eindringlich davor, „die Idee der Wahrheitserkenntnis und der ihr entspringenden geistigen Initiative" zu vernachlässigen und die Universität zum „Ausbildungsapparat" zu degradieren.

3. Corporate Identity als soziales Leitbild:

Struktureller Kern der Universität als soziales Gebilde ist ihre corporate identity. Ein klar definiertes Gefüge von Werten, Prinzipien und Zielen schafft die Voraussetzung für die interne und externe Orientierung und Identifikation. Corporate communication verlangt ein Zurückstellen der individuellen und bereichs- oder gruppenspezifischen Perspektiven zugunsten eines auf das Ganze bezogenen Wir-Bewußtseins.

Die Universität als ganze hat die vielfältigen kommunikativen Bezüge zu pflegen und das Beziehungsgeflecht der Kontakte und Wechselwirkungen aktiv zu gestalten. Die weit über die Universität hinausgreifenden wissenschaftlichen Kommunitäten prägen ihr Bild im internationalen Verbund.

Das Bild der Universität als einer corporate identity braucht klare Konturen einer sich aus der Geschichte ableitenden Ziel- und Werte-Orientierung, aber auch eine den wissenschaftlichen Entwicklungen und gesellschaftlichen Veränderungen entsprechende Profilierung.

Die Vielfalt der Fächer an der Westfälischen Wilhelms-Universität schafft die Voraussetzung für ein historisch begründbares umfassendes Wissenschaftsverständnis.

Im Zusammenwirken von Wissenschaftlern in Forschungsgruppen, Sonderforschungsbereichen, in Zentren und Instituten für Forschung und Lehre – im regionalen und internationalen Verbund – gewinnt die Westfälische Wilhelms-Universität ihr Profil. Die durch inhaltliche und methodische Differenzierung der Wissenschaft bedingten hohen Spezialisierungen lassen sich im interdisziplinären Diskurs für übergreifende Problemstellungen nutzen.

Daraus können umfassende Orientierungen für alle Beteiligten gewonnen werden: in einem Studium generale, wobei Studium im ursprünglichen Sinn als eine der Wissenschaft dienende Gemeinschaft von Lehrenden und Lernenden zu verstehen ist.

☆

Der Rektor ist selbstverständlich männlich, in Münster jedoch ist *der* Rektor *die* Rektorin – Professorin Doktorin Maria Wasna, die erste Frau in der Männerdomäne deutscher Universitäten. Was bei ihrer Amtseinführung sprachliche Überlegungen der Wissenschaftsministerin Anke Brunn auslöste. Sie sann nämlich über die Anrede nach.

„Frau Rektorin – das ist ja kein Problem. Aber Magnifizenzin..." Die interessanten Sprachschöpfungen wurden durch einen Zwischenruf aus den Zuhörerreihen unterbrochen: „Magnifizenz ist von Natur aus weiblich!" Was in diesem Falle gleich doppelt zutrifft. Magnifizenz leitet sich her vom lateinischen magnificentia, was soviel wie Erhabenheit bedeutet.

„Rector magnificus" oder „Magnifizenz" war bis Ende der 60er Jahre usus in der akademischen Anrede. „Magnifizenz" lebt wieder auf. Münsters „Rector magnifica" ist einzigartig in deutschen Landen.

Das Rektorat leitet die Universität
Kommissionen und Senat wirken beratend mit

Das Rektorat der Universität Münster im Mai 1992 mit der Rektorin Prof. Dr. Maria Wasna (Psychologie): von links Prorektor Prof. Dr. Walter Krebs (Jura), zuständig für Struktur, Planung und Bauangelegenheiten; Kanzler Dr. Klaus Triebold, zuständig für die allgemeine Hochschulverwaltung; Prorektor Prof. Dr. Bernd Brinkmann (Rechtsmedizin), zuständig für Forschung und wissenschaftlichen Nachwuchs (zu seinem Nachfolger wurde am Ende des Sommersemesters 1992 der Pathologe und Leiter des Gerhard-Domagk-Instituts, Prof. Dr. Werner Böcker, gewählt); Prorektor Prof. Dr. Rainer Mattes (Anorganische Chemie), zuständig für Finanz- und Personalangelegenheiten; Prorektor Prof. Dr. Peter Funke (Geschichte), zuständig für Lehre und studentische Angelegenheiten.

Das Rektorat der Westfälischen Wilhelms-Universität besteht aus dem Rektor, den vier Prorektoren und dem Kanzler. Der Rektor sowie die Prorektoren müssen Professoren der Westfälischen Wilhelms-Universität sein. Vorsitzender des Rektorats ist der Rektor bzw. jetzt zum ersten Mal die Rektorin, die die Universität repräsentiert und nach außen vertritt.

Zentrale Aufgabe des Rektorats ist die Leitung der Universität. Das Rektorat hat daher den Aufgaben der Universität in Forschung, Lehre und Studium zu dienen. Zur Wahrnehmung dieser Funktion hat das Rektorat eine weitgespannte Zuständigkeit zur Entscheidung über Angelegenheiten, die die Universität betreffen. Es wird dabei von Fachkommissionen beraten, wie z. B. der für Forschung und wissenschaftlichen Nachwuchs oder der für Lehre und studentische Angelegenheiten.

Das Rektorat ist allerdings keineswegs für alles zuständig. So ist z. B. nicht das Rektorat, sondern der Rektor für die Ordnung in der Universität verantwortlich, so leitet der Kanzler die Hochschulverwaltung, in deren Angelegenheiten das Rektorat nur für Fragen grundsätzlicher Bedeutung zuständig ist. Ganz wesentliche Entscheidungen für die Universität fallen auch in die (Mit-)Entscheidungskompetenz des Senats und des Konvents.

Über die allgemeine Leitungsfunktion hinaus sind zahlreiche Aufgaben des Rektorats in der Verfassung der Universität gesondert benannt. So hat z. B. das Rektorat darauf hinzuwirken, daß die übrigen Organe, Gremien und Funktionsträger ihre Pflichten erfüllen, und hat zu diesem Zweck Rechtsauskünfte zu erteilen und die Rechtsaufsicht zu führen.

In vielen wichtigen Angelegenheiten entscheidet das Rektorat im Zusammenwirken mit dem Senat, der ebenfalls für die Entscheidung grundsätzlicher Fragen in Forschung, Lehre und Studium zuständig ist, so z. B. für die Errichtung oder Änderung von Fachbereichen und Einrichtungen der Universität und für die Beschlußfassung über die Vorschläge für die Berufung von Professoren.

Eine wichtige Aufgabe des Rektorats besteht daher darin, die Sitzungen des Senats vorzubereiten und dessen Beschlüsse auszuführen.

Das Schloß – ein reifes Meisterwerk von Johann Conrad Schlaun

Das Schloß ist eine der Hauptschöpfungen des Barocks in Norddeutschland. Schlaun hat wie kein anderer Architekt die Stadt Münster geprägt.

Das Schloß ist die Kraftquelle der Universität. Hier laufen alle Fäden der Hochschule zusammen, hier lenkt das Rektorat die Geschicke der Alma mater, hier melden sich jedes Semester mehr als 40 000 Studierende zurück oder schreiben sich neu ein. Das Schloß – ein akademisches Zentrum, um das andere Universitäten Münster beneiden. Zugleich gilt das Schloß als eine der Hauptschöpfungen des norddeutschen Barocks – es ist ein reifes Alterswerk Johann Conrad Schlauns zu einer Zeit, als andernorts in Europa bereits der Klassizismus regierte. Das münstersche Schloß blieb denn auch unvollendet.

Der Grundstein wurde 1767 auf der ehemaligen Zitadelle gelegt. Sechs Jahre später starb Baumeister Schlaun, die Arbeiten führte sein Nachfolger Ferdinand Lipper in vereinfachter Form weiter, bis sie 1787 endgültig eingestellt wurden. Schlaun hatte eine großzügige Residenzanlage konzipiert, an den erhaltenen Entwürfen läßt sich die Genialität der Planung noch heute ablesen. Verwirklicht wurden nur das eigentliche Schloß mit einer zweigeschossigen Kapelle, die beiden Kavaliershäuschen und die Remise.

Die Planungen für ein fürstbischöfliches Residenzschloß gehen bis in die 30er Jahre des 18. Jahrhunderts zurück, aber erst 1766 erhielt Schlaun endgültig den Bauauftrag vom münsterschen Fürstbischof und Kölner Kurfürsten Maximilian Friedrich Graf von Königsegg-Rothenfels (1762 bis 1784), der 1773 auch das päpstliche und kaiserliche Privileg zur Gründung einer Universität erwarb. Gedrängt auf den Bau einer Residenz hatten unter anderem auch die Landstände – allerdings im höfischen Glanz konnte sich Münster nie sonnen. Die Fürstbischöfe hielten lieber im rheinischen Bonn Hof.

Das münstersche Schloß kann sich mit seinem eigenen Charakter zweifellos neben solch berühmten europäischen Bauten wie Schönbrunn oder Würzburg behaupten. Es strahlt in seiner Verbindung von hellem Baumberger Sandstein mit mattrotem Klinker eine einzigartige Wärme aus. Dazu kommt der reiche bildhauerische Schmuck, vor allem am vorspringenden Mittelpavillon, eine Komposition aus der Natur: Allegorien stellen Leben und Vergänglichkeit dar. Das Schloß, begonnen, als sich die Barockepoche dem Ende zuneigte, ist ein Torso.

Mit der endgültigen Einverleibung Münsters in den preußischen Staat wurde 1815 das fürstbischöfliche Schloß zu einem königlichen; es diente dem Oberpräsidenten und dem Kommandierenden General als Wohnung.

Am Palmsonntag 1945, dem schwarzen Tag für Münsters Altstadt, war es mit der barocken Pracht vorbei, als Brandbomben das Schloß trafen. Feuerwehrleute, die einsatzbereit in der Frauenstraße warteten,

Bomben zerstörten die barocke Pracht
Streit um das Glockentürmchen

1945 – der Tiefpunkt. Das Schloß wurde kurz vor Kriegsende noch ein Opfer der Bomben. Palmsonntag 1945 brannte es bis auf die Grundmauern aus.

griffen nicht ein – sie hatten keinen Befehl dazu. So brannte das Schloß bis auf die Außenmauern aus.

Im Mai 1947 traten zum erstenmal Studenten zum Räumdienst an, mit Schaufel und Hacke rückten sie den Schuttbergen zu Leibe. Als im Mai 1949 Richtfest gefeiert wurde, hatten rund 2 000 Studenten mit ihrer Hände Arbeit zum Wiederaufbau beigetragen. Material war knapp in jenen Jahren, um das Bauholz oder den Zement mußte mit den Behörden zäh gerungen werden. Und als dann 1950 der Koreakrieg ausbrach, ereigneten sich Vorfälle, die heute wie Anekdoten anmuten – Kupfer, das tagsüber eingebaut wurde, wurde nachts wieder „ausgebaut". Der Schwarzmarkt blühte. Daß das Schloß wieder von Türmchen und goldenem Engel bekrönt ist, ist der nordrhein-westfälischen Kultusministerin Christine Teusch (1947 bis 1953) zu danken, die sich gegen den Sparkurs der Fachämter in ihrem Ministerium durchzusetzen wußte. Die Pragmatiker wollten im Dach einen großen Hörsaal einbauen, dessen Nutzung der Turmunterbau natürlich gestört oder gar unmöglich gemacht hätte. Diese Pläne lösten einen regelrechten Pressekrieg aus, die Entrüstung war allgemein: Der Eindruck des alten Schlosses würde erledigt und vernichtet, es wäre eine Beleidigung des Schöpfers dieses wundervollen Baus.

Seit 1954 ist das ehemalige fürstbischöfliche Schloß Sitz der Westfälischen Wilhelms-Universität.

Ein bemerkenswertes Dokument, nicht so sehr wegen der Schafe im Vordergrund (in der Notzeit war der Schloßvorplatz sogar unter den Pflug genommen worden), sondern wegen des bereits wieder aufgebauten Schlosses: Das Türmchen fehlt! Die Planer hatten im Dach einen großen Hörsaal vorgesehen. Es bedurfte des Zorns der Münsteraner und des Einflusses der Kultusministerin Teusch, daß das Schloß schließlich doch wieder seine „elegante Krönung und sein einprägsames Wahrzeichen" erhielt.

Hans-Uwe Erichsen: Der Rektor als Wissenschaftsmanager

Prof. Dr. Hans-Uwe Erichsen war von 1986 bis 1990 Rektor der Universität Münster. Die Rektorenkonferenz wählte ihn anschließend zu ihrem Präsidenten.

Schon im Thema kommt das Spannungsverhältnis, vielleicht gar der Widerspruch zum Ausdruck, der die gegenwärtige Befindlichkeit einer Universität und damit auch der Westfälischen Wilhelms-Universität bestimmt. Während der Rektor für akademische Tradition, für eine körperschaftlich verfaßte Gemeinschaft steht, vergegenwärtigt der Begriff des Managers das Dienstleistungsunternehmen Universität, das auf eine möglichst effektive, also kurzfristige, schnörkellose, tunlichst bedarfsorientierte Ausbildung von Absolventen und auf die Erzielung ökonomisch verwertbarer Forschungsergebnisse gerichtet ist.

Es fällt angesichts der Zahl der Studierenden und der Hochschullehrer und Hochschullehrerinnen schwer, die Westfälische Wilhelms-Universität heute noch als Gemeinschaft von Lehrenden und Lernenden zu begreifen. Die Entwicklung der Universität zur Massenuniversität hat einen hohen Preis, nämlich den der gemeinschaftsprägenden Kommunikation und Interaktion, gefordert. Das mag man beklagen und die Idylle der Überschaubarkeit beschwören. Die Universität ist indes gehalten, den Anspruch ihrer Absolventen auf Ausbildung ebenso einzulösen wie sie angemessene Rahmenbedingungen für die Forschung – und zwar in erster Linie für die Grundlagenforschung – schaffen muß. Da die zur Verwirklichung dieser Zwecke bereitgestellten Mittel nicht ausreichen, müssen alle Möglichkeiten zur Optimierung ihres Einsatzes und zur Vermehrung der knappen Ressourcen genützt werden. Das ist zweifellos eine Herausforderung, deren Bewältigung taktisches und strategisches Management verlangt.

Andererseits ist die Universität kein output- und profitorientiertes Wirtschaftsunternehmen. Management muß, wenn es erfolgreich sein soll, die Besonderheiten und Eigengesetzlichkeiten seines Gegenstandes, in diesem Falle also von Forschung und Lehre, aufnehmen. Das bedeutet, daß an der Spitze der Universität jemand stehen sollte, der aus der Wissenschaft kommt, der die Signale der in Forschung und Lehre Tätigen aufnehmen, ihre Probleme, ihre Leidens- aber auch ihre Leistungsfähigkeit und die Bereitschaft zum Engagement einschätzen sowie ihre Innovationskraft beurteilen oder jedenfalls – angesichts fehlender Fachkenntnis und der Unsicherheit der Bewertungskriterien – erahnen kann.

Wissenschaft findet, sowohl was ihren Inhalt als auch ihre Organisation angeht, als Prozeß statt. Das methodenkritische Streben nach Erkenntnis ist Teil einer unendlichen Geschichte, die immer neue Kapitel verlangt. Die dafür notwendige Schöpferkraft, die aus Neugier gespeiste Beharrlichkeit, muß ihren angemessenen und stets angepaßten organisatorischen Rahmen in der Universität finden. Wissenschaftsmanagement bedeutet deshalb, die Rahmenbedingungen zu schaffen, in denen Menschen sich zu wissenschaftlichem Tun, d. h. zur Forschung und Lehre, aber auch zum Studium, herausgefordert fühlen.

Kleine Rektoren-Konferenz: v.l. Prof. Dr. Wolfgang Hoffmann (1974 bis 1978), Prof. Hans-Uwe Erichsen (1986 bis 1990), Prof. Dr. Heinz Rollhäuser (1968 bis 1970), Prof. Dr. Hermann Goecke (1961 / 62) und Prof. Dr. Werner Müller-Warmuth (1978 bis 1982).

Oberbürgermeister Jörg Twenhöven: Universität befruchtet Kulturleben der Stadt

Münster ohne Uni? Vielen wäre es wohl so wie mir ergangen: Ohne Uni hätten sie kaum in Münster Wurzeln geschlagen. Die Uni zieht Menschen an, Münster kann sie binden und beheimaten. Eine hervorragende Kombination: Münster und die Universität.

Die Westfälische Wilhelms-Universität Münster – kurz WWU – hat viel zum heutigen Ansehen Münsters beigetragen: Wissenschaftszentrum und lebendige, unverwechselbare Stadt. Wirtschaft, Kultur und Geist sind ein Bündnis eingegangen zugunsten der Menschen in Stadt und Region.

Jeder fünfte Einwohner Münsters ist Student, etwa jeder dritte hat mit den Hochschulen in der Stadt, in erster Linie mit der Westfälischen Wilhelms-Universität, zu tun.

Die Universität ist der bedeutendste Wirtschaftsfaktor der Stadt. Universität und Hochschulen fragen jährlich direkt und indirekt wirtschaftliche Leistungen in Höhe von rd. 1 Milliarde DM in Münster und in der Region nach. Gaststätten, Kinos, Buchhandel, eine Vielzahl von Betrieben in Münster und in der Region leben von der Universität.

Der Arbeitsmarkt in der Stadt wird von der Universität geprägt. Es gibt Berechnungen, wonach ein Rückgang von 5000 Studenten 1000 Arbeitsplätze in Münster gefährden könnte. Die Universität bewirkt darüber hinaus eine hohe Qualität des Arbeitskräftepotentials in Münster und macht die Stadt zu einem attraktiven Wirtschaftsstandort.

Die Universitätskliniken sind nicht nur wissenschaftlich im internationalen Vergleich hochrangig. Sie bieten den Bürgern von Stadt und Region eine medizinische Versorgung auf einem Niveau, das oft über vergleichbaren Städten und Regionen liegt.

Die Universität prägt auch das breitgefächerte und gut aufgebaute Schulsystem in der Stadt, indem sie zur hohen Nachfrage nach guten Schulen beiträgt. Das große Angebot im Weiterbildungsbereich Münsters wird durch die im Hochschulbereich Beschäftigten qualifiziert.

Die internationalen Beziehungen der Westfälischen Wilhelms-Universität tragen entscheidend dazu bei, daß Münster eine europa-, ja weltoffene Stadt ist.

Die Toleranz der „Universitas", die Kreativität gerade der vielen jungen Menschen, der damit verbundene Mut zu Neuem und zu Unkalkulierbarem bildet das Fundament für das reiche Kulturleben in der Stadt, für die hohe Qualität der Kulturinstitute und das ungewöhnlich hohe Maß von kultureller Selbstgestaltung der Menschen in freien Initiativen, Vereinen und Vereinigungen. Zugleich wird deutlich, daß eine kulturell anregende Stadt auch eine sozial aktive, eine ökologisch bewußte Stadt ist.

Aber es gibt auch Probleme, die durch die attraktive Westfälische Wilhelms-Universität und die damit verbundene attraktive Stadtgesellschaft verursacht werden: Teurere Mieten, Engpässe auf dem Wohnungsmarkt und im Verkehrswesen, Arbeitslosigkeit durch die in Münster arbeitsuchenden Hochschulabsolventen. Doch die Vorteile überwiegen bei weitem.

Münster bleibt stets eine Stadt im Aufbruch, die immer interessante Persönlichkeiten anzieht. Dies ist vielleicht der größte Wert der Universität, weil er die Stadt zukunftsfähig macht.

Dr. Jörg Twenhöven, Münsters Oberbürgermeister, weiß die Beziehungen zwischen Stadt und Universität zu schätzen.

Gäste der Universität sind auch Gäste der Stadt: Anläßlich der 200-Jahr-Feier der Universität gab der Oberbürgermeister (damals Dr. Werner Pierchalla, Mitte vorn) einen Empfang im Friedenssaal. Links der inzwischen verstorbene Bundespräsident Professor Karl Carstens, rechts der Präses der evangelischen Landeskirche, Dr. Heinrich Reiß, und Bischof Dr. Reinhard Lettmann.

Alma mater, die „Nährmutter" – nur noch eine historische Reminiszenz?

Prof. Dr. Herbert Mainusch ist Anglist und Kolumnist, Vorsitzender des Trägervereins des Wolfgang-Borchert-Theaters und Honorarprofessor der Akademie der Wissenschaften Shenyang in China. Er setzte sich mit dem Begriff der „Alma mater" auseinander.

Bekanntlich war die Universität in ihren Anfängen eine Art Studentenbewegung. Triebkräfte der Universitätsgründung des Mittelalters waren die wachsende Wißbegierde, die Skepsis gegenüber Autoritäten und die zunehmende Mobilität der jungen Generation. Die Bezeichnung Alma mater wurde schon bald der neuen Institution als eine Art Kosename von jenen verliehen, die es als Privileg und als Glück betrachteten, sich in der Gemeinschaft der Lehrenden und Lernenden neue Horizonte des Wissens zu erobern.

Alma mater ist die nährende und segenspendende Mutter. Dieser Titel war schon von den alten Römern einigen Muttergottheiten verliehen worden.

Seit dem 14. Jahrhundert findet sich die Bezeichnung Alma mater auch in einer Reihe von offiziellen Dokumenten. In den Statuten von Wien aus dem Jahre 1389 wird die Pariser Universität als Alma mater bezeichnet, und in den Statuten der Universität Köln aus dem Jahre 1392 heißt es: „... ut alma mater nostra universitas studii coloniensis suos veros filios ab adulterinis valeat discernere." Im übrigen ist die Bezeichnung Alma mater aus der Liturgie bekannt, etwa aus der Antiphon „Alma Redemptoris Mater", oder aus dem Hymnus „Ave maris stella dei mater alma".

Schon bald merkte man, daß die Nährmutter Universität ihre Kinder keineswegs unterschiedslos mit gleicher Liebe umsorgte, sondern in der Ernährung Abstufungen zuließ. Da gab es auf der einen Seite die – wie sie genannt wurden – lukrativen Wissenschaften – dazu gehörten vor allem das Recht und die Medizin – und auf der anderen die brotlosen Künste.

Eine solche Differenzierung behinderte aber nicht die Verbreitung jenes Titels, der Liebe und Sympathie ausdrückte und auch noch später, lange nach dem Ende der Studienzeit, eine starke Bindung zu der alten Bildungsstätte bezeugte. „My dear old alma mater", schreibt Carlyle, und man fragt sich, wann sich die Bindungen, die hier offenliegen, gelockert haben.

Der Begriff Alma mater findet sich heute in vielen offiziellen Hymnen amerikanischer Universitäten, in Deutschland lebt er fort in manchen Studentenliedern. Der Duden behauptet, daß der Begriff Alma mater heute nur noch scherzhaft verwendet wird.

Im Vorlesungsverzeichnis der Westfälischen Wilhelms-Universität wird man den Begriff Alma mater nicht finden. Andere Begriffe haben sich in den Vordergrund gedrängt: Verweildauer, Semesterwochenstunde, KapVo, zentrale Studienberatung, Studiengangkombination, berufsqualifizierender Abschluß, Grundstudiumabschlußbescheinigung, Drittmittelprojekte

Die Abbildungen zeigen die Alma mater der frühen Neuzeit, auf zeitgenössischen Holzstichen festgehalten. Mit sechs Scholaren im unteren Bild droht fast schon eine „Überfüllung" der Studierstube.

Die Mutter aller Studentenkneipen: „Cavete" und der Aufstand in Münster

Zu den meistbeachteten Veröffentlichungen der Universität Münster gehört – allen wissenschaftlichen Höhenflügen zum Trotz – noch immer ein Aufsatz, der im Jahre 1958 im „Semesterspiegel", der damaligen Studentenzeitschrift, erschien. Sein Titel: „Cavete Münster".

Verfasser war der Jurastudent Wilfried Weustenfeld, der nach vier Semestern Marburg („Da war alles ganz anders. Gaudeamus igitur...") an der münsterschen Alma mater gelandet war. Es war wohl keine Liebe auf den ersten Blick. Das Studium trat in das arbeitsintensive Stadium, die Zimmerwirtinnen waren kleinlich, die ganze Stadt erschien ihm säuerlich und säuberlich. Der 23jährige schrieb sich seinen Frust von der Seele – und überließ das Ergebnis dem Semesterspiegel.

„Heute jährt sich das Semester", so war dort zu lesen, „in dem ein unseliges Schicksal mich nach Münster verschlug, jener Enklave trister Langweiligkeit, wo ich seitdem zu leben gezwungen bin. Welch ein Los! Arm der Student, der nichts als Münster kennt! Das auffallendste Kennzeichen dieser Stadt ist, daß rein gar nichts los ist: Ein Nirwana auf Erden. Ade, Lebensfreude, Heiterkeit und Humor: Du bist verbannt aus diesen Mauern." Und auch gastronomisch fand Weustenfeld in der Westfalenmetropole keine Entspannung: „Obwohl in Münster über 9 000 Studenten leben, gibt es nicht ein einziges (!) Studentencafé, geschweige denn eine -kneipe, -tanzbar oder gar einen Jazzkeller." Und: „Keine Kneipe, wo auch nur ein Jota Stimmung wäre, falls man sie nicht selbst schon mitbringt."

Die „Elegie eines Nicht-Akklimatisierten" machte aus der Semesterspiegel-Ausgabe 7/1958 einen Bestseller, entfachte bei den münsterschen Paohlbürgern einen Sturm der Entrüstung und fegte anschließend wie ein Orkan durch den deutschen Blätterwald. Ob damals, wie Weustenfeld später vermutete, „gerade Saure-Gurken-Zeit war" oder nicht: Die Philippika machte Schlagzeilen von Flensburg bis zum Bodensee.

Die „Zeit" amüsierte sich 182 Zeilen lang über die „Aufregung in der westfälischen Universitätsstadt", die „Welt" investierte unter dem Titel „Hüten Sie sich, Herr Weustenfeld" gar 217 Zeilen. Und die „Süddeutsche Zeitung" meldete: „Kandidat Weustenfeld stört den westfälischen Frieden". Und fast alle zitierten genüßlich einen Brief des damaligen Verkehrsvereins-Geschäftsführers, der den Autor hatte wissen lassen, daß man solchen Studenten früher einfach „übers Maul geschlagen" habe.

Genießt inzwischen weit über Münster hinaus einen legendären Ruf – die „Cavete" im Kuhviertel.

Während die Volksseele kochte – der Volksmund wußte sogar zu berichten, daß man an Lamberti einen der Wiedertäufer-Käfige heruntergelassen habe –, zeigte Weustenfelds wüster Aufschrei „in einschlägigen Kreisen" Wirkung. Der Rektor der Universität unterstützte eine „Studienreise", deren einziger Zweck darin bestand, die Kneipenherrlichkeit anderer Universitätsstädte zu erkunden. Und nicht nur das. Später half Prof. Dr. Wilhelm Klemm auch noch mit, einen Brauereidirektor zu überreden – damit er zwei Studenten ein leerstehendes und arg heruntergekommenes Fachwerkhaus an der Kreuzstraße überließ. Daraus wollten die beiden – die Kandidaten der Philosophie Lothar Weldert und Werner Otto Jedamzik – nämlich eine „Akademische Bieranstalt" machen.

Im Frühjahr 1959 wurde sie tatsächlich eröffnet, die „Akademische Bieranstalt" an der Kreuzstraße – mit viel Jazz und mit einer Einrichtung, die sowohl vom Pariser Flohmarkt als auch vom münsterschen Sperrmüll inspiriert war. Sie gilt noch heute als die Mutter aller Studentenkneipen. Ihr Name: „Cavete".

Oberkreisdirektor Pingel: Region und Universität – gemeinsam Herausforderungen meistern

Raimund Pingel, Oberkreisdirektor des Kreises Borken, beleuchtet als Sprecher der OKD des Münsterlandes die Rolle der Universität

Schon seit mehr als 200 Jahren residiert die Westfälische Wilhelms-Universität in Münster – eine gelungene Symbiose: Die Stadt profitiert von der Bedeutung der größten Hochschule im weiten Umkreis, die Universität teilt den historischen Glanz der Provinzialhauptstadt, beide pflegen über viele Jahre ein inniges Verhältnis miteinander.

Welche Rolle übernimmt die Region in diesem Zusammenspiel? Zwischen Münster und Münsterland ist das Verhältnis klar, denn die erste Stadt der Region hat dem Umland ihren Stempel in Form ihres Namens aufgedrückt. Doch die Universität nennt sich „Westfälisch" und hebt sich damit aus dem Münsterland heraus. Der Lehre, Wissenschaft und Forschung verpflichtet, sah die Hochschule in der Vergangenheit über ihre ländliche Umgebung hinweg.

Die Zeit ist aber nicht stehengeblieben, nicht für die Universität und nicht für das Münsterland.

Westfalen hat einige Hochschulstandorte hinzugewonnen, ein Anlaß für die Westfälische Wilhelms-Universität, sich auf ihre Region zu besinnen?

Dort jedenfalls tut sich einiges. Die Region befindet sich im Aufbruch. Sie ist bereit, die Herausforderungen des Europäischen Binnenmarktes, der Öffnung nach Osten und des technologischen Wandels anzunehmen. Sie stellt sich der internationalen Standortkonkurrenz. In der Aktion Münsterland e.V. und der Münsterlandkonferenz haben sich die regionalen Akteure zusammengefunden, um gemeinsam an der Integration des Münsterlandes mitzuwirken. Zu den Akteuren zählt die Westfälische Wilhelms-Universität. Sie soll in die regionale Strukturpolitik als ein unverzichtbarer Faktor eingebunden werden.

Was kann die Hochschule für die Region und was die Region für die Hochschule tun?

Überkommen ist die Funktion des Münsterlandes als Studentenpotential für die Universität. Junge Menschen aus unserem Raum sehen in der Westfälischen Wilhelms-Universität ihre „Uni", sie füllen zu einem Großteil die Hörsäle. Aus der Region gehen Gutachten und Forschungsaufträge an die Hochschule, das Münsterland bietet auch Themen für Diplomarbeiten und für Dissertationen. Im Rückfluß erhält das Münsterland von der Hochschule qualifizierte Arbeitskräfte und sachverständige Problemlösungen, beispielsweise das Gutachten zum Regionenmarketing, mit dem der Profilierungsprozeß des Münsterlandes vorangetrieben wird.

Bei diesem lockeren Status kann es jedoch nicht bleiben. Die Zeichen der Zeit deuten auf eine stärkere Verflechtung der Universität mit den Kräften des Raumes hin. Das hat die Hochschule aufgegriffen. Sie sucht den Weg in die Region. Mit Universitätstagen in den Städten beginnt sie, die Schwellenangst abzubauen. Aktuellen Anforderungen wird sie durch Einrichtungen wie beispielsweise dem Zentralinstitut für Raumplanung, dem Institut für Angewandte Informatik und dem Institut für Agrarinformatik gerecht. Im Sinne einer engen Kooperation sind die beiden letztgenannten Institute zusammen mit den Kammern – der Industrie- und Handelskammer und der Landwirtschaftskammer – gegründet worden. Interessante Ansätze bieten auch der Wissenschaftspark, das Zentrum für Umweltforschung und das Institut für Biosensorik.

Ist damit der Handlungsbedarf gedeckt? Ich meine, es gibt noch viele Felder, auf denen Universität und Region zusammenarbeiten können. Noch scheint die Hochschule weitgehend auf Münster begrenzt. Notwendig wird die Ausweitung in die Region werden.

Forschungs- und Entwicklungseinrichtungen könnten als An-Institute der Universität ihren Sitz außerhalb von Münster nehmen. Vorexerziert hat dies die Fachhochschule Münster mit dem Institut Produktplanung und -optimierung in Beckum, dem Institut für Chemische Umwelttechnologie in Gronau sowie dem projektierten Institut für textile Bau- und Umwelttechnik in Greven.

Enge Verbindungen mit der Wirtschaft vor Ort bieten sich in Form von Betriebspraktika, damit universitäres Wissen, praktische Erfahrungen und praxisorientierte Fragestellungen zusammentreffen. Ein Schritt in die richtige Richtung sind Transfermeetings, die als Veranstaltungen der Westfälischen Wilhelms-Universität Wissenschaft und Praxis einanderbringen.

Verzahnungen und Kooperation mit anderen Ausbildungs- und Weiterbildungseinrichtungen können helfen, Kapazitätsengpässen zu begegnen und zukünftigen Absolventen schon während ihres Studiums den Wirtschaftsstandort Münsterland vertraut zu machen.

Managementseminare könnten – mitgetragen durch die Westfälische Wilhelms-Universität – Fortbildung auf höchstem Niveau sichern. Internationale Symposien sollten auch zur Werbung für die Region genutzt, die Universität so als bedeutsamer, das Image des Raumes prägender Faktor bewußt gemacht werden.

Enge Zusammenarbeit zwischen Westfälischer Wilhelms-Universität und Münsterland wird die Zukunft bestimmen und zum Nutzen beider Seiten zur Stärkung der Region beitragen.

Studium im Alter sehr beliebt
Später Weg zu neuen Ufern

Ein ungewöhnliches Bild im Hörsaal: Seniorstudenten, die aber längst nicht alle „alt" sind, verfolgen bei der Eröffnung von „Studium im Alter" aufmerksam den Einführungsvortrag.

Es sind die „älteren Semester", die in der Universität besonders aufmerksam zuhören – für das Studium im Alter hatten sich im Wintersemester 1991/92 bereits 1500 Hörer eingeschrieben, Gasthörer, die sich aus dem umfangreichen Vorlesungsverzeichnis das heraussuchen können, was sie besonders interessiert. Studium im Alter – nur während der Eröffnungsveranstaltungen sitzen lediglich ältere Semester im Hörsaal. Bei den Vorlesungen und Seminaren sind junge und ältere Studierende einträchtig versammelt. Der einzige Unterschied: Die älteren brauchen kein Examen zu machen, können also streßfrei studieren.

Im Sommersemester 1986 wurde Studium im Alter als Experiment gestartet, knapp 300 Hörer hatten sich dafür eingeschrieben. Im Gegensatz zu anderen deutschen Universitäten entwickelte sich in Münster das Experiment zu einer festen Institution, die Hörerzahl schnellte regelrecht in die Höhe, was nicht zuletzt auf das ausgeprägte geisteswissenschaftliche Profil – neben dem naturwissenschaftlichen und medizinischen – der Universität zurückgeht. Denn Fächer aus den Geisteswissenschaften sind bei den älteren Studenten am beliebtesten, Theologie, Geschichte und Philosophie stehen an der Spitze der gewählten Fächer: Es ist die Frage nach dem Sinn des Lebens und nach der Herkunft des heutigen Menschen, die die Senioren bewegt.

Was heißt eigentlich Senioren: Eine Befragung 1988 ergab eine Altersspanne zwischen 40 und 87 Jahren, ein Jahr später zählte der jüngste der „Seniorstudenten" gerade 33 Jahre. Für viele von ihnen ist dies überhaupt die erste Chance, eine Universität von innen zu sehen. Weniger als die Hälfte der Teilnehmer kann einen Hochschulabschluß vorweisen, bei den Frauen lag diese Quote sogar bei nur einem Drittel. Insofern bietet dieser Studiengang eine große Chance gerade für Frauen, ihr Nachholbedürfnis aufgrund früher entgangener Bildungschancen zu befriedigen. Und diese Chance wird gern wahrgenommen. Das lebenslange Lernen wirkt sich auch positiv auf das Miteinander der Generationen aus.

Für Studium im Alter richtete die Universität eine Kontaktstelle ein, die unter Leitung von Prof. Dr. Gerhard Breloer steht. Breloer ist, wie könnte es anders sein, Erziehungswissenschaftler mit dem Schwerpunkt Erwachsenenbildung.

Das münstersche „Quartier latin" zwischen Dom und Schloß

Am Ufer der Aa ist gut ruh'n. Links der Neubau der Universitätsbibliothek, rechts der mächtige Turm der Überwasserkirche.

Das Zentrum der Geistes- und Gesellschaftswissenschaften liegt zwischen Domplatz und Hindenburgplatz, oder zwischen Dom und Schloß, mit der Aa in der Mitte. Es ist der Wiederaufbauphase der Nachkriegszeit zu danken, daß hier ein großzügiges Studierquartier enstand, das man auch als münstersches „Quartier latin" bezeichnen könnte. Nicht auszudenken die Folgen, wenn nach 1945 Pläne verwirklicht worden wären, die Universität außerhalb der damaligen Stadt im westlichen Gievenbeck als Campus zu errichten. Die viel beschworene Symbiose von Stadt und Universität hätte es dann nie gegeben.

Bücher, Kunst und Fahrräder kennzeichnen den Altstadtbereich

1878 bis 1879 wurde für die damalige Akademie ein neues Hauptgebäude am Domplatz im historisierenden Stil der Kaiserzeit errichtet. 1958 wurde an seiner Stelle das neue Fürstenberghaus eingeweiht als Zentrum der Philosophischen Fakultät.

Das architektonisch schlichte Fürstenberghaus ist heute längst zu klein für die Philosophische Fakultät, die sich in elf verschiedene Fachbereiche gliedert. Fahrräder prägen das äußere Bild – die meisten Studenten fahren – zum Glück – mit dem Fahrrad.

Die alte Universitätsbibliothek, 1906 fertiggestellt und schon zwei Jahre später erweitert, war ein recht üppiges Gebäude mit mehreren Giebeln im Neorenaissancestil. Sie wurde nach den Kriegszerstörungen vereinfacht wieder aufgebaut und funktional umgestaltet. Das Gebäude dient seit einigen Jahren der Juristischen Fakultät.

Ulrich Rückriem war der erste Künstler der Skulpturenausstellung 1977. Sein „Dolomit zugeschnitten" wurde bereits 1976 an der Petrikirche aufgestellt, mußte allerdings mit dem Ende der ersten Skulpturenausstellung Münster wieder verlassen. 1987 wurde die Skulptur zur zweiten Ausstellung erneut aufgestellt – mit Heimatrecht. Sie wurde anschließend angekauft.

Universität: Unter Schmerzen geboren und unter Schmerzen gewachsen

Der Talar wurde bis in die Mitte der 60er Jahre bei feierlichen Anlässen, beispielsweise der Rektoratsübergabe, getragen. Diese Rektoratsfeier 1954 mußte noch im Lindenhof stattfinden. Die Zepter, die die beiden Pedelle tragen, stammen von der 1816 aufgelösten Universität Erfurt. Hinter den Pedellen die Professoren Rektor Harry Westermann (links) und Hermann Volk, der das Rektorat übernahm. Vorn rechts Bischof Michael Keller.

Mit dem Gründungsjahr 1780 ist die Universität Münster ein ausgesprochener „Spätling" im alten Reich, auch in Westfalen. Sie wurde zudem bewußt in der Tradition katholischer Universitäten gegründet – als letzte erhielt sie von Kaiser *und* Papst ihre Privilegien –, was eine spätere Entwicklung zu einer weltoffenen Wissenschaftseinrichtung und einer westfälischen Landesuniversität behindern sollte. Dabei gab es gute Chancen dafür, daß in Münster schon erheblich früher eine Hochschule hätte konstituiert werden können.

Erste Ansätze, aus einer humanistischen Hochschulreform Anfang des 16. Jahrhunderts geboren, machten die religiösen Schwärmereien und die Gewaltherrschaft der Wiedertäufer zunichte. Aus der Übernahme des Gymnasiums Paulinum 1588 durch die Jesuiten entwickelte sich ein neuer Vorstoß, eine Hochschule zu gründen, die auch 1631 von Kaiser Ferdinand II. und Papst Urban VIII. ihre Privilegien für vier Fakultäten erhielt. Aber der Dreißigjährige Krieg, der Münster zwar weitgehend verschonte, vereitelte die Umsetzung. Und der „Kanonenbischof" Christoph Bernhard von Galen, der 1661 die nach Selbständigkeit strebende Stadt gewaltsam niederzwang, zeigte kein Interesse an einer Universität.

So brauchte es ein weiteres Jahrhundert, bis unter dem „Minister", Domherrn und Generalvikar (ohne Priesterweihe) Franz von Fürstenberg die Universität Münster Wirklichkeit wurde.

1773 erhielt sie ihre Privilegien, im selben Jahr bereits nahmen die katholischen Theologen den Vorlesungsbetrieb auf. Die feierliche Eröffnung erfolgte jedoch erst am 16. April 1780 im ehemaligen Überwasserkloster, dessen Vermögen die (allerdings unzureichende) Basis für die Universität bildete. Fürstenberg hatte sich vom Kölner Kurfürsten zum Vizekanzler ernennen lassen. Als frommer Katholik prägte er den Charakter dieser Universität als einer bewußt katholischen, im Gegensatz beispielsweise zu Göttingen, Königsberg oder auch Bonn. Sie sollte nicht so sehr der Wissenschaft dienen, sondern der Praxis, weshalb er auch das Promotionsrecht für nicht erforderlich hielt.

Diese Fixierung auf die Person des Universitätsgründers und die einseitige Ausrichtung auf die Ausbildung katholischer Landeskinder lieferte den Preußen eine Begründung in ihrem Aufhebungsdekret vom 18. Oktober 1818 – die Universität sei „noch sehr mangelhaft ausgebildet" gewesen. Und in der Tat: Sie besaß weder eine Verfassung noch einen Rektor zu jener Zeit. Dabei hatten die Preußen noch 1802 geplant, die Universität Münster zu einer Hochschule für alle ihre westlichen Provinzen auszubauen. Die Umwälzungen der Franzosenherrschaft, die offene Abneigung der

Kaiser Wilhelm II. verlieh den Titel Westfälische Wilhelms-Universität

katholischen Münsteraner gegen die „Prüsken" und das „lutherske Volk" ließen diese Absicht zu Makulatur werden: 1818 bevorzugte der preußische Staat Bonn, um seine rheinischen Landesteile politisch zu festigen. Erstaunlicherweise erfolgte die Schließung der münsterschen Universität ohne Protest aus ihren eigenen Reihen.

Münster blieb eine theologisch-philosophische Lehranstalt für die Ausbildung des Priesternachwuchses erhalten. Und weil man nicht nur die Seele, sondern auch den Leib „versorgen" mußte, wurde 1821 eine chirurgische Lehranstalt parallel dazu gegründet. Beide zusammen wurden 1826 in Akademie umbenannt – der erste Rektor wurde gewählt. Diese Akademie erhielt 1832 vom preußischen König Friedrich Wilhelm III. ihre Statuten verliehen. Womit der Traum von einer katholischen Universität in Münster jedoch keineswegs abgeschrieben war. Alle Versuche zu einer Wiederbelebung wurden jedoch im protestantischen Berlin abgeblockt. Ausgerechnet zur Zeit des Kulturkampfes, als sich das katholische Münster heftig mit dem preußischen Staat anlegte, wurde die bislang katholisch geprägte Akademie „simultanisiert" – neue Lehrstühle wurden mit evangelischen Hochschullehrern oder doch religiös neutralen Katholiken besetzt.

Die Neugründung der Universität im Jahre 1902 ist einer Gemeinschaftsaktion von Stadt, Land und Adel zu verdanken, wesentlich jedoch dem „allmächtigen" Leiter der preußischen Hochschulpolitik, Ministerialdirektor Dr. Friedrich Althoff. Die Stadt Münster verlieh ihm für seine Verdienste die Ehrenbürgerwürde. Provinzialverband und Stadt hatten sich zu finanzieller Unterstützung verpflichtet. Aus Kostengründen blieb es zunächst jedoch bei den drei „billigen" Fakultäten Theologie, Philosophie/Naturwissenschaften und Jura. 1914 kam noch die evangelische Theologie hinzu, und 1925 wurde schließlich die Medizinische Fakultät (mit dem Bau des Klinikums war 1905 begonnen worden) eröffnet, nachdem bereits seit 1906 an der philosophisch-naturwissenschaftlichen Fakultät eine medizinisch-propädeutische Abteilung arbeitete.

Am 22. August 1907 erhielt die neue Universität ihren Namen – der preußische König und Kaiser Wilhelm II. verlieh ihr den Titel „Westfälische Wilhelms-Universität".

Wenn also die Universität Münster 1980 ihr zweihundertjähriges Bestehen feierte, so galt dieses Jubiläum streng genommen nur für zwei Fakultäten – für die katholische Theologie und die Philosophische Fakultät.

Baugeschichte in Farbe festgehalten: Der münstersche Maler Carl Determeyer malte in den 60er Jahren im Auftrage des Kurators Oswald Freiherr von Fürstenberg die im Zweiten Weltkrieg untergegangenen Universitätsgebäude. Links das alte Hauptgebäude von 1880 am Domplatz, daneben das alte Ludgerianum, später Franz-Hitze-Haus, heute Seminargebäude, rechts schließlich das abgebrochene Diözesanmuseum.

Die Keimzelle der Universität: Die alte Jesuitenschule (links) wurde ab 1690 errichtet. Zuletzt wurde sie von der Rechts- und Staatswissenschaftlichen Fakultät genutzt. Im Hintergrund das Jesuitenkolleg von 1610, in dessen Keller sich die Mensa befand. Es diente der Philosophischen Fakultät. Rechts die Petrikirche, erbaut zwischen 1590 und 1598.

Krieg: Im Herbst 1944 mußten die Vorlesungen eingestellt werden

Die Ruine der Petrikirche – ein schauerliches Mahnmal an die Verheerungen des Krieges. Sie wurde als eine der ersten Kirchen wiederaufgebaut.

Das Vernichtungsinferno, das die nationalsozialistische Diktatur ihren europäischen Nachbarn angedroht hatte, holte Deutschland geradezu fürchterlich ein. Über einhundertmal wurde Münster im Zweiten Weltkrieg von Bombern angegriffen; der 10. Oktober 1943 brachte Tod und Zerstörung in einem unvorstellbaren Ausmaß. Palmsonntag 1945 wurde das Vernichtungswerk vollendet. Münster war zur Trümmerwüste geworden, es war ein Ende mit Schrecken.

Im Herbst 1944 hatte die Universität den Vorlesungsbetrieb einstellen müssen, ihre Gebäude waren zerstört. Lediglich die nach Bad Salzuflen ausgelagerte Medizinische Fakultät hielt den Lehrbetrieb aufrecht. In dieses ostwestfälische Reservat, an dem die Schrecken des Kriegs vorbeigezogen waren, hatte sich auch die Universitätsverwaltung geflüchtet. So konnte es nicht ausbleiben, daß nach der Kapitulation Stimmen laut wurden, die sich gegen eine Rückkehr ins verwüstete Münster wandten. Eine ähnliche Diskussion wurde übrigens über Münster selbst geführt: Es schien vielen nicht möglich, auf Schutt und Asche eine neue Stadt zu gründen.

Prälat Prof. Dr. Georg Schreiber, dem ersten Nachkriegsrektor, ist es zu verdanken, daß aus der Universität Münster keine Campus-Hochschule vor den Toren der Stadt in Gievenbeck wurde. Er setzte sich nachhaltig für den alten Standort zwischen Domplatz und Westring ein, für eine enge Verbindung zwischen Universität und Stadt. Die Kliniken waren die

Vorname gegen Holz für Wiederaufbau

Prälat Georg Schreiber war erster Rektor der Universität nach dem Kriege. Er muß ein wahres Verhandlungsgenie gewesen sein.

Prälat Prof. Dr. Georg Schreiber hatte sich in der Weimarer Republik als Reichstagsabgeordneter einen Namen gemacht, seine aufrechte Haltung sorgte für ein großes Vertrauenskapital, das er als erster Nachkriegsrektor geschickt einzusetzen wußte in den Verhandlungen mit den Briten und der Industrie. Eine kleine Anekdote wirft ein treffendes Licht auf die damalige Zeit.

Wenn der Universitätsrektor Baumaterial benötigte, brauchte er dazu die Unterschrift des britischen Militärkommandanten. Denn der allgemeine Mangel war einer strengen Planwirtschaft unterworfen. Eines Tages gab Schreiber im Vorzimmer des britischen Offiziers seine Visitenkarte ab. Und die löste beträchtliche Verlegenheit aus angesichts der Vielzahl der Titel: „Georg Schreiber, Dr. theol., Dr. phil., Dr. med. h.c., Dr. jur. h.c., Dr. rer. pol. h.c., Dr. Ing. e.h., Päpstlicher Hausprälat, ordentlicher Professor der Kirchengeschichte, Direktor des Deutschen Instituts für Auslandskunde, Konsistorialrat h.c. der Diözese Temesvar". Es ist nicht überliefert, ob damit der Titel-Reichtum der Visitenkarte erschöpft war, er reichte aber, die Verwirrung des titel-gewohnten Briten komplett zu machen: „Wie muß ich Sie denn eigentlich anreden?" wollte er von Schreiber wissen.

Die Antwort war typisch für den praktisch denkenden Theologen: „Ich brauche Holz für den Wiederaufbau der Universität. Wenn Sie mir das geben, können Sie mir ruhig George zu mir sagen..."

P.S.: Die Anekdote wird übrigens auch mit der Variante Koks statt Bauholz erzählt.

Vor dem Studieren und Dozieren mußten alle Steine picken

ersten, die in ihren verhältnismäßig intakt gebliebenen Gebäuden den Betrieb wieder aufnahmen. Und sie gewährten den anderen Fakultäten recht und schlecht Gastrecht, man wußte sich zu behelfen – die aus dem Krieg heimkehrenden ersten Studenten waren nicht anspruchsvoll.

Am 3. November 1945 wurde die Universität vom britischen Militärkommandanten, General Smith, feierlich wieder eröffnet. Als Aula diente der Hörsaal der Nervenklinik, in deren Kapelle 1946 auch der Eröffnungsgottesdienst stattfinden sollte – die Innenstadtkirchen waren allesamt zerbombt.

Die britische Kommandantur versuchte, den Zugang zur Universität zu reglementieren. (1945 gab es 1 250 Hörer, 1948 waren es 3 250.) In jeder Fakultät waren die Studienplätze eng begrenzt. Die Bewerber dafür wurden von einer Kommission streng geprüft, wobei nicht nur die Eignung, sondern auch Kriegsteilnahme, Alter und politische Betätigung gewertet wurden. Vor der endgültigen Zulassung mußte jedoch zunächst geschuftet werden: Jeder Student mußte einen einwöchigen Räumeinsatz nachweisen. Aber nicht nur Studenten räumten die Trümmer des Dritten Reiches aus ihren künftigen Seminaren und Hörsälen, Professoren und Universitätsbedienstete packten genauso an. Es war eine Solidargemeinschaft der Steine-Picker. Die studierwilligen Heimkehrer fanden aber erfindungsreiche Wege, die britischen Hürden zu umgehen: In den begehrten medizinischen Vorlesungen wurden damals erstaunlich viele „Missionsärzte" (mit der Einschreibung für Theologie) gesehen ...

Improvisieren mußte in dieser ersten Nachkriegszeit groß geschrieben werden. Eine erste Mini-Mensa wurde im ehemaligen Frankonenhaus an der Himmelreichallee eröffnet, eine warme Suppe gab's auch im damaligen Martin-Luther-Haus, den späteren Blücherkasernen. 1947 konnte dann die Mensa am Aasee wieder eröffnet werden. Aus dem benachbarten ehemaligen Gauhaus wurde ein Studentenheim, das Aaseehauskolleg. Für einige Studentinnen wurde das Unterbringungsproblem auf originelle Weise gelöst, sie logierten in den ehemaligen Offiziersbaracken im Garten von Schloß Buldern. Und ein reservierter Eisenbahnwaggon sorgte für den Transport zur Universität.

Baracken mußten allerorten die schlimmsten Raumengpässe überbrücken, auf dem Hindenburgplatz reihte sich wellblecherne Nissenhütte an Nissenhütte. Die letzte Baracke vor dem Schloß wurde erst zum Schlaun-Jubiläum im Jahre 1973 abgerissen.

Angesichts der vielen zerstörten Gebäude (Altstadt zu 80 Prozent) mußte man, auch wenn die Zahl nur klein war, enger zusammenrücken. In den erhaltenen klinischen Bauten, einigen Räumen des Martin-Luther-Hauses, ja im Gewächshaus des Botanischen Gartens wurden Vorlesungen auch für Hörer anderer Fakultäten abgehalten, und Professoren luden Seminarteilnehmer in ihre Privaträume ein. Die Not machte erfinderisch.

Nissenhütten und Baracken bestimmten viele Jahre das Bild des Schloßplatzes und des Hindenburgplatzes. Dieses Foto entstand 1954, als das Schloß eingeweiht wurde. Die letzten Baracken wurden erst anläßlich des 200. Todestages von Schlaun im Jahre 1973 abgebrochen.

Werner Knopp: Zwischen Krawall und Kalkül
Die Universität faßt wieder Tritt

Prof. Dr. Werner Knopp, der erste Rektor nach 1970, ist Verfasser dieses Artikels.

Der Übergang der Westfälischen Wilhelms-Universität in das Gremienzeitalter hatte nichts Heroisches an sich, sondern vollzog sich in einem Wechselspiel von Krawall und Kalkül. Den Krawall lieferten die unruhigen Studenten, die wolkigen, aber vor dem Hintergrund mancher Mißstände eindrucksvollen Parolen nachliefen. Das Kalkül lieferten die politischen Agierer, die in der verunsicherten Universität aus dem Boden schossen wie die Waldpilze nach warmem Regen.

Die Verunsicherung des Establishments nutzen, um soviel wie möglich zu „demokratisieren" – so kalkulierten die einen. Durch Konzessionen bis an die Grenze des Erträglichen das aus Düsseldorf erwartete noch Schlimmere verhüten – so kalkulierten die anderen. Heraus kam, in einem Ausweichquartier hastig verabschiedet, die Universitätsverfassung von 1970, deren abgewetztes Exemplar dann ständiger Begleiter meiner Rektoratsjahre werden sollte. Denn diese Verfassung war nicht nur neu, sondern auch höchst kompliziert und in vielem auslegungsbedürftig. Und bis sie dazu beitrug, Spannungen innerhalb der Universität abzubauen, brauchte es seine Zeit.

Die Wahl des ersten Rektors gelang im ersten Anlauf nicht, weil der Konvent durch Auszug der Studenten lahmgelegt wurde. Damals war das unter Rektoren fast ein Statussymbol. Im zweiten Anlauf gelang die Wahl dann, mit geringer Mehrheit, und ohne die Studenten – in den Augen mancher eine Hypothek. Hinter den Kulissen sah es indessen schon anders aus. Studenten und Assistenten hatten begonnen, sich auf die neue Verfassung, ihre Machtverhältnisse und ihre Nutzungsmöglichkeiten einzustellen.

Die Aufgabe, die vor dem neuen Rektor lag (und die ich damals mehr instinktiv begriff als mir rational formulierte), war nicht einfach. Es galt die Universität auch in den Formen einer schwerfälligen und von vielen ungeliebten, ja abgelehnten Verfassung in Ruhe und Arbeit zu halten. Die formale Macht des Rektors ging dabei nicht sehr weit. Er war als akademische Exekutive eingebettet in das Rektorat mit vier ihm gleichberechtigten Prorektoren und dem Kanzler, und auch das Rektorat war in vielen Richtungen abhängig: von der, auch durch das Amtsgewicht eines langjährigen Kurators, fast ein Eigenleben führenden Verwaltung, von den selbstbewußten Fachbereichen und Instituten und vor allem von einer mächtigen und zunehmend interventionsfreudigeren Ministerialbürokratie in Düsseldorf.

Bei dieser Sachlage konnten für die Tätigkeit der neuen Universitätsspitze nur zwei Maximen helfen: einmal strikte Einhaltung des Rechts, und zum anderen, darauf aufbauend, Entwicklung von Vertrauen im Rektorat und zwischen dem Rektorat und seinen Partnern.

Dem frischgebackenen Rektor passierte bald nach seinem Amtsantritt die erste große Panne, als er, in Abwesenheit des Kanzlers nicht sachkundig beraten, voreilig einen Erlaß unterzeichnete, der einer Reihe von für ein Notprogramm eingestellten Hilfskräften die Anstellung gekostet hätte. Doch gelang es, durch Intervention im Ministerium und durch ein zusammen mit Assistentenvertretern geführtes Gespräch mit dem (ebenfalls erst frischgebackenen) Wissenschaftsminister Rau in der Landtagskantine die Panne auszubügeln und die zur Weiterbeschäftigung der Hilfskräfte benötigten

Die Verfassung der Universität mußte mehrfach wegen Änderung der Hochschulgesetze überarbeitet werden. 1984 tagte der Satzungskonvent erneut mit dem evangelischen Theologen Prof. Dr. Friedemann Merkel als Vorsitzendem und dem AStA-Vorsitzenden Wolfgang Hahn als Stellvertreter. Links Gisela Pehlke aus der Universitätsverwaltung als Schriftführerin.

Rückblick auf die neue Verfassung
Bilanz fällt zwiespältig aus

Die neue Führungsspitze der Universität auf einem Trecker: Rektor Prof. Dr. Werner Knopp am Steuer, links neben ihm Kurator (mit der neuen Verfassung Kanzler) Oswald Freiherr von Fürstenberg, die Prorektoren v.l. Prof. Dr. Herbert Gülicher, Prof. Dr. Winfried B. Lerg, Prof. Dr. Wolfgang Hoffmann und Prof. Dr. Herbert Timm.

Finanzmittel herbeizuzaubern. Wenn mich meine Erinnerung nicht trügt, bildete diese Aktion den Anfang langsam wachsenden Vertrauens, auch auf seiten der Assistentenschaft, und – wenngleich nie ganz oder gar gern zugegeben – auch der Studentenschaft.

Allmählich versachlichte sich die Atmosphäre, auch trotz vieler Rückschläge, im Verhältnis zu den Studentenvertretern und zum AStA.

Ich bin immer für die verfaßte Studentenschaft eingetreten und würde es heute noch tun, ebenso entschieden aber auch für ihre Bindung in Gesetz und Recht und für die Verweigerung eines allgemein-politischen Mandats. Seine rechtswidrige Inanspruchnahme war auch in meiner Amtszeit häufig. Sie wurde stets gerügt. Den großen Clinch mit dem AStA in dieser Frage habe ich vermieden, weil ich die mühsam erreichte Ruhe in der Universität nicht wegen einer Frage aufs Spiel setzen wollte, die in erster Linie die Studentenschaft und ihre Gruppierungen betrifft.

Versuche ich rückblickend eine Bilanz meiner Erfahrungen mit der neuen Universitätsverfassung zu ziehen, so fällt das Ergebnis zwiespältig aus. Sicher kann die – unsterbliche – Institution Universität auch unter den neuen Verhältnissen leben und arbeiten, aber dies ist mehr ihrer Robustheit und Vernunft vieler Universitätsangehöriger zuzuschreiben als den neuen Verfassungen.

Andererseits hat auch noch niemand ein überzeugendes Rezept angeboten, wie man die vernunftgebotene Beteiligung auch von Assistenten, Studenten und Verwaltungsangehörigen an sie betreffenden Entscheidungsprozessen sach- und universitätsgerechter verwirklichen könnte, ohne daß diese Beteiligung zum bloßen Dekor wird.

Auf jeden Fall werden die Westfälische Wilhelms-Universität und die anderen deutschen Universitäten noch lange nach dem jetzt geltenden Recht leben. Ihre Sorgen gelten auch längst anderen Problemen.

PH: Die wechselvolle Geschichte der Lehrerbildung

Der 1. April des Jahres 1980 ließ die ohnehin große Universität sprunghaft wachsen – 5960 Studierende, 275 wissenschaftliche und 142 nichtwissenschaftliche Mitarbeiter sollten in der Hochschule eine neue Heimat finden, außerdem 53 Mitarbeiter des Rektorats. Ihre alte Heimat gab es nicht mehr, die Pädagogische Hochschule hatte nach 15 Jahren aufgehört zu existieren. Sie war per Gesetz in die Universität überführt worden.

Voraufgegangen war ein jahrelanges Ringen der PH um die Selbständigkeit. Noch Ende 1979 texteten Studierende: „Uni, ich nehm' keinen Ring von dir, denn dann legst' in Ketten mir." Zehn Jahre später klang die Bilanz aber recht positiv – die historische Zweiteilung der Lehrerbildung war beseitigt.

Die Pädagogische Hochschule Westfalen-Lippe, wie sie mit vollem Namen hieß und zuletzt Abteilungen in Münster und Bielefeld unterhielt, war nicht sehr alt. Sie wurde erst 1965 gegründet, damals mit fünf Abteilungen, und zwar einer katholischen und einer evangelischen in Münster, einer evangelischen in Bielefeld, einer katholischen in Paderborn und der einzigen „simultanen" bei Siegen. Der Sitz des Rektorates war Münster.

Die katholische Abteilung hatte Ende 1958 ihr neues Domizil am Aasee bezogen, die evangelische Abteilung, die erst 1960 gegründet worden war, mußte bis Ende 1971 mit mehreren Provisorien vorliebnehmen, bis schließlich der Neubau an der Fliednerstraße bezogen werden konnte. Zu diesem Zeitpunkt waren die beiden selbständigen Abteilungen schon „simultanisiert", sie wurden 1969 per Gesetz zusammengelegt.

Die Pädagogische Hochschule geht auf die Pädagogische Akademie zurück. Angesichts des zerstörten Münster war sie 1946 in Emsdetten für das ganze Münsterland neu ins Leben gerufen worden. 1953 kehrte sie nach Münster zurück. Diese Akademien wiederum hatten in den Präparandien und Seminaren ihre Vorläufer. 1926 hob der preußische Kultusminister Becker die Lehrerausbildung auf den Status von Akademien. Eingangsvoraussetzung war das Abitur.

Die Pädagogische Hochschule kam in den 70er Jahren nicht zur Ruhe, nicht nur weil sie stürmisch wuchs und damit alle Probleme einer überfüllten Hochschule erlebte, sondern vor allem, weil sie sich gegen politische Übergriffe wehren mußte. So tauchte bereits Ende der 60er Jahre das Modell der Gesamthochschule auf, das in Münster Modell blieb, allerdings die PH und auch die gerade gegründete Fachhochschule verunsicherte. Die Pädagogische Hochschule konterte und präsentierte ihrerseits das Modell einer

1958 wurde das Gebäude der Pädagogischen Akademie am Aasee bezogen.

„EU", einer Erziehungswissenschaftlichen Universität, die also die Lehrerausbildung aus der Universität herausgelöst hätte. Ein von vornherein chancenloses Modell.

All diese Überlegungen wurden 1977 mit dem sogenannten „PH-Gesetz" gegenstandslos, das die Zusammenführung der Pädagogischen Hochschulen mit den anderen wissenschaftlichen Hochschulen regelte. Termin: 1. April 1980. Trotz vieler Ungereimtheiten und organisatorischer Probleme und Kritik an einzelnen Regelungen signalisierte die PH ihre grundsätzliche Bereitschaft zur Integration der Lehrerbildung.

Die wichtigste Bedingung der PH wurde bei der Zusammenlegung auch nach und nach erfüllt – nämlich die Fach-zu-Fach-Integration und das bei 22 Fächern, bis auf die wenigen Disziplinen, für die es an der Universität kein Pendant gab und die in einem eigenen Fachbereich 21 zusammengefaßt sind. Das war nicht immer leicht, zumal wenn die Uni-Wissenschaftler für die besonderen didaktischen Ansprüche ihrer neuen PH-Kollegen kein Verständnis hatten.

Um es anders auszudrücken: In der Zwangsehe ist aus der Didaktik der PH und der Wissenschaft der Universität ein neues Kind entstanden.

Klaus Ostheeren: Schmerzliche und beglückende Erfahrungen

Die Zusammenführung der Pädagogischen Hochschule Westfalen-Lippe mit der Westfälischen Wilhelms-Universität wurde für den 1. April 1980 durch das „Gesetz über die Zusammenführung der Pädagogischen Hochschulen mit den anderen wissenschaftlichen Hochschulen des Landes Nordrhein-Westfalen" verordnet – gegen den Willen des wissenschaftlichen wie des nichtwissenschaftlichen Personals beider Institutionen, die hinter dieser Maßnahme in erster Linie sachfremde, insbesondere finanzpolitische Erwägungen und Zwänge am Werke sahen. Begrüßt wurde die Zusammenführung von den Studierenden der Lehramtsstudiengänge der Universität, die von den neuen Dozenten eine stärkere Berücksichtigung der pädagogischen und didaktischen Anteile an ihrer Ausbildung und damit eine Verbesserung der Lehrerbildung erwartete.

Diesen Erwartungen kam das in Münster realisierte Modell einer Zusammenführung auf der Ebene der einzelnen Fächer – also beispielsweise der Anglisten der Pädagogischen Hochschule mit den Anglisten der Universität – entgegen („Fach-zu-Fach-Integration"), das den Auftrag des Gesetzes konsequenter umsetzte, als das an anderen Universitäten realisierte Modell der Einrichtung eigener Fakultäten oder Fachbereiche, in der die Institute der Pädagogischen Hochschulen beisammen, aber auch für sich blieben.

Soweit mit der Universität Münster zusammengeführte Institute der Pädagogischen Hochschule Westfalen-Lippe noch in eigenen Fachbereichen organisiert sind, handelt es sich um Übergangslösungen, die hingenommen werden müssen, solange die betreffenden Institute eine jedweder ministeriellen Prognose und Planung hohnsprechende Überlast an Studierenden zu bewältigen haben und für die sehr arbeitsaufwendige Fach-zu-Fach-Integration keinerlei Kapazität verfügbar ist.

Zusammenführung auf der Ebene der einzelnen Fächer bedeutete in der Regel integrierte Lehrprogramme, eine gemeinsame Bibliothek, engste Zusammenarbeit in den Gremien der Selbstverwaltung und – für die Kollegen von der Pädagogischen Hochschule – nicht zuletzt den Umzug von der landschaftlichen Idylle am Aasee in mehr oder weniger bereitwillig überlassene Räumlichkeiten in der Innenstadt.

Schmerzlich wurde – von den wissenschaftlichen Mitarbeitern – der Verlust der Berechtigung empfunden, Hauptseminare anzubieten und damit die Studierenden auf allen Stufen und in allen Bereichen ihrer wissenschaftlichen Entwicklung zu begleiten – eine Berechtigung, welche die Universität nur dem habilitierten Hochschullehrer zugesteht.

Zu einer beglückenden Erfahrung kann das ausgeprägte Engagement der sich auf das Lehramt vorbereitenden Studierenden für die schulpraktischen, didaktischen und pädagogischen Aufgabenstellungen werden. Bewahrt wurde das Recht der Promotion zum Doktor der Pädagogik, der nun von der Universität verliehen wird.

Auf das Ganze betrachtet wird die Entwicklung heute nicht nur von den Studierenden positiv beurteilt.

Prof. Dr. Klaus Ostheeren ist Anglist. 1981 übernahm er einen Lehrstuhl am Englischen Seminar. In seinem Fach hat er die Integration der PH-Kollegen hautnah miterlebt. Diese Erfahrungen hat er in diesem Bericht zusammengefaßt.

Eine Rarität: So sahen die Studenten der ehemaligen PH noch 1985 das Zusammentreffen von PH-Professoren und Uni-Professoren – der eine kommt aus dem Busch, der andere ist hoch kultiviert. Die persönlichen Spannungen, die die Integration heraufbeschwor, macht diese Karikatur deutlich.

Pädagogische Hochschule und Universität
Ein Haus mit vielen Wohnungen

Insbesondere wären die von den Lehrerprüfungsordnungen geforderten fachdidaktischen Studien einschließlich der Tages- und Blockpraktika, welche den künftigen Kandidaten des Lehramts schon während ihrer wissenschaftlichen Ausbildung die unverzichtbare Begegnung mit der Realität des Schulalltags ermöglichen, ohne den Einsatz, die Kontakte und die Fachkompetenz der Kollegen aus der Pädagogischen Hochschule ganz und gar nicht realisierbar gewesen.

Spontane Anerkennung fand die spontane Bereitschaft der neuen Kollegen, unverzüglich Verantwortung und Belastung in den namentlich infolge der Universitätsreform sehr zeitaufwendigen und daher wenig beliebten Gremien und Organen der akademischen Selbstverwaltung zu tragen, die höchsten Ämter der Fakultäten und der Universität selbst eingeschlossen. Aus verordneten Dienstgesprächen erwuchs vertrauensvolle Zusammenarbeit, Austausch von Gedanken und Erfahrungen, gegenseitige Wertschätzung, Sympathie. Dies um so leichter, als die neuen Kollegen oft im selben Institut studiert hatten und von dem selben akademischen Lehrer promoviert worden waren.

Seit der im Jubiläumsjahr erschienenen Festschrift Die Universität Münster 1780–1980 ist breiten Kreisen lebendig, daß Münster neben dem geistigen Gründungsvater aller deutschen Universitäten, Wilhelm von Humboldt, einen zweiten, nicht minder einflußreichen Gründungsvater, Franz Wilhelm Freiherr von Fürstenberg, besitzt.

Älter als Humboldts humanistisches Universitätsideal einer praxisenthobenen und zweckfreien Bildung von Geist und Charakter der Lernenden und Lehrenden durch wissenschaftliches Denken in Gemeinsamkeit, Einsamkeit und Freiheit, mit der natürlichen Vorrangstellung der Fächer der Philosophischen Fakultät vor Friedrich August Wolfs „Brot- und Butterstudenten" – älter als dieses unverzichtbare Ideal Humboldts ist Fürstenbergs „gelehrte Üppigkeit" bewußt meidendes Konzept einer praxisorientierten und zweckgerichteten Ausbildung für die Bedürfnisse des Fürstbistums Münster an einer auf diese Bedürfnisse zugeschnittenen Landesuniversität.

Helmut Schelsky hat dieses Konzept der akademischen Berufsausbildung in seiner münsterschen Antrittsvorlesung im Jahre 1960 sogar als allein bewahrungsfähig dargestellt und für das Ideal der akademischen Bildung eine institutionelle Neugründung jenseits unserer heutigen Universität vorgeschlagen. Wenn ihm namentlich in der Philosophischen Fakultät niemand zu folgen vermochte, so auch wegen der beide Pole umspannenden, historisch gewachsenen Identität der Universität Münster, die sowohl dem Konzept Fürstenbergs mit seinem Wirken für und in der Region durch die Jahrhunderte und in allen Phasen ihrer Entwicklung treu geblieben ist, die aber auch das Ideal Humboldts mit ausgeprägter Intensität ergriffen hat und in einer Zeit, in der ein Studium keine Gewähr für eine spezifische berufliche Laufbahn mehr bietet und der Wert allgemeiner Bildungsziele neu bestimmt wird, wieder ergreift und in ihr Selbstverständnis aufnimmt.

Wer die aus dieser Polarität gewachsene und sie bewahrende Identität Münsters als eines Hauses mit vielen Wohnungen zu sehen vermag, der wird die Integration der stärker praxisbezogenen Lehramtsstudiengänge als der Tradition dieser Identität entsprechend erkennen. In dieser Tradition standen nicht nur Josef Heinrich Kalthoff, Leopold Schipper, Felix Hase und Josef Mettlich, die das Lehramt an der Königlichen Akademie zu Münster mit dem Lehramt am Paulinum verbanden, sondern auch so bedeutende Gelehrte wie der Historiker und Literaturwissenschaftler Wilhelm Heinrich Grauert, der Mathematiker Heinrich Behnke, der Philosoph Josef Pieper und der Romanist Heinrich Lausberg, die den Kontakt zu den Schulen und zur Region – später auch zu den Pädagogischen Akademien und dem Schulkollegium – suchten und zu fruchtbarer Zusammenarbeit fanden.

Es ist die Tradition Fürstenbergs, der das gesamte Bildungswesen seiner Zeit von der Elementarschule bis zur Universität als eine geistige und funktionale Einheit verstand und entsprechend konzipiert hatte. Es entspräche dem Geiste dieser Tradition, wenn die neuere Entwicklung, welche die Zusammenarbeit zwischen den getrennten Schwestern Schule und Universität wieder intensiver fordert und fördert, uns nach und nach auch von dem „latenten Mißtrauen" befreien könnte, das „zwischen Schule und Universität in der Praxis wie in der Verwaltung" nach einer Beobachtung Edgar Mertners besteht und wohl dafür verantwortlich zu machen ist, daß hochqualifizierten Dozenten, die nicht in unbefristete Positionen in der Universität eintreten, der früher selbstverständliche Weg in die Schule nicht mehr offensteht, obwohl sie über Jahre hinweg Lehrer ausgebildet haben.

Wem diese Tradition und die in ihr gewachsene und bewahrte Polarität bewußt geblieben ist, wird verstehen können, daß die Zusammenführung gelingen konnte, obwohl sie dem kollegialen Selbstergänzungsrecht der Fakultäten eklatant zuwiderlief: Sie läuft dem Grundkonzept und der gewachsenen Identität der auf Fürstenbergs Akademie gründenden Universität nicht zuwider.

Münsters größter Arbeitgeber bringt 1 Milliarde in die Region

Die Zettelbörse – hier im Schloß – ist für Studenten eines der wichtigsten Informationszentren. Hier gibt es preiswerte Angebote, hier wird der Tausch von Studienplätzen offeriert oder auch verzweifelt nach Zimmern gesucht.

Die Universität ist der größte Arbeitgeber weit und breit – rund 10 000 Bedienstete finden auf den verschiedensten Ebenen in der Hochschule ihre Arbeit. Darunter sind rund 700 Hochschullehrer.

Rechnet man die 45 000 Studierenden dazu, stellt diese Hochschule eine gewaltige Kaufkraft dar, nicht nur für Münster, sondern auch für die Region. Auf etwa 900 Millionen Mark summiert sich die Nachfrage von Studenten und Bediensteten, errechnet einmal für das Jahr 1989. (Die Zahl dürfte inzwischen erheblich höher liegen.) Hinzu kommen die Sachausgaben der Universität, so daß sie insgesamt ein Wirtschaftspotential von mehr als 1 Milliarde Mark darstellt – zum Vergleich: der gesamte Umsatz im münsterschen Einzelhandel belief sich 1989 auf 2,5 Milliarden Mark. Anders gerechnet: Etwa 900 Studierende lassen in Münster 1 Million Mark jährlich. Leicht auszurechnen, wieviele Geschäfte und Gaststätten schließen müßten, wenn die Universität statt 45 000 nur 35 000 Studenten hätte ...

Der Haushalt der Gesamtuniversität machte 1991 rund 822 Millionen Mark aus (zum Vergleich: der „bereinigte" Haushalt der Stadt Münster belief sich insgesamt auf 900 Millionen), wovon die Medizinischen Einrichtungen mit 497 Millionen den Löwenanteil bestreiten. Andererseits bringt es die Medizin auch auf stattliche 302 Millionen Mark an Einnahmen. Der Etat der Medizin hat sich in 20 Jahren verzehnfacht, verzehnfacht haben sich im selben Zeitraum auch die Einnahmen. In diesem großen Haushalt macht der Anteil der Forschungsmittel immerhin 10 Prozent aus, allerdings nur, wenn man den Anteil von 58 Millionen (davon 22 Millionen für die Medizin) an Drittmitteln hinzuzählt.

Überfüllung ist an der Universität ein Dauerthema – auch wenn sie sich sehr unterschiedlich auswirkt. Rein statistisch gesehen müssen sich zwei Studenten weniger als einen Studienplatz teilen, denn die Zielzahl für Studienplätze liegt immer noch bei 19 500. Werden die Quadratmeterrichtlinien für die tatsächlichen Studentenzahlen zugrunde gelegt, müßte die Universität über 270 000 Quadratmeter Nutzfläche verfügen. Tatsächlich vorhanden sind 140 000. Das bedeutet also eine räumliche Überlast von 180 Prozent. Das Zahlenverhältnis von Lehrenden zu Studierenden macht im Universitätsdurchschnitt 1 zu 60 aus – an diesem Wert sind aber auch Jura und Wirtschaftswissenschaften mit einem Verhältnis von 1 zu 140 beteiligt.

Der Blick über die Grenze: Niederlande in Münster zu Hause

Prof. Dr. Horst Lademacher ist wissenschaftlicher Leiter des Zentrums für Niederlandestudien.

We laten ons de kaas niet van het brood eten!" An der Westfälischen Wilhelms-Universität wird studentischer Protest zuweilen auch niederländisch vorgebracht, wenn es – wie bei der feierlichen Eröffnung des neuen Zentrums für Niederlande-Studien der Universität Münster in der Aula des Schlosses – um Stellenstreichungen und überfüllte Sprachkurse geht. Mit dem Niederlande-Zentrum verfügt die Universität über eine bundesweit einmalige Einrichtung, die sich in Forschung, Lehre und Weiterbildung fächerübergreifend mit dem westlichen Nachbarstaat beschäftigt.

Der Entscheidung des Düsseldorfer Wissenschaftsministeriums zugunsten von Münster als Standort eines Niederlande-Zentrums, um das sich auch andere Hochschulen in Nordrhein-Westfalen und Niedersachsen beworben hatten, waren vielfältige und intensive Bemühungen von Universität, Stadt und Region vorausgegangen. Mit der Gründung des Zentrums löste die Bundesrepublik eine Forderung des Deutsch-Niederländischen Kulturabkommens aus dem Jahr 1962 ein, das die Einrichtung und Unterstützung von Kulturinstituten der jeweils anderen Vertragspartei im eigenen Land vorsah. Nachdem 1986 an der Freien Universität Amsterdam eine Stiftung zur Förderung der Deutschlandstudien in den Niederlanden ins Leben gerufen und auch an der Katholischen Universität Nijmegen eine vergleichbare Einrichtung gegründet worden war, begannen auch in der Bundesrepublik konkrete Planungen für ein Niederlande-Zentrum.

Daß die westfälische Hauptstadt Münster schließlich als Standort dieses Zentrums gewählt wurde, hat viele gute Gründe. Schließlich verbindet jeder Niederländer mit dem Namen Münster den Abschluß des Westfälischen Friedens im Jahr 1648. Dieses Ereignis markiert die juristische und völkerrechtliche Anerkennung der Niederlande als unabhängigen Nationalstaat. Aber auch die Gegenwart Münster bietet genügend Anknüpfungspunkte: Münster, nur rund 50 Kilometer von der deutsch-niederländischen Grenze entfernt, ist Sitz eines niederländischen Konsulates, einer deutsch-niederländischen Gesellschaft, der deutsch-niederländischen Juristenkonferenz, eines niederländischen Bürgervereins, des Fachverbandes der Niederländisch-Lehrer an Schulen und Volkshochschulen sowie der „Bertha-Jordaan-van-Heek-Stiftung", die sich der Pflege der deutsch-niederländischen Beziehungen widmet.

Die Westfälische Wilhelms-Universität selbst verfügt seit vielen Jahren über ein sprachwissenschaftlich orientiertes „Niederländisches Seminar". In verschiedenen Fachbereichen, von der Theologie über die Rechtswissenschaft bis zur Geographie, werden regelmäßig enge wissenschaftliche Kontakte mit Hochschulen und Wissenschaftseinrichtungen in den Niederlanden gepflegt. Diese Kontakte haben bisher zu zwei offiziellen Partnerschaftsbeziehungen mit der Katholischen Hochschule Nijmegen und der Universität Twente in Enschede geführt. Die Universitätsbibliothek Münster sammelt seit langem umfassend Literatur zum kulturellen, sozialen und wirtschaftlichen Leben der Niederlande. Das „Sondersammelgebiet Niederländischer Kulturkreis" der UB verfügt nicht nur über wertvolle Altbestände, sondern erwirbt auch ständig alle in Frage kommenden Neuerscheinungen.

Ziele des Zentrums, das im Herzen der münsterschen Altstadt untergebracht ist, sind die Förderung, Stärkung, Bündelung und Koordination aller an der Universität vorhandenen Forschungsansätze zum Thema „Niederlande", namentlich zur Geschichte, Sprache, Kultur, Wirtschaft, zum Recht, zur Gesellschaft, zur Geographie und Landeskunde des Nachbarstaates. Gedacht ist aber auch an die Anregung neuer fachübergreifender Forschungen zur wissenschaftlichen Erforschung der Niederlande. Zu diesem Zweck sollen Wissenschaftler aus den Niederlanden und der Universität Münster am Zentrum die Möglichkeit erhalten, gemeinsam zu forschen. Erste Projekte befassen sich zum Beispiel mit Kirche und Konfession in den Niederlanden.

Neben der Forschung soll das Zentrum vor allem auch Beiträge zur Lehre leisten. Gedacht ist an einen grundständigen interdisziplinären Studiengang „Niederlande-Studien", der als Magisterstudiengang konzipiert ist. Das 1992 gestartete Projekt „Interregionale Weiterbildung Niederlande" (IWN) des Zentrums sieht seine Aufgabe vor allem in der Weiterbildung für bereits im Berufsleben stehende Akademiker, Unternehmer oder Angestellte aus den verschiedensten Bereichen, die – auch mit Blick auf den europäischen Binnenmarkt – eine Tätigkeit in den Niederlanden anstreben. Diese Entwicklung wird verstärkt, wenn das Niederlande-Zentrum künftig mit dem Niederländischen Seminar des Fachbereichs Germanistik und dem „Sondersammelgebiet Niederländischer Kulturkreis" der UB unter einem Dach räumlich vereinigt wird. Für dieses „Haus der Niederlande" ist das zur Zeit noch von der münsterschen Stadtbücherei genutzte Krameramtshaus vorgesehen, in dem die acht Vertreter der niederländischen Generalstaaten bei den Verhandlungen zum Westfälischen Frieden (1648) gewohnt haben. Nach Fertigstellung der neuen Stadtbücherei im Jahr

Partneruniversität Nijmegen bietet ein deutsches Zentrum

Krameramtshaus, das Haus der Kaufleute, als Sitz des Niederlandezentrums – das ist mehr als nur eine Geste gegenüber der Universität und den Niederlanden.

1993 ist das historische Krameramtshaus das „Haus der Niederlande". Das erste Jahrbuch des Niederlande-Zentrums, das im Sommersemester 1991 erschienen ist, trägt bereits auf der Titelseite eine Zeichnung des Krameramtshauses.

An Münsters Partnerhochschule, der Katholischen Universität Nijmegen, wurde Ende 1991 als Pendant zu der münsterschen Einrichtung ein „Zentrum für Deutschland-Studien" eröffnet. Mit seiner „vrije studierrichting Duitsland-Studies" will dieses Zentrum das „niederländische Fenster nach Deutschland" werden. Von der Achse Münster–Nijmegen soll eine stimulierende Wirkung in beide Länder und ein Impuls für die Zukunft Europas ausgehen.

Katholische Theologie – so alt wie die Universität

Es war eine bemerkenswerte Ehrenpromotion der Katholisch-Theologischen Fakultät, die den Bischöfen Dr. Reinhard Lettmann (Mitte) und Prof. Dr. Alfons Nossol aus Oppeln (links) zuteil wurde – sie fand am 17. Januar 1991 statt, dem Beginn des Golfkrieges. Mit Nossol und Lettmann wurden zwei Männer geehrt, die sich durch Reden, Denken und Handeln große Verdienste um Kirche und Theologie erworben haben. Bundeskanzler Helmut Kohl würdigte in einem Brief Lettmann als einen Mann der Weltoffenheit und des Dialogs, Nossol als einen der engagiertesten Vorreiter der Versöhnung. Rechts der Dekan der Katholisch-Theologischen Fakultät, Prof. Dr. Adel-Theodor Khoury.

Dreifache Ehrendoktorwürde durch die Katholisch-Theologische Fakultät im Mai 1989: Geehrt wurden der jüdische Religionswissenschaftler Prof. Dr. Zwi Werblowsky (Jerusalem), einer der renommiertesten Religionswissenschaftler weltweit; die palästinensische Biologieprofessorin Prof. Dr. Sumaya Farhat-Naser (Birzeit), eine arabische Christin; Benediktinerabt Dr. Laurentius Klein, Studiendekan des Theologischen Studienjahres in Jerusalem. Die drei Wissenschaftler sind eng verbunden mit der Domitio-Abtei in Jerusalem und ihrer konkreten Friedensarbeit.

Die Katholisch-Theologische Fakultät ist so alt wie die Universität selbst. Die Notwendigkeit, die Priester der Diözese systematisch auszubilden, war eines der wichtigsten Motive für die Gründung der Hochschule. Der Vorlesungsbetrieb wurde noch vor der offiziellen Eröffnung der Universität, nämlich 1773 aufgenommen, drei Jahre später trat das Priesterseminar hinzu. Universitätsgründer Franz von Fürstenberg, der nicht nur Minister, sondern auch Generalvikar war, hatte sich mit Universitäten im allgemeinen und katholischen Ausbildungsstätten im besonderen gründlich befaßt – seine münstersche Fakultät wurde vor allem auf die seelsorgerliche Praxis ausgerichtet.

Ende des vorigen Jahrhunderts erlebte die Fakultät einen wissenschaftlichen Aufbruch – vier neue Lehrstühle erweiterten den seit dem 18. Jahrhundert geltenden Fächerkanon. Die münstersche Fakultät wurde damit zum Vorreiter in Deutschland.

Für die Christliche Gesellschaftslehre wurde Franz Hitze gewonnen, der an der Spitze der katholischen Sozialbewegung stand. Ebenso wegweisend war die Gründung der Missionswissenschaft; der aus dem Elsaß stammende Lehrstuhlinhaber Joseph Schmidlin unternahm dafür eigens zwei längere Studienreisen. Während des Ersten Weltkrieges erweiterte sich nicht nur der militärische Aktionsrahmen bis in den Orient hinein, sondern auch der wissenschaftliche – in Münster wurde ein Extraordinariat für Kunde des Christlichen Orients gegründet. Schließlich – und das ist bemerkenswert – wurde ein Lehrstuhl für vergleichende Religionswissenschaft eingerichtet und das, obschon die katholische Öffentlichkeit religionswissenschaftliche Forschungen weitgehend ablehnte. Mit diesen Neugründungen hatte sich die Fakultät als sehr fortschrittlich erwiesen.

Bis zum Beginn der nationalsozialistischen Diktatur hatte sich die Fakultät einen hervorragenden Ruf erworben. Persönlichkeiten wie Adolf Donders und Georg Schreiber hatten ihn unter anderen geprägt. Die Nationalsozialisten verfolgten das erklärte Ziel, die Ausstrahlungskraft der Fakultät zu reduzieren, wenn nicht gar rückgängig zu machen. Instrumente dazu waren Versetzungen, vorzeitige Pensionierungen, Verhinderung von Neubesetzungen, Zeitschriften wurden eingeschränkt oder gar verboten. Das kirchen- und fakultätsfeindliche Vorgehen blieb nicht ohne Reaktion – um den Dogmatiker Michael Schmaus und den Kirchenhistoriker Joseph Lortz formierte sich geistiger Widerstand, so daß die Gestapo aufmerksam wurde.

Diese Fakultät ist auch von ihrer Größe her unvergleichlich – sie ist die größte Ausbildungsstätte für

Immer wieder innovativ: „Lizentiat im großkanonistischen Recht"

Der Sitz der Katholisch-Theologischen Fakultät: Das Gebäude wurde 1960 vollendet. Es liegt in unmittelbarer Nachbarschaft zur Petrikirche und zum Bischöflichen Garten – gleichsam in der Keimzelle der Universität selbst.

katholische Theologen im deutschen Sprachraum und darüber hinaus sogar die größte der Welt. Mehr als 3000 Studierende sind hier eingeschrieben, zur Höchstzeit Anfang der 80er Jahre wurde nahezu die Zahl von 4000 erreicht.

Knapp die Hälfte studiert dabei Theologie im Hauptfach, das Diplom als Abschluß überwiegt. Katholische Theologie für das Lehramt erfreut sich nach wie vor großer Beliebtheit. Trotz dieser hohen Belastung wurden der Fakultät im Zuge der Düsseldorfer Sparmaßnahmen mehrere Stellen gestrichen.

Die Katholisch-Theologische Fakultät verfügt nicht nur über ein reich gegliedertes Lehrangebot, sie ist auch für Graduierte sehr attraktiv, was in der hohen Zahl der Doktorpromotionen zum Ausdruck kommt. Offensichtlich wirken sich hierin die vielfältigen und unterschiedlichen theologischen Ansätze und die Breite der Forschungsvorhaben aus. Gerade Doktoranden aus der Dritten Welt wählen mit Vorliebe Münster als Ort für die Erarbeitung ihrer Dissertation. Diese hohe Zahl erfordert wiederum von den Hochschullehrern eine intensive Betreuung und Begleitung, was in den Kapazitätsberechnungen allerdings keinen Niederschlag findet.

Die Fakultät hatte sich in der Vergangenheit mehrfach als innovativ erwiesen. In den 60er Jahren wurden zwei Lehrstühle für ökumenische Theologie eingerichtet, einer für die ostkirchliche Theologie und einer für die reformatorische. Und mit dem Sommersemester 1992 wurde erneut eine neue wichtige Disziplin begründet: katholisches Kirchenrecht. Neben dem Großkanonistischen Institut in München ist die münstersche Fakultät die einzige in Deutschland, die eine Ausbildung für katholisches Kirchenrecht ermöglicht.

Der neue Studiengang führt in vier Semestern zum „Lizentiat im großkanonistischen Recht". Vereinbarungen zwischen der Diözese, dem Vatikan und dem nordrhein-westfälischen Wissenschaftsministerium legten dafür die Grundlage. Den neuen Studiengang können Absolventen eines Theologiestudiums aufnehmen, das Lizentiat berechtigt zum kirchlichen Gerichts- und Verwaltungsdienst.

Dieses Lizentiat zu erwerben, war bislang nur in München oder aber in Rom möglich.

„Höffner-Institut": Wirtschaftsethik und Bioethik

Prof. Dr. Franz Furger leitet seit 1987 das Institut für Christliche Sozialwissenschaften.

Die Erinnerung an seinen Gründer ist heute noch wach: „Höffner-Institut" heißt im akademischen Kurzjargon der Universität das „Institut für Christliche Sozialwissenschaften", eines der bedeutendsten der Katholisch-Theologischen Fakultät. Es gilt auch als das am besten ausgebaute seiner Art im deutschen Sprachraum. 1991 feierte das Institut mit einem Fachkongreß den 40. Geburtstag. Der Gründer ist Prof. Dr. Joseph Höffner, münsterscher Bischof, späterer Erzbischof und Kölner Kardinal und Vorsitzender der Bischofskonferenz. Seit 1987 wird es geleitet von Prof. Dr. Franz Furger aus Bern.

Als Fach gehen die Christlichen Sozialwissenschaften in Münster auf Franz Hitze im Jahre 1893 zurück, institutionalisiert wurden sie 1951. Joseph Höffner war stark geprägt durch seine Funktion als geistlicher Beirat des Bundes Katholischer Unternehmer, er griff immer wieder aktuelle wirtschafts- und sozialpolitische Fragen auf. Höffner arbeitete in mehreren wissenschaftlichen Beiräten bei den verschiedenen Ministerien mit. Der Praxisbezug in der Arbeit des Instituts war also selbstverständlich. Höffner verstand es auf ungewöhnliche Weise, die Katholische Soziallehre in die Breite wirken zu lassen, nicht nur mit neuen Schriftenreihen, sondern auch mit einem „Diplom für Christliche Sozialwissenschaften", das Hörern aller Fakultäten offen steht.

Nachfolger von Höffner wurde Wilhelm Weber, der sich in seinen Forschungen vor allem mit dem Sozialismus und der Theologie der Befreiung auseinandersetzte. Heute charakterisiert Franz Furger die Arbeit des Instituts als „Sozialethik".

Ein zweiter Schwerpunkt neben der Wirtschaftsethik ist die „Bioethik". Furger selbst ist eidgenössischer Delegierter in der Fachkommission des Europarates, engagierte sich auch stark im konziliaren Prozeß für Gerechtigkeit, Frieden und Bewahrung der Schöpfung. Er ist Mitglied und Consultor bei mehreren Kommissionen sowohl des Zentralkomitees deutscher Katholiken als auch der Deutschen Bischofskonferenz. Wie beim Gründer Höffner – der Kontakt zur Praxis ist selbstverständlich.

Bemerkenswert ist, daß 1987 auf Anregung Furgers ein „Verein der Freunde des Instituts für Christliche Sozialwissenschaften" gegründet wurde, gleichsam als Stütze für das Institut.

Mission – heute Sache aller Christen

Prof. Dr. Giancarlo Collet übernahm 1988 die Leitung des Instituts für Missionswissenschaft.

Mission – das ist auch heute Vermittlung des Evangeliums, Weitergabe wertvoller Erfahrungen, die Menschen mit Jesus gemacht haben. So die Definition von Prof. Dr. Giancarlo Collet, Direktor des Instituts für Missionswissenschaft an der Katholisch-Theologischen Fakultät.

Natürlich hat Mission heute einen anderen Charakter als beispielsweise im vorigen Jahrhundert: „Wir haben angefangen, unseren Standort zu relativieren, denken über die eigenen Grenzen nach und haben längst ein positiveres Verhältnis zum anderen entwickelt. Heute akzeptieren wir den universalen Heilswillen Gottes in allen Religionen – auch wenn der Christ natürlich von seinem eigenen Glauben Zeugnis ablegt." Collet erläutert, daß das, was früher als fremd, barbarisch, magisch, eben als heidnisch empfunden wurde, heute als kulturell und religiös eigenständig betrachtet werde. Das ist tatsächlich ein starker Wandel im Verständnis von Mission.

Das Fach katholische Missionswissenschaft ist das älteste überhaupt. Es wurde bereits 1909 vom Elsässer Joseph Schmidlin gegründet, zehn Jahre, bevor Papst Benedikt XV. die Errichtung missionswissenschaftlicher Lehrstühle forderte. Münster wurde zum Modell für zahlreiche Neugründungen in aller Welt. Den Anstoß in Münster hatte der preußische Staat gegeben, der die Mission ganz im Stil alter Staatsräson als bedeutsam zur Festigung seiner jungen Kolonien erkannt hatte. Schmidlin allerdings baute unabhängig davon die Missionswissenschaft zu einer selbständigen Disziplin aus. Der Gründer fand 1944 als erklärter Gegner der Nazis im Konzentrationslager den Tod.

1952 erreichte es der Nachfolger, der Benediktinerpater Thomas Ohm, daß die Landesregierung ein Institut für Missionswissenschaft errichtete. Giancarlo Collet leitet das Institut seit 1988.

Mission, so Collet, werde heute universal verstanden als Sache aller Christen. Gerade in der Dritten Welt gebe es vielversprechende Aufbrüche, Christen anderer Kulturen gäben ihre Erfahrungen in einer Vielfalt von Theologien wieder. Aufgabe der Missionswissenschaft sei es, herauszufinden, was diese Erfahrungen der Christen in der Dritten Welt für Europa bedeuten könnten und umgekehrt. Für Collet heißt das, daß Europäer nicht einfach und unreflektiert die südamerikanische Befreiungstheologie übernehmen könnten. Giancarlo Collet: „Wir sollten uns davor hüten, erst andere und dann uns selbst zum Objekt zu machen."

Leibniz-Forscher:
Dem Genie über die Schulter schauen

Das letzte Universalgenie hat es der Nachwelt nicht leicht gemacht – „unglaubliche Schmierklaue" könnte der erschrockene Kommentar eines Lehrers angesichts dieser handbeschriebenen Zettel ausfallen. In der Tat: Das Entziffern der Schrift des Philosophen und Naturwissenschaftlers Gottfried Wilhelm Leibniz (1646 bis 1716) stellt für die Wissenschaftler die erste große Hürde dar, die sie für die Edition seiner Werke nehmen müssen. Speziell für diese Aufgabe wurde in Münster 1956 von Prof. Dr. Erich Hochstetter die Leibniz-Forschungsstelle gegründet, die Prof. Dr. Heinrich Schepers von 1968 bis 1990 leitete.

Die Wissenschaftler, die an der Edition beteiligt sind, müssen nicht nur die für den Laien unlesbare Schrift entziffern lernen, sie müssen auch über weitere Spezialkenntnisse verfügen – auf den Gebieten der Philosophie und der Philologie, des Gelehrtenlateins der ausgehenden Renaissance und des frühen Französischen des 17. Jahrhunderts, und schließlich gibt es noch eine allerdings kleinere Schwierigkeit: Die deutschen Beiträge sind natürlich in der deutschen Schrift der damaligen Zeit geschrieben. Und das alles in einer sehr lockeren, eigenwilligen Orthographie, in einer sehr flüchtigen Schrift, mit vielen Verbesserungen, Streichungen, Überschreibungen – „Leibniz hat schreibend gedacht und beim Niederschreiben seine Vorstellungen schon wieder korrigiert", faßt Heinrich Schepers seine Erfahrungen mit den Leibniz-Blättern zusammen.

Die Spezialisten in der kleinen Forschungsstelle an der Rothenburg dringen mit ihrer Arbeit gleichsam in die Werkstatt des Genies vor, sie können ihm beim Abfassen über die Schulter sehen: Sie sehen Gedanken reifen, erleben, wie sie miteinander kommunizieren. Eine einmalige Voraussetzung auch zur Beurteilung und Einschätzung.

Gottfried Wilhelm Leibniz hatte auf diesen Zetteln seine Gedanken lediglich für den Hausgebrauch fixiert. Dementsprechend sind die Zettel auch nicht datiert. Bei der richtigen Einordnung helfen Leibniz-Forscher in aller Welt, die kostenlos jährlich Vorabdrucke der Veröffentlichungen erhalten. Die münsterschen Wissenschaftler haben sich darüber hinaus ihr eigenes Hilfssystem geschaffen – sie nutzen die Wasserzeichen. Dazu haben sie sich einen Katalog von rund 2500 datierten Wasserzeichen angelegt. Allerdings müssen diese äußeren Merkmale mit dem Inhalt korrespondieren.

Diese mühsame Arbeit, aber auch die Chance, den Gedankengang eines Genies nachvollziehen zu können, haben die heutigen Wissenschaftler dem Staat zu verdanken: 1716, nach Leibniz' Tode, wurden seine gesamten Korrespondenzen und Schriften konfisziert, in staatlichen Gewahrsam überführt – und damit der Nachwelt erhalten. Die unglaubliche Fülle dieser Notizen bescheren den Wissenschaftlern bei der Edition aber auch einen einmaligen Arbeitsanfall.

Es gibt kaum ein Wissensgebiet des Barocks, auf dem Leibniz nicht denkend tätig geworden ist – Philosoph, Mathematiker, Physiker, Techniker, Jurist, politischer Schriftsteller, Geschichts- und Sprachforscher sind Begriffe, die diese Vielfalt nur unzureichend wiedergeben können. Er war das letzte Universalgenie.

An mehreren Orten Europas unterziehen sich Forscher der Aufgabe, seine Schriften herauszugeben. Münster hat sich auf die philosophischen Schriften und Briefe konzentriert. 1975 wurde hier die Arbeit auf EDV umgestellt, womit auch ein „Begriffs-Pool" jederzeit abrufbar ist. Heinrich Schepers rechnet damit, daß der münstersche Teil der Gesamtedition nach der Jahrtausendwende abgeschlossen sein kann.

Der Leibniz-Kenner Schepers über Leibniz: „Leibniz hat unerschöpflich kreativ, immer wieder von neuem ansetzend, entworfen und ausgeführt, ohne zu den Ergebnissen zu gelangen, die seinen methodologischen Forderungen genügt hätten. Aber gerade weil er seine Ansprüche so hoch geschraubt hat, daß er selbst daran scheitern mußte, bleiben seine Konzepte interessant."

Prof. Dr. Heinrich Schepers trat 1956 in die Leibnizforschungsstelle ein, die er von 1968 bis 1990 leitete.

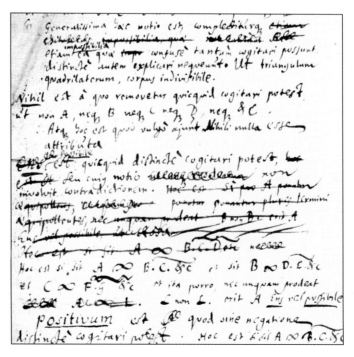

Eine Handschriftenprobe gemäßigten Charakters – die Wissenschaftler haben Schwierigeres zu bewältigen.

Die Nadel im Heuhaufen oder die Suche nach dem neutestamentlichen Urtext

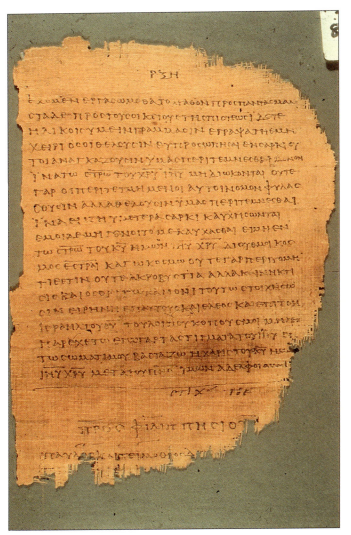

Der Chester Beatty Papyrus II (P 46) (Original in Dublin) aus der Zeit um 200 n. Chr. Die abgebildete Seite enthält den Text von Galater 6,10 bis 18 und Philipper 1,1.

Fast klingt es wie ein Abenteuer, wie eine utopische Reise in die Vergangenheit: Der ursprüngliche Text des Neuen Testamentes – genauer gesagt, der griechische Text – soll 19 Jahrhunderte nach seiner Niederschrift rekonstruiert werden in einer großen kritischen Ausgabe, die auf sämtlichen erhaltenen Handschriften beruht, die alle theologisch wichtigen Varianten enthält, die die komplizierte Überlieferung des Textes darstellt und die Handschriften in ihrer Qualität und Zuordnung beschreibt. Die wissenschaftlichen Vorarbeiten für diese „editio critica maior" laufen seit mehr als drei Jahrzehnten am Institut für neutestamentliche Textforschung der Universität Münster. Es ist die stolzeste Herausforderung der Christenheit, der sich in der Vergangenheit immer wieder (wenige) Theologen gestellt haben.

1959 gründete Prof. D. Kurt Aland an der Universität Münster das Institut für neutestamentliche Textforschung, damals schon mit dem Ziel, eine neue „editio critica maior" zu erarbeiten. Vor welcher Aufgabe die Theologen dabei stehen, mögen einige Zahlen verdeutlichen. 1516 benutzte der berühmte Humanist Erasmus von Rotterdam „ganze" fünf Handschriften für seine erste Ausgabe des griechischen Neuen Testaments, 1869 zog Konstantin von Tischendorf schon rund hundert (ihm bekannte) Handschriften zu Rate. Mehr als hundert Jahre später ist diese Aufgabe rein zahlenmäßig ins Gigantische gewachsen. Etwa 5400 Handschriften liegen heute der großen Ausgabe zugrunde, eine Masse, die nur noch mit dem Computer bewältigt werden kann. Kurt Aland selbst hat kräftig zu diesem Wachstum beigetragen: Um rund 1200 Nummern vergrößerte er die Handschriftenliste. Er stöberte bis dato unbekannte Schätze in Bibliotheken und Archiven auf, die anderen Forschern verschlossen geblieben waren, er war auf dem Athos, dem Sinai – wissenschaftliche Kompetenz, internationale Reputation und strenge Vertraulichkeit wirkten wundersam als „Sesam, öffne dich". Heute steht fest: Selbst wenn irgendwo noch neue Handschriften auftauchen sollten, so fügen sie sich ein in das bereits bekannte Textschema. Die Grundlage für die Rekonstruktion des Neuen Testaments ist also gelegt.

Bis es soweit war, war eine wahre Sisyphus-Arbeit zu leisten. Die Handschriften mußten untersucht, ausgewählte Textstellen miteinander verglichen (die Wissenschaftler sprechen von „kollationieren") und die Ergebnisse noch einmal überprüft werden. Um noch eine Zahl zu nennen: Rund 1,8 Millionen Textstellen wurden auf diese mühsame Art „per Hand" untersucht. Erst mit diesem Material konnte dann der Computer gefüttert werden. Das Ergebnis: Die Textforscher kennen die Zusammenhänge zwischen den Handschriften, wissen, wer von wem „nur" abgeschrieben, wer verändert hat. Dabei stellte sich heraus, daß etwa ein Fünftel der rund 5400 Handschriften für die „editio critica maior" von Bedeutung ist.

Diese Wort- und Buchstaben-„Fuchserei" ist kein philologischer Selbstzweck, sondern hat fundamentale theologische Bedeutung, wie an einem Beispiel deutlich gemacht werden soll. Varianten können aus wenigen Buchstaben bestehen, in ihrer Aussage aber absolut gegensätzlich sein. Wenn es in einer Handschrift heißt: „Du glaubst, daß *einer* Gott ist", und in der anderen: „Du glaubst, daß *ein* Gott ist", so liegen theologische

Münster lieferte die Grundlage für Übersetzungen in aller Welt

1982 in der Bibliothek des Katharinenklosters auf dem Sinai: Prof. Dr. Barbara Aland, Erzbischof Damianos und dessen Stellvertreter Parlos beim Studium einer syrischen Handschrift.

Welten dazwischen (Jak. 2,19). Die Wissenschaftler erkannten auch, daß sich der eine (Ab-)Schreiber geradezu pingelig an seine Vorlage hielt, ein anderer ein paar Jahrzehnte später aber theologische Veränderungen beim „Abschreiben" einbaute.

Diese Unterschiede in der Überlieferung sollen mit der „editio critica maior" deutlich gemacht werden, wobei der Benutzer letzten Endes selbst entscheiden muß, welcher Variante er Glauben schenkt, wie Professorin Dr. Barbara Aland, die Institutsdirektorin, deutlich macht. Denn die Verantwortung für die Interpretation trägt der Exeget selbst, die Textforscher liefern ihm dafür die Grundlage. Barbara Aland legt auf Lesbarkeit der großen Ausgabe großen Wert. Ein „Materialgrab" beispielsweise mit endlosen Zahlenkolonnen, das nur Spezialisten zugänglich ist, lehnt sie ab. Voraussetzung für die Nutzung der großen Ausgabe ist natürlich die Beherrschung des Altgriechischen. Von dieser Ausgabe können übrigens nicht nur Theologen profitieren, sondern auch Philologen. Denn in der Überlieferung klassischer griechischer Schriften klafft eine Lücke von einem Jahrtausend.

Eine solche Jahrhundert-, vielleicht sogar Jahrtausendaufgabe ist mit den sparsamen Mitteln der Universität nicht zu leisten. So wird die Arbeit des Instituts seit 1964 von einer Stiftung gefördert, die seit 1977 den Namen ihres Stifters trägt – von Bischof Hermann Kunst.

Der Christen Heilige Schrift wird hier dokumentiert

Dieses Museum ist einzigartig in der Universität – und darüber hinaus in ganz Deutschland, sowohl was den ideellen Anspruch betrifft als auch den materiellen Wert der Ausstellungsstücke: Das Bibelmuseum an der Georgskommende dokumentiert die schriftliche biblische Überlieferung vom zweiten vorchristlichen Jahrhundert an mit dem Faksimile einer der erst 1947 aufgefundenen Qumran-Handschriften (Jesaja) über das älteste Papyrus-Fragment aus dem Jahre 50, auf dem neutestamentlicher Text vermutet wird (Vorstufe zum Markus-Evangelium), über die voluminösen Bibeldrucke der Vor-Luther- und Luther-Zeit bis hin zu den jüngsten Ausgaben, in deren kritisch erarbeitetem Text die jahrzehntelange Forschungsarbeit des Instituts für neutestamentliche Textforschung sichtbaren Ausdruck findet. Dieses Museum spricht Auge, Geist und Glaube an.

Die Bibel ist nicht nur Grundurkunde des christlichen Glaubens, sie ist auch Grundlage der abendländischen Kultur. In ihren Ausgaben spiegelt sich die Geistesgeschichte zweier Jahrtausende, an ihnen läßt sich die oft heftige Auseinandersetzung um die „frohe Botschaft" ablesen. An der Bibel, von der sich in der Gegenwart viele peinlich berührt abwenden, scheiden sich auch heute noch die Geister.

Das Bibelmuseum wurde 1979 eröffnet, bis dahin schlummerten die Schätze im Panzerschrank. Grundstock dieser faszinierenden Glaubensreise durch die Jahrhunderte war eine umfangreiche Privatsammlung, die nicht von ungefähr gerade in Münster zugänglich gemacht wurde – sie ergänzt auf augenfällige Weise das, was im Institut für neutestamentliche Textforschung erarbeitet wird: Es ist das Ringen um den richtigen, den wahren, den einzigen Text, das Museum und Institut zu eigen ist. Beide Institutionen werden von der Hermann-Kunst-Stiftung nachhaltig gefördert.

Dieses Museum verfügt unter vielem anderen über die größte private Sammlung griechischer neutestamentlicher Handschriften, nämlich 21 von 100, die in Deutschland noch existieren. Hinzu kommen die Zeugnisse der mühevollen handschriftlichen Überlieferung in den frühen Übersetzungen – wahre Kunstwerke, bis dann im 15. Jahrhundert die Erfindung der Buchdruckerkunst die Überlieferung revolutioniert – die Bibel wird zum „Volksbuch".

Die Erstausgabe des griechischen neuen Testaments durch Erasmus von 1516 ist hier ebenso zu finden wie die „Zürcher Bibel" von 1536, eine Übersetzung von Zwingli. Eine handschriftliche Äußerung des Reformators Martin Luther aus seinen letzten Tagen steht in einem großformatigen Druck: „Die Propheten

1979 wurde das Bibelmuseum eröffnet durch Bundespräsident Walter Scheel (links), den Kuratoriumsvorsitzenden. In der Mitte Bischof D. Hermann Kunst, Begründer der Hermann-Kunst-Stiftung, rechts Prof. D. Kurt Aland.

Bischof Dr. Reinhard Lettmann informiert sich über die Präsentation des Bibelmuseums. Links Prof. D. Kurt Aland, rechts Prof. Dr. Barbara Aland, die Leiterin des Museums.

Bibelmuseum: Konfessionsgegensatz mündet in ökumenischer Ausgabe

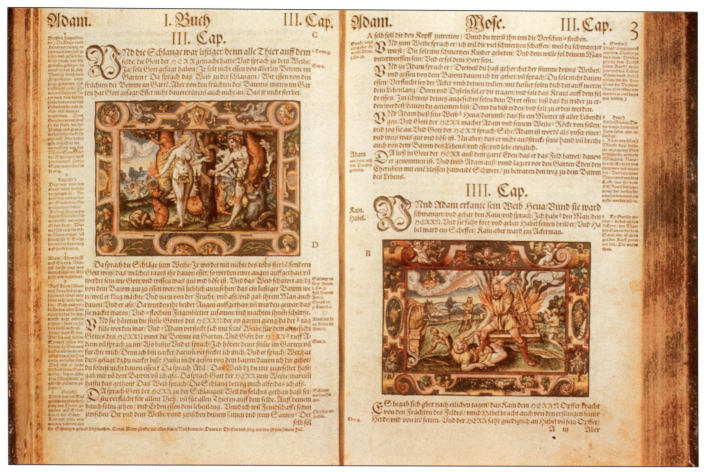

Ein Prachtexemplar des Bibelmuseums: Frankfurter Druck der Lutherbibel von 1560 mit den Illustrationen von Virgil Solis. Text: 1. Mose 3,1 bis 4,4. Das linke Bild zeigt Adam und Eva (Sündenfall), das rechte Kain und Abel (Brudermord).

alle Deutdsch" von 1544/45. Reformation und Gegenreformation: Das Museum zeigt das Druckexemplar der Beschlüsse des Tridentinischen Konzils (1545 bis 1563) – korrigiert und redigiert vom Sekretär des Tridentinums, das die Gegenreformation einleitete. Katholische Übersetzungen, beispielsweise die von 1527 durch Hieronymus Emser, rücken den biblischen Text wieder zurecht, wie als Empfehlung an den Leser mitgeteilt wird. Die Bibeln, nicht nur die Bilderbibeln, sind meist reich illustriert, vermitteln auch zeitgeschichtliche Dokumente. So ist beispielsweise auf einem Blatt der Koberger Bibel von 1483 der Kölner Dom mit Baukran in einer Illustration zum Buch Esra zu sehen. (In Esra geht es um den Wiederaufbau des Tempels nach dem Exil.)

Ein Schwerpunkt des Bibelmuseums liegt auf den Luther-Bibeln, zweifellos zu Recht, haben sie doch nicht nur Kulturgeschichte, sondern auch politische Geschichte gemacht. Eine solche Bibel kostete damals ein Vermögen, weshalb die geschätzte Zahl von 200 000 Exemplaren, die zwischen 1534 und 1626 allein von Wittenberg aus verbreitet wurden, wie ein Phänomen anmutet.

Diese lange biblische Überlieferung endet in unserer Zeit mit einer kirchenpolitischen Sensation: 1986 wurde eine gemeinsame Ausgabe des Neuen Testaments für die katholische und die evangelische Kirche herausgebracht, und zwar mit dem griechischen Text und zwei deutschen Übersetzungen – die evangelische bringt den revidierten Luther-Text von 1984, die katholische ist die Einheitsübersetzung von 1979. Herausgeber ist das Professorenehepaar Aland vom Institut für neutestamentliche Textforschung.

Damit gibt es im deutschen Sprachraum für beide Kirchen wieder eine zweisprachige Urtext-Ausgabe mit Übersetzung für beide Konfessionen. Vorangegangen war 1984 eine griechisch-lateinische Ausgabe, die die Professoren Aland Papst Johannes Paul II. persönlich überreichten. Sind viele Ausstellungsstücke dieses Museums Dokumente der Spaltung des Christentums, so steht die ökumenische Tat versöhnlich am Ende des Rundgangs.

Exakte Wissenschaft kombiniert mit den Grundurkunden des Glaubens

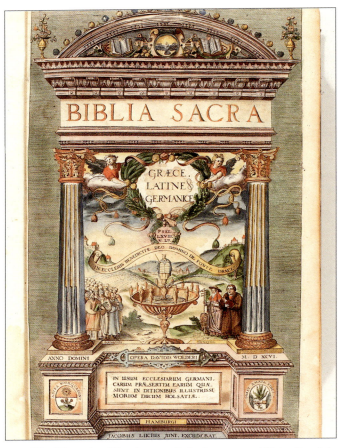

Das Titelblatt der Hamburger Polyglotte von 1596, die nicht mit den großen Polyglotten vergleichbar ist. Es war immerhin das Bemühen, durch den Vergleich verschiedener Übersetzungen den Zugang zu den biblischen Schriften zu erleichtern.

Eine griechische Handschrift des Neuen Testaments aus dem 13. Jahrhundert (Minuskel 676, Pergament). Die Abbildung zeigt den Evangelisten Johannes als einen Schreiber, dem der Text vom Himmel her diktiert wird (Besitz Bibelmuseum).

Die Arbeit am Lesegerät gehört zu den Standards im Institut für neutestamentliche Textforschung. Die meisten griechischen neutestamentlichen Handschriften sind hier auf Mikrofilm gesammelt.

Bild rechts: Der Nachbau einer Druckerpresse, wie sie Johann Gensfleisch Gutenberg im 15. Jahrhundert benutzte. Daß die Presse funktioniert, ist bewiesen worden.

Lexikon der Farbbedeutungen oder warum ist die Liebe rot?

Rot ist die Liebe, grün die Hoffnung, gelb der Neid – wieso eigentlich? Erinnerungen an eine Zeit, als den Farben bestimmte Bedeutungen, Symbole zugeordnet waren, an ein Denken, das Farben nicht gefühlsmäßig empfand, sondern philosophisch – im Mittelalter gab es einen regelrechten Farbenkanon, der dem heutigen Menschen nicht mehr zugänglich ist. Wer staunend vor den leuchtenden Farben gotischer Kathedralen in Nordfrankreich steht, kann den Eindruck ästhetisch auf sich wirken lassen. Wenn er das „Farbenspiel" auch kunsthistorisch verstehen will, muß er die Farbbedeutungen kennen. Ein Lexikon will diesem Wissensdefizit abhelfen.

Das Projekt „Lexikon der Farbenbedeutungen im Mittelalter" wird von der Deutschen Forschungsgemeinschaft gefördert. Das Projektteam ist interdisziplinär zusammengesetzt: Prof. Dr. Friedrich Ohly, seit 1982 emeritiert, ist Germanist mit Spezialisierung in der Älteren Abteilung. Prof. Dr. Christel Meier-Staubach ist Altphilologin und Germanistin mit Schwerpunkt im mittelalterlichen Latein und Dr. Rudolf Suntrup ist ebenfalls Altgermanist – also ein regelrechter Fächerverbund, wie er für mittelalterliche Wissenschaftler selbstverständlich war.

Dieses Unternehmen geht zurück auf die Arbeiten im Sonderforschungsbereich „Mittelalterforschung" und speziell auf das Projekt „Mittelalterliche Bedeutungsforschung". Ziel: Die verschütteten mittelalterlichen Bedeutungen der Farben zurückzugewinnen.

Dazu mußten erst einmal aussagefähige Quellen gewonnen werden. Schließlich standen rund 20 000 Belege aus der Zeit zwischen 300 und 1200 zur Verfügung – aus natürlich lateinisch geschriebenen Werken der großen Kirchenväter, Bibelkommentaren, Enzyklopädien, allegorischen Wörterbüchern, Antikenkommentaren, dichterischen Texten, Visionsliteratur. Die Forscher suchten dabei nach Zitaten, in denen die Autoren des Mittelalters selbst die Bedeutung der Farben erklären. Um die Auswertung zu fundieren, mußte eine Theorie entwickelt werden, nach welchen Kriterien bestimmten Farben bestimmte Bedeutungen zugeordnet wurden. Die Wissenschaftler des 20. Jahrhunderts mußten lernen, zu denken wie die Menschen des Mittelalters.

Heute werden Farben psychisch wahrgenommen, als natürlich empfunden. Im Mittelalter wurden ihnen bestimmte Eigenschaften zugeordnet, wichtig war auch, in welchem Zusammenhang sie auftauchten.

Beispiel: Der Purpur war Königen und Richtern vorbehalten. Die Eigenschaften des Purpurrotes ergeben sich aus der Verwandtschaft mit Blut und Feuer.

Der Bedeutung der Farben auf der Spur: Professor Dr. Friedrich Ohly, Prof. Dr. Christel Meier-Staubach und Dr. Rudolf Suntrup (rechts).

Die Farbe steht für Liebe, Passion, Martyrium, Taufe, ewiges Leben und Gerechtigkeit. Das Rot des Feuers verweist auf die Bedeutungen Liebe, Heiliger Geist oder Strafgericht.

Gelb kann reifen Früchten, einem abgehärmten oder auch neidischen Gesicht, jedoch auch Gold ähnlich sein. Beim Grün ist natürlich die Analogie zu Pflanzen naheliegend. Das Spektrum der Bedeutungen reicht von Frische, Lebendigkeit und Fruchtbarkeit bis zum drohenden Absterben im Herbst oder durch Schädlinge und Feuer.

Es gab also für die Bedeutung einer Farbe eine gewisse Bandbreite, und sie konnte sich auch im Laufe der Zeiten wandeln. Allerdings blieben Konstanten durch die Jahrhunderte erhalten.

Dieses Farbenlexikon der theologischen, philosophischen und liturgischen Bedeutungen stellt Neuland in der Grundlagenforschung dar, auch für die Autoren. Es ist vor allem als Hilfsmittel für andere Disziplinen gedacht. Etwa 90 Farbstichwörter werden behandelt, darüber hinaus gibt es Farbkombinationen. Beispiel: ruber/rubens für Rot gibt es in 30 verschiedenen Kombinationen und damit in eigenen Stichworten.

Münsters Mittelalterforschung besitzt internationalen Ruf

Das Team der Mediävistik: v.l. Prof. Dr. Gert Melville, Prof. Dr. Peter Johanek, Prof. Dr. Hagen Keller und Prof. Dr. Joachim Wollasch.

Wichtige Quellen für die Mittelalterforschung: Namen der Wohltäter und Wohltäterinnen wurden für die Nachwelt festgehalten, wie auf dieser Liste des Regensburger Frauenklosters Obermünster.

Vom Elfenbeinturm war damals in den Sechzigern gelegentlich noch die Rede, in den sich Geisteswissenschaftler (angeblich) flüchteten. Münsters Historiker konnten damit aber kaum gemeint sein – sie spielten geradezu eine Vorreiterrolle in der Universität. Interdisziplinäre Arbeit wurde für sie selbstverständlich, der Einsatz von EDV, die damals noch in den akademischen Kinderschuhen steckte, notwendig und die Verwendung von eigenem Fotosatz für die Publikationen ratsam: Münsters Mediävistik (Mittelalterforschung) erlangte internationalen Ruf. In Deutschland ist sie seit nahezu einem Vierteljahrhundert führend, was auch die Deutsche Forschungsgemeinschaft honorierte – die Genehmigung von zwei Sonderforschungsbereichen innerhalb kurzer Zeit für eine Disziplin ist angesichts der Sparsamkeit dieser Geldgeber außergewöhnlich. Beweis dafür, daß nicht Räume und Ausstattung entscheidend sind, sondern Initiativen und Innovationen – also Personen.

An erster Stelle muß hier der Name von Karl Hauck genannt werden, der 1965 das Institut für Frühmittelalterforschung gründete – die Frucht seiner Bleibeverhandlungen. Der Ordinarius für mittelalterliche Geschichte verstand es, gleichgesinnte Kollegen zu begeistern, so den Germanisten Prof. Dr. Friedrich Ohly oder den Prähistoriker Prof. Dr. Karl Narr. Die Mediävistik fußt auf den beiden großen Säulen Geschichte und Germanistik.

Aus diesem interdisziplinären Vorstoß in wissenschaftliches Neuland entstand 1967 der Sonderforschungsbereich „Mittelalterforschung", mit der Nummer 7 einer der ersten überhaupt, die von der DFG eingerichtet wurden. Von den Mitteln – und das waren immerhin stattliche 30 Millionen Mark, rechnet Prof. Dr. Joachim Wollasch vor –, die in den folgenden 15 Jahren nach Münster flossen, profitierte natürlich auch die Keimzelle der Mediävistik, das Institut für Frühmittelalterforschung in einem Geschäftshaus an der Salzstraße. Ein Hauptanliegen dieses Sonderforschungsbereichs waren die Edition bis dahin nicht zugänglicher Quellen und die methodische Erschließung von Überlieferungen als neuartige Geschichtsquellen.

Die wissenschaftliche Leistung wirkte auf die strengen Prüfer der DFG so überzeugend, daß bereits 1986, ein Jahr nach dem Auslaufen des ersten SFB, der zweite Sonderforschungsbereich eingerichtet wurde, der die Forschung abermals in absolutes Neuland führt, wie Prof. Dr. Hagen Keller, Sprecher des SFB, ausführt. „Träger, Felder, Formen pragmatischer Schriftlichkeit im Mittelalter" erforscht die frühen schriftlichen Fixierungen, mit denen das tägliche Zu-

Der Computer und die „Buchführung für den Himmel"

Prof. Dr. Karl Hauck ist der „Vater" der münsterschen Mittelalterforschung, er gründete 1965 ein eigenes Institut für das interdisziplinäre Vorhaben.

Raum ist in der kleinsten Hütte: Geisteswissenschaftler müssen sich mit wenigen Quadratmetern begnügen, vier Computerarbeitsplätze in einem winzigen Dachgeschoßzimmer.

sammenleben der Menschen bis ins Detail geregelt wurde. Anders ausgedrückt: Er untersucht, „wie im lateinischen Abendland Schriftlichkeit eine für die Gesellschaft wie für den einzelnen lebensbestimmende Funktion gewonnen hat" – also den Weg der Schrift von einem kirchlichen Medium zum Alltagsgebrauch.

Dieser neue SFB mit der Nummer 231 erfüllt von sich aus die Anforderungen der neuen Zentren, die die Universität gründet bzw. gegründet hat. Und der Ruf der münsterschen Mediävisten ist so gefestigt, daß sich auch Wissenschaftler von außerhalb melden.

Prof. Dr. Joachim Wollasch, geschäftsführender Direktor des Instituts für Frühmittelalterforschung, arbeitet eng mit der Universität Dijon zusammen, die den reichen Nachlaß der Abtei Cluny aufarbeitet – konsequente Fortführung seines Projektes im SFB 7 mit dem Titel „Personen und Gemeinschaften": Rund 500 000 Namen wurden aus Toten- und Verbrüderungsbüchern („Buchführung für den Himmel") „gewonnen", verfilmt und mit Hilfe des Computers („damit ist ein Gehirn überfordert") und anderen modernen Methoden für die mittealterliche Sozialgeschichte „zum Sprechen" gebracht. Diese einmalige Datenbank steht inzwischen dem Göttinger Max-Planck-Institut für Geschichte zur Verfügung.

Der Ruf der münsterschen Historiker verhallt auch in Düsseldorf nicht ungehört: Die Anerkennung der Geschichte als geisteswissenschaftlicher Schwerpunkt bewahrte die Historiker bislang vor den sonst üblichen Stellenstreichungen.

Brrrr – oder frühe Gastrokritiker bei einer westfälischen Mahlzeit

Prof. Dr. Peter Johanek ist Direktor der Abteilung für westfälische Landesgeschichte.

Westfalen aus der literarischen Sicht der Nachbarn – das ist ein trauriges Kapitel, ein langes Kapitel. Westfalen – das ist für viele Literaten ein Synonym für Rückständigkeit, Häßlichkeit, Dummheit, ungenießbares Essen und was es sonst noch alles an negativen Begriffen gibt. Prof. Dr. Peter Johanek, der „Berufswestfale" unter den münsterschen Historikern, hat sich der „traurigen Pflicht" unterzogen, dieser langen Tradition der Schmähreden auf Westfalen nachzugehen. Das folgende üble Schimpfkonzentrat ist aus einem Vortrag entstanden, den Johanek unter heitersten Umständen gehalten hat – beim Sommerfest 1991 der Universität.

Dieser schlechte Ruf Westfalens wird schon zur Zeit Karls des Großen begründet, der mit der Überzeugungskraft des Schwertes das Christentum in das Land östlich des Rheins brachte. Und mit Christus hat auch die Glosse zu tun, die aus dieser Zeit erzählt wird. Also: Christus wandelte mit seinen Jüngern durch das damals noch unbewohnte Westfalenland, worauf einer der Jünger meinte, es sei doch gut, wenn hier Menschen lebten. Da stieß Christus seinen Fuß an eine Eichenwurzel, und ein Mensch erhob sich von der Erde, ballte die Faust gegen den Herrn und sprach: „Wat störst du meck?" Dann fuhr er gegen die Jünger fort: „Un gi Dollköppe, wat dauet gi op muinen Grund und Bodden?" Das war also der erste Westfale!

Die urwüchsige westfälische Gastronomie wurde von verwöhnten Reisenden in den folgenden Jahrhunderten hart gegeißelt, beispielsweise vom Philologen Justus Lipsius aus Leiden, der 1586 mit Westfalen nur in seinem nördlichen Ausläufer, mit dem oldenburgischen Münsterland, in Kontakt kam. In einem Brief aus Oldenburg gibt er als Absender an: „in Barbaria apud pultiphagos" – in der Barbarei bei den Breifressern. Lipsius sieht hier nur Ferkel, Säue, Schweine, mit einem Wort „tui Hermanni" – alles deine Hermänner! Was für Westfalen ja nun schon ein Sakrileg war.

Seine Reisebeschreibung gibt die damaligen Zustände ziemlich drastisch wieder, das Leben und Schlafen mit den Tieren zusammen in einem großen Raum. Was den Gastrokritiker aber besonders stört, sind die westfälischen Menüs: „In den Gasthäusern – so will ich sie nennen, obwohl sie in Wirklichkeit Ställe sind – wurde einem gleich beim Eintreten ein Becher riechenden, dünnen und oft vom frischen Kochen noch warmen Bieres aufgedrängt. Ausschlagen darf man ihn nicht, wenn man nicht vorzieht, hinausgeworfen zu werden." Und dann das Brot: „Wenn es noch Brot gewesen wäre. Aber wahrhaftig, wenn Du die Farbe, das Gewicht, das ganze Aussehen gesehen hättest, ich schwöre Dir, Du hättest einen Meineid darauf geleistet, daß es kein Brot sei. Es war schwarz, schwer, sauer und zu einer fast vier bis fünf Fuß langen Masse geformt, die ich nicht einmal hätte heben können. Ich sage, ein armseliges Volk, das seine Erde aufißt." Westfälisches Schwarzbrot oder der berühmte Pumpernickel also, eine Delikatesse für Kenner.

Der Engländer Thomas Lediard brachte 1724 den Pumpernickel ebenfalls zu literarischen Ehren. „Da wir von einer Art Brot gehört hatten, welches in diesem Land die gemeinste Nahrung der Leute ist und Pumpernickel genannt wird, so forderte ich ein Stück davon. Man hieb mit einem Handbeile von einem Laib Brot ab, der zumindest aus einem ganzen Scheffel gebacken war, und überreichte es mir auf einem hölzernen Teller. Ich hatte aber von dem Ansehen schon genug und verlangte nicht zu kosten."

Der vielfach kolportierten Ableitung des Namens Pumpernickel folgt Prof. Peter Johanek nicht. Danach sollte nämlich ein Franzose verächtlich zu dem schwarzen Brot gesagt haben „bon pour Nic" – also gut für sein Pferd, das Nicolas oder Nic hieß. Johanek leitet den Begriff vom weitverbreiteten Vornamen „Nickel" ab, vergleichbar dem Begriff „Fritze", und von „Pumpen", was mit Blähungen zu tun hat. Modern übersetzt könnte Pumpernickel danach „Stinkfritze" heißen.

Für den berühmten Voltaire war Westfalen der Inbegriff der menschlichen Dummheit; er führt ein solches Westfalen gleichsam als Topos in seinem sarkastischen Roman „Candide" ein. Die Anekdote, daß der französische Dichter und Freund des Preußenkönigs Friedrich des Großen sich damit habe rächen wollen, ist wohl nur eine Anekdote. Danach sollen ihn nämlich westfälische Bauern bei Brackwede in einer Kutsche als Affen des Preußenkönigs „erkannt" und dieses lautstark bekundet haben.

Seien zum versöhnlichen Schluß ausgerechnet Reime des Rheinländers Heinrich Heine zitiert: „Ich dachte der lieben Brüder, der lieben Westfalen, womit ich so oft in Göttingen getrunken, bis wir gerührt einander ans Herz und unter die Tische gesunken! Ich habe sie immer so lieb gehabt, die lieben, guten Westfalen, ein Volk so fest, so sicher, so treu, ganz ohne Gleißen und Prahlen." Nur – bei Heine weiß man es nie so genau, wie er es eigentlich gemeint hat. Denn das Gedicht endet mit den Versen: „Er (der Himmel) schenke deinen Söhnen stets ein sehr gelindes Examen, und deine Töchter bringe er hübsch unter die Haube – Amen!" Also doch ein bißchen dümmer als andere...

350 Jahre Westfälischer Friede: Europaweites Forschungsprojekt

Der Westfälische Friede – dargestellt auf einer münsterschen Schaumünze im Wert von eineinviertel Taler. Die Münze trägt einen Stempel des münsterschen Münzmeisters Engelbert Ketteler, der von 1636 bis 1661 amtierte. Zwei Friedensengel schweben über der Silhouette der Stadt Münster. Der linke Engel trägt einen Palmwedel und bläst aus einer Posaune das Wort PAX, der rechte hält einen Ölzweig und einen Lorbeerkranz. Die Umschrift besagt: Von hier aus schallt der Friede über die ganze Welt. Die Münze ist zu sehen im Münzkabinett des Stadtmuseums Münster.

Im Blick auf den 350. Jahrestag des Westfälischen Friedens 1998, für dessen wissenschaftliche und festliche Ausgestaltung in den beiden damaligen Kongreßstädten Münster und Osnabrück und in der Region die Vorbereitungen anlaufen, hat die Universität Münster gemeinsam mit der Universität Osnabrück ein Programm aufgelegt, das durch Vortragszyklen, Symposien und andere wissenschaftliche Aktivitäten auf dieses Jubiläum vorbereiten und zu ihm hinführen soll.

Der Westfälische Friede stellt für die europäische Geschichte allgemein und die Geschichte der Friedensidee einen ganz markanten Einschnitt dar, dessen kaum zu überschätzende Bedeutung es auch im nichtuniversitären Raum ins Bewußtsein zu rücken gilt.

Mit dem Westfälischen Frieden beginnt sich im eigentlichen Sinn die europäische Staatengemeinschaft zu formieren, die Idee einer längerfristigen Friedenswahrung im zwischenstaatlichen Bereich erhält von hier einen entscheidenden Anstoß, der innere Friede in Deutschland wird auf eine neue Grundlage gestellt.

Die hochkarätig besetzten Vortragsreihen und Symposien sollen u. a. von Gelehrten der Geschichte, Rechtswissenschaft und Theologie bestritten werden und ausgeprägt europäischen Charakter haben.

Deutsch-türkische Forschung am „himmlischen Thron der Götter"

Inmitten einer archaisch anmutenden Landschaft der Götterberg: Blick vom Grabhügel auf die Götterstatuen, den großen Altar und die beiden Ahnenreihen.

König und Gott Antiochos I. muß ein kluger Kopf gewesen sein. Denn sein Grab ließ er so raffiniert sichern, daß er den Ort getrost auf einer Inschrift der Nachwelt preisgeben konnte. Faustgroße Schottersteine, zu einem 50 Meter hohen Schutthügel aufgeschüttet, vereitelten jeden Grabraub – sie rutschten einfach nach. „Der himmlische Thron der Götter" im fernen türkischen Taurus-Gebirge schützte sich selbst. Deshalb haben Wissenschaftler der Universität Münster auch berechtigte Hoffnung, nach 2 000 Jahren das Grab noch unberührt zu finden – das Grab eines hellenistischen Gottkönigs aus jener Zeit, als das kleine Reich Kommagene im Osten der heutigen Türkei den Höhepunkt seiner Macht erlangt hatte. Die Grabstätte auf dem Nemrud Dag wird seit Jahren mit den modernsten geophysikalischen Methoden „durchleuchtet" – Spaten und Meßlatte, traditionelles Werkzeug der Archäologen, haben weitgehend ausgedient.

Mit Münster sind der Nemrud Dag, der mehr als 2 000 Meter hohe Berg des Nimrods im Taurus, und das Königreich Kommagene eng verknüpft, war es doch Prof. Dr. Friedrich Karl Dörner, der diese faszinierende Brücke zwischen östlicher und westlicher Kultur dem Vergessen entriß. Zwar war der Götterberg mit seinen Kolossalstatuen schon Ende des vorigen Jahrhunderts in das Bewußtsein abendländischer Wissenschaftler gedrungen, die systematische Erforschung setzte jedoch erst nach dem Zweiten Weltkrieg ein: 1969 gründete Dörner an der Universität Münster die Forschungsstelle „Asia Minor" mit dem Forschungsschwerpunkt Kleinasien. Das Institut wird heute von dem Althistoriker Prof. Dr. Elmar Schwertheim, einem Dörner-Schüler, geleitet, der seit einigen Jahren eng mit dem türkischen Gelehrten Prof. Dr. Sencer Sahin zusammenarbeitet.

In einer neuen Phase der Untersuchung des Grabhügels werden ganz neue Wege beschritten: In Zusammenarbeit mit der Kieler Firma Thor wird der Schuttkegel mit physikalischen Methoden gleichsam „durchleuchtet", der Aufbau der Schüttung dargestellt, sind Anomalien gefunden – vielleicht Hohlräume, die künstlichen oder natürlichen Ursprungs sein können. Der Computer war für die Auswertung der Fülle von Meßdaten unerläßliches Hilfsmittel. Diese Hohlräume

Asia Minor: Die Suche nach dem Grab von König Antiochos I.

Extreme klimatische Bedingungen beschleunigen den Verwitterungsprozeß: Der Kopf des Herakles-Artagnes auf der Westterrasse im Schnee.

Modernste Technik hilft den Wissenschaftlern bei der Erforschung des Grabhügels: Hier werden Impulsradarmessungen durchgeführt.

sollen in den nächsten Jahren systematisch mit gezielten Bohrungen und auch optisch geprüft werden. Erst wenn sich daraus sichere Anhaltspunkte für eine Grabkammer ergeben, könnte der Versuch unternommen werden, das Grab selbst zu untersuchen. Bei der herkömmlichen archäologischen Methode wäre mit dem Versuch, das Grab zu lokalisieren und zu erreichen, gleichzeitig der Hügel zerstört worden.

2 000 Jahre extremer klimatischer Bedingungen auf dem unwirtlichen Taurus haben ihre Spuren hinterlassen. Die Verwitterung auf dem Nemrud Dag ist erschreckend.

Selbst die letzten hundert Jahre haben nachhaltig gewirkt: Machen Gipsabdrücke vom Ende des vorigen Jahrhunderts (im Museum aufbewahrt) noch einen verhältnismäßig guten Eindruck, so sind die Originale inzwischen kaum noch zu erkennen. Die Universität Aachen hat vor Ort die Gesteine und die physikalischen Verwitterungsprozesse analysiert, im Labor simuliert, mit dem Ergebnis, daß gewaltige Anstrengungen zur Konservierung unternommen werden müssen. Doch dafür fehlt in der Türkei das Geld.

Impulsradarmessungen – Erfassung der ausgesandten Daten. Die Wissenschaftler suchen mit dieser Methode den Hügel nach Hohlräumen ab.

Ein gigantischer Zyklus griechischer Götter und Heroen

Vom Zeustempel in Olympia stammen diese stattlichen Figuren. Nach den Originalen wurden für das Museum Gipsabgüsse angefertigt.

Das Archäologische Museum der Universität ist in Münster kein Geheimtip: Sonntag für Sonntag hockt im ehemaligen Fahrradkeller des Fürstenberghauses eine Fangemeinde, lauscht dem Vortragenden über das Thema des Monats, macht sich unmittelbar in der Sammlung ein plastisches Bild von griechischer Kunst. Bildungstransfer im Herzen der Stadt, am Domplatz. Reichhaltig zwar und interessant, aber mit bescheidenen Mitteln.

Das Museum konnte bereits 1983 sein hundertjähriges Bestehen feiern. Arthur Milchhöfer war der Gründer. Mit der Übernahme der neu eingerichteten Professur für Archäologie legte er eine Sammlung von Gipsabgüssen an, die auch heute noch als absolutes Muß gelten, weil nur sie dem Studierenden ein dreidimensionales Bild griechischer Statuen vermitteln können. Diese Gipse, erweitert noch durch eine Sammlung des Westfälischen Kunstvereins, gingen im Bombenhagel des Zweiten Weltkriegs zugrunde, als die Paulinische Bibliothek, der barocke Hauptsaal der „Bibliotheca Fürstenbergica" des ehemaligen Paulinums, zerstört wurde. Die imposanten weißen Gestalten, die heute beide Längsseiten des Kellers säumen, wurden dem Museum 1964 von der Stadt Essen übergeben. Sie stellen den kompletten Figurenzyklus der beiden Giebeldreiecke des Zeustempels in Olympia dar.

Mäzenatentum wird in diesem kleinen Museum groß geschrieben, verfügt es doch über keinen eigenen Etat. Die Sammlung Rubensohn bildet den bedeutendsten Grundstock des Bestandes an Originalen. Dr. Ernst Hellmut Vits, der damalige Vorsitzende der Förderergesellschaft, war es, der 1965 den Ankauf ermöglichte – er war einst bei Rubensohn in die Schule gegangen. Zum hundersten Geburtstag des Museums wurde ein wertvoller apulischer Volutenkrater erworben – wiederum mit Mitteln der Förderergesellschaft und Spenden der Bürgerschaft und des Wissenschaftsministeriums. 1989 erbte das Museum – das Essener Ehepaar Ruth Stroetgen-Goertz und Ewald Stroetgen hatte seit 1975 viel Geld und Engagement in die Sammlung von insgesamt 241 antiken Stücken investiert. Mit Sondermitteln gelingt in den letzten Jahren

Das Archäologische Museum lebt von hochherzigen Spendern

Eine reichhaltige Sammlung griechischer Vasen und Amphoren bietet das Archäologische Museum. Das meiste stammt aus Stiftungen.

schrittweise der Erwerb der Sammlung des Epigraphikers Prof. W. Peek in Bielefeld.

Das Archäologische Museum ist auf die klassische Antike, also Griechenland, spezialisiert. Einzig eine kleine ägyptische Ecke erlaubt den Blick über den Kulturzaun. Hierhin gehört sogar eine leibhaftige Mumie, die von einer Schule in Mülheim überlassen wurde. Für Prof. Dr. Klaus Stähler ist allerdings der reich bemalte Sarkophag interessanter als der Tote aus dem alten Ägypten, dessen Mumie übrigens vor Jahren geröntgt wurde.

Die Studenten sind in die Arbeit des Museums integriert, sie erhalten hier mit einfachen Mitteln beste Museumspraxis, lernen, einen wissenschaftlichen Stoff anschaulich umzusetzen. Ihren Bildungsauftrag nehmen die Archäologen ernst, mit zahlreichen Ausstellungen wirken sie ins Land, arbeiten mit Schulen zusammen, beteiligen sich an Ferienprogrammen für Kinder.

Hehre Kunst in der Abgeschiedenheit des Elfenbeinturms? Davon ist hier nichts zu spüren.

Eine der berühmtesten Antiken, der Torso vom Belvedere, natürlich als Gipsabguß.

Selbstbedienung: „Moses" bringt münstersche Studenten „on line"

Das kostbarste Schmuckstück der Handschriftensammlung der Universitätsbibliothek: Das „Hoya Missale" aus dem 12. Jahrhundert.

Zwischen Dom und Schloß, am Ufer der Aa, lagert das geballte Wissen der Menschheit – sofern es schriftlich aufgezeichnet wurde. Denn die gut zwei Millionen Bände, die in den endlosen Regalen des schlicht-modernen Flachdachgebäudes der Universitätsbibliothek Deckel an Deckel stehen, reichen immerhin aus, den Wissensdurst von 45 000 Studenten samt ihrer vielhundertköpfigen Professorenschar aus mehreren Dutzend Disziplinen zu nähren.

Daß das mit Eifer geschieht, beweist die hohe Ausleihfrequenz der Universitätsbibliothek. Fast nirgendwo in der Bundesrepublik nutzen die Studierenden ihre „UB" so intensiv wie in Münster. Über eine Million Bücher werden in jedem Jahr dort entliehen, nicht mitgerechnet die Benutzer, die in den Lesesälen der Bibliothek arbeiten. Dafür, daß jedes Buch an den passenden Interessenten kommt, sorgen rund 150 Mitarbeiter und „MOSeS", das „Münstersche Online

1588 wurde der Grundstock für die Universitätsbibliothek gelegt

Computer und Zettelkasten demonstrieren die verschiedenen Generationen der UB-Benutzung durch die Studenten.

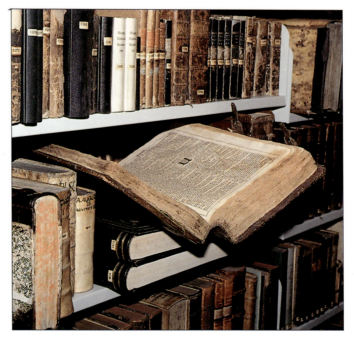

Alte Bücher gibt es viele in der Universitätsbibliothek. Sie bedürfen besonders intensiver Pflege.

Selbstbedienungssystem", in dem an 16 Terminals recherchiert wird. „Selbstbedienung" auch beim Heraussuchen des gewünschten Buches: Die Bibliothek hat 1989 einen großen Teil ihrer Magazine geöffnet; 800 000 Bände laden zum Blättern, Anlesen und schließlich Ausleihen ein.

Ingesamt 5 Millionen Bände stehen in den über 200 Bibliotheken der Universität. Noch sind sie großenteils nur über Zettelkataloge erschlossen, aber die maschinenlesbare Erfassung der Buch- und Zeitschriftentitel schreitet voran. Das Ziel ist ein Online-Publikumskatalog, der über einen an das universitäre Netz angeschlossenen Personal Computer vom Schreibtisch aus befragt werden kann. Ein breites Angebot deutscher und internationaler Datenbanken steht schon zur Verfügung.

So einfach war die Literatursuche nicht immer, schon gar nicht in der Gründerzeit der Universitätsbibliothek, die inzwischen schon über 400 Jahre zurückliegt. Damit ist die Bibliothek der münsterischen Universität fast 200 Jahre älter als die Hochschule selbst. Der Grundstock für die Sammlung wurde 1588 mit der Ansiedlung des Jesuiten-Kollegs gelegt.

Das stolze Alter der Bibliothek legt es nahe, daß viele, historisch unermeßlich wertvolle Bücher und Handschriften in der „UB" aufbewahrt werden. Das heute älteste Stück hatte freilich bei der Gründung schon einige Jahrhunderte auf dem Buckel: Aus dem 9. Jahrhundert stammt die älteste der 90 mittelalterlichen Handschriften, deren Paradestück das wertvolle „Hoya Missale" aus dem 12. Jahrhundert ist. Die Pflege solcher Schmuckstücke schriftlicher Überlieferung, aber auch alter Folianten ist eine handwerkliche Aufgabe, die sich die Universitätsbibliothek neben der Archivierung und Verwaltung gestellt hat. In einer Restaurierungswerkstatt werden die alten Bände sprichwörtlich gehegt und gepflegt – Papier ist zwar geduldig, aber eben nicht ewig. Nicht immer konnte die Buchbindekunst wertvolle Werke vor dem Zerfall bewahren.

Der umfangreiche Bestand vermehrt sich jedes Jahr um 45 000 Bände

Blick in den Lesesaal der neuen Universitätsbibliothek. Die meiste Zeit ist kein Platz frei.

Nicht zu beziffernde Verluste erlitt der Bestand im Zweiten Weltkrieg. Und vieles, was vor den Bombenangriffen gerettet werden konnte, fiel kurz nach dem Krieg einem Hochwasser an der Aa zum Opfer.

Daß die UB stark dezimiert den Neuanfang nach 1945 mitmachte, ist heute schwer vorstellbar, in Zeiten, wo jedes zusätzliche Buch – und das sind nicht weniger als 45 000 pro Jahr – der UB-Direktorin Dr. Roswitha Poll Kopfzerbrechen bereitet. Denn der Platz in den Regalen im in den siebziger Jahren errichteten Gebäude wird schon seit langem knapp. Nach Sachgebieten geordnet, können die über zwei Millionen Bücher ohnehin nicht aufbewahrt werden. Obgleich auch die medizinischen Bestände in eine eigene Bibliothek ausgelagert werden – es bleibt eng in der UB, die neben ihrem „Normalprogramm" wichtige Spezialsammlungen wie den „Niederländischen Kulturkreis" beherbergt. Vor allem aber sammelt die Bibliothek als Landesbibliothek für Westfalen möglichst lückenlos sämtliche in Westfalen veröffentlichten Schriften – vom wertvollen Kunstband bis zur Feuerwehrfestschrift: Wer Westfälisches sucht, wird in der UB fündig.

Länger als eine Marathonstrecke reihen sich die Bücher in der UB aneinander – 52 Regalkilometer lang. Bibliotheksrat Peter Samulski, erfolgreicher 24-Stunden-Läufer aus Münster, würde etwa vier Stunden für diese „Bücherstrecke" benötigen.

Archiv: Gewissenhafter Hüter der Vergangenheit der Universität

Die dekorativsten Schätze des Universitätsarchivs – ausgebreitet auf einem alten Rektormantel: Ein Matrikelbuch der Universität, die Satzung von 1832 von König Friedrich Wilhelm III., die Satzung von 1902, die die Akademie wieder zur Universität erhob, die beiden Zepter, die von der 1816 geschlossenen Universität Erfurt stammen und bis Mitte der 60er Jahre bei der Rektoratsübergabe von den Pedellen vorangetragen wurden.

Die Vergangenheit der Universität ist hier lebendig: 1912 wurde das Archiv als Dienststelle der Universität eingerichtet, aber erst seit 1979 wird es hauptamtlich betreut. Seine Zuständigkeit ist praktisch allumfassend – Bau- und Personalakten lagern hier und Verträge, gleichsam die Hinterlassenschaft des Amtsschimmels; AStA und Studentenwerk liefern hier ihre Ordner ab; die Papiere der 1980 integrierten Pädagogischen Hochschule sind hier ebenso zu finden wie tausende von Dissertationen (seit dem Promotionsrecht von 1844) und sämtliche Hochschulschriften: ein ungeheurer Aktendschungel, der mit Hilfe von Findbüchern und Karteikästen licht und nutzbar wird. Einziger Bereich, der für das Universitätsarchiv strikt tabu ist, sind die Krankenblätter der Kliniken.

Die wertvollsten Universitäts-Archivalien liegen allerdings im Staatsarchiv: Die 1773 von Kaiser und Papst erteilten Privilegien für die 1780 mit vier Fakultäten eröffnete Universität. Kostbare Raritäten sind aber auch im Universitäts-Archiv selbst zu bewundern – beispielsweise das erste Matrikelbuch der Universität, das mit dem Jahre 1780 beginnt; oder die erste Satzung, die der preußische König Friedrich Wilhelm III. der Akademie verlieh; oder die Satzung aus dem Jahre 1902, mit der der preußische König und deutsche Kaiser Wilhelm II. die Akademie wieder zur Universität erhob.

Das Vorlesungsverzeichnis, heute ein 900 Seiten starker Wälzer, weist eine interessante Entwicklungsgeschichte auf. Das erste öffentliche Vorlesungsangebot vor zwei Jahrhunderten wurde im „Münsterischen Intelligenzblatt" abgedruckt, als Anzeige. Um 1800 erschienen die Vorlesungen als Sonderbeilage in dieser Zeitung. Während der Franzosenzeit von 1806 bis 1813 wurden die Vorlesungen zusätzlich in französischer Sprache angekündigt, zu Zeiten der Akademie auch im gelehrten Latein. Wird heutzutage die Zahl ausländischer Studierender angegeben, so wurde damals unterschieden nach Preußen – und Nicht-Preußen.

Das Universitätsarchiv dient im übrigen nicht nur historischen Studien, sondern auch der Rechtssicherheit, wenn es beispielsweise für die Rentenberechnung um den Nachweis von Studienzeiten geht oder – Archivare müssen mitunter über kriminalistischen Scharfsinn verfügen – um die Berechtigung eines Doktortitels.

Rarität: Die Erhebung zur Universität wurde mit einem opulenten Festmahl gefeiert

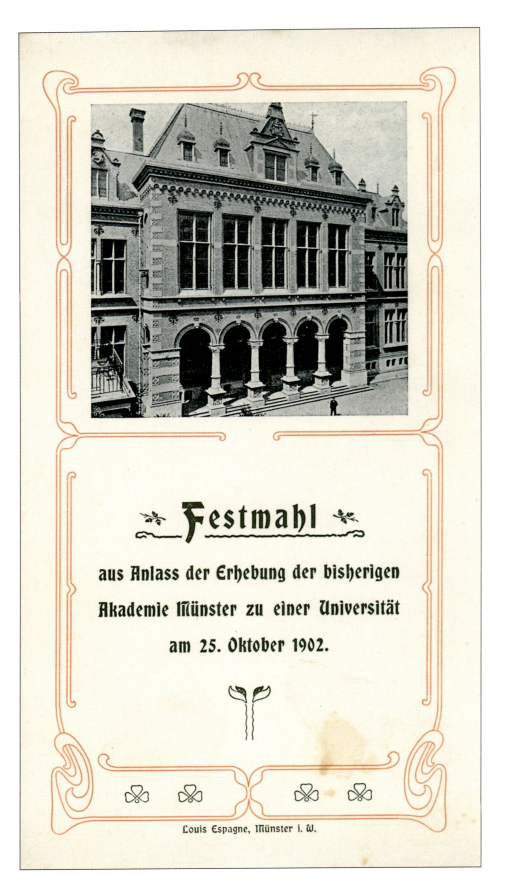

Der 25. Oktober des Jahres 1902 ist auch kulinarisch in die Geschichte der Stadt Münster eingegangen: Im Rathaus fand ein Festmahl mit einer stattlichen Speisenfolge statt. Nach der Schildkrötensuppe wurde Schinken in Burgunder serviert, dazu Sauerkraut beigelegt. Als Fisch stand Zander mit Butter auf der Karte, dem wiederum zwei Geflügelgänge folgten, nämlich eine Krammetsvögelpastete (also Wacholderdrossel) und Fasan mit eingemachten Früchten und Salat. Obwohl Nachtisch in der langen Folge noch einmal ausdrücklich aufgeführt war, wurden nach dem Fasan verschiedenes Eis, Käse und Butter gereicht.

Um Bewegung in dieses gastronomische Marathon zu bringen, wurden die verschiedensten Trinksprüche ausgebracht. Die Getränkekarte dazu führte 26 Nummern auf, deutsche und französische Weine, Sekt und Champagner. Keine Spur von Bier. Um die feierliche Zeremonie nicht zu stören, war auf der Karte vermerkt: „Es wird höflich gebeten, den Wein schon vor dem Essen zu bestellen."

Dazu spielte Festliches und Unterhaltsames das „Musikkorps des Königlichen Infanterie-Regiments Herwarth von Bittenfeld (1. Westfäl.) No. 13 unter Leitung des Königl. Musikdirectors Theodor Grawert".

Es ist nicht überliefert, wie lange dieses Festmahl im Rathaus gedauert und wie es gemundet hat – aber es war auf jeden Fall dem Anlaß angemessen: An diesem 25. Oktober 1902 wurde die Erhebung der Akademie zur Universität gefeiert. Die Speisenkarte, von Louis Espagne gedruckt, zeigt das Hauptgebäude der Akademie auf der Titelseite. Diese Rarität erstöberte der münstersche Sammler Bernd Löckener auf dem Flohmarkt, es war ein richtiges Schnäppchen. Er besitzt inzwischen etliche Menükarten, u.a. auch die vom Festessen zur Feier des 25. Westfälischen Städtetages.

Am Vormittag war die Wiederbegründung der Universität in der Aula der ehemaligen Akademie gewürdigt worden, wie es sich gehörte mit vielen Reden. Se. Majestät geruhte, Orden zu vergeben, unter anderen erhielt Geheimer Regierungsrat Prof. Dr. Hittorf den Roten Adler-Orden 2. Klasse, Oberbürgermeister Jungeblodt den Roten Adler-Orden 4. Klasse. Jungeblodt wurde noch eine weitere Ehrung zuteil: Unter den zwölf neuen Ehrendoktoren war auch Münsters Oberbürgermeister.

Aus diesem Anlaß wurden auch zwei Stiftungen bekanntgegeben. Der Provinzial-Verband Westfalen überwies einen Betrag von 50 000 Mark zur Förderung der wissenschaftlichen Arbeiten, und die Stadt Münster setzte 50 000 Mark aus – die Zinsen sollten jährlich sechs bedürftigen Studenten zugute kommen.

Jura: 1774 gegründet – 1818 aufgehoben 1902 wieder errichtet

Das Gesetz in der Kunst: Für das 1953 vollendete Juridicum entwarf der Kunstmaler Hubert Weber aus Lichtenfels 1959 farbige Glasfenster im Haupttreppenhaus des Hörsaaltraktes. Über Moses, Kaiser und Papst gehen die Darstellungen bis zur berühmten Justitia mit der Waage. Das Juridicum war für die damals vereinte Rechts- und Staatswissenschaftliche Fakultät errichtet worden. 1969 wurde die Fakultät geteilt in eine Rechtswissenschaftliche und eine Wirtschafts- und Sozialwissenschaftliche Fakultät. Ein Jahr später erfolgte im Zuge der neuen Verfassung der Universität eine neue Gliederung. Die Sozialwissenschaften wurden selbständig. Aus den Fakultäten wurden Fachbereiche. Jura und Staatswissenschaften übernahmen Mitte der 80er Jahre wieder den traditionellen Begriff der Fakultät.

Juristen-Schule gilt als eine der berühmtesten im Lande

Harry W., Prof. Dr. Harry Westermann, genießt an der Juristischen Fakultät einen legendären Ruf.

Andere behaupten, Jurastudentinnen und -studenten seien etwas Besonderes. Man könne sie schon äußerlich erkennen; sie benähmen und redeten und kleideten sich auf eine ganz bestimmte Art und Weise, heißt es. Unübersehbar etwa in ihren Stammkneipen.

Sie müßten durch das schwerste, umfangreichste Studium, behaupten sie selbst, und Jura sei doch die wichtigste und umfassendste Sozialwissenschaft überhaupt. Und die Staatsexamina vor dem Oberlandesgericht in Hamm, das auch Münsters Juristen prüft, sollen seit Jahren die härtesten sein. Trotzdem ist Münster bei Juristen so beliebt wie sonst kaum eine deutsche Uni. Rund 1100 Neueinschreibungen zum Wintersemester 1991/92; der Numerus clausus ab Sommersemester 1992 war die Folge.

Es liegt wohl am Ambiente der Stadt und am Ruf der Fakultät: Münster hat wohlgemerkt wieder eine „Fakultät", nicht „nur" einen juristischen Fachbereich. Nur die Strafrechtler besitzen eine kollegiale Institutsverfassung; ansonsten hat sich das klassische Ein-Mann-Institut erhalten, bei dem ein Stab von Hilfskräften inklusive Assistenten dem Direktor zuarbeitet.

37 männliche Professoren stehen an der Spitze des Lehrkörpers; Frauen haben es gerade in den Mittelbau geschafft: Während draußen die erste Frauenverbindung eröffnet hat und die erste Rektorin der Uni vorsteht, findet sich im Vorlesungsverzeichnis der Juristen eine einzige Akademische Oberrätin. Eine Privatdozentin aus Münster wurde wegberufen. Aber von den rund 6000 Jurastudenten waren Ende 1990 immerhin 2468 weiblich.

Viele berühmte Leute brachte die Fakultät hervor; von Verfassungsrichter E. W. Böckenförde bis zur Bundestagsabgeordneten Ingrid Matthäus-Maier. Und den Begriff „Soziale Marktwirtschaft" erfand in Münster Alfred Müller-Armack, als die klassischen Ökonomen noch zur Rechts- und Staatswissenschaftlichen Fakultät gehörten, bevor er über Köln zu Ludwig Erhard in die Politik ging.

Die Ökonomen haben jetzt ihren eigenen Fachbereich. Ansonsten ist bei den Juristen in den Jahren alles beim alten geblieben. Die Säle des für die Rechts- und Staatswissenschaften erbauten Juridicums sind immer voller geworden. Zwar widmen sich die Forschungen jetzt aktuellen Problemen wie der Gentechnologie, Computerkriminalität oder Umweltschutz- und Europarecht. Die Grundstruktur der Jura-Ausbildung ist unverändert geblieben, auch wenn das Dogma des Einheitsjuristen bei den Langzeitdiskussionen über eine juristische Ausbildungsreform in letzter Zeit ins Wanken zu geraten scheint.

Eine Fakultät, nicht konservativer als andere, wie der Dekan sie einschätzt, die sich aus der öffentlichen Diskussion von tagespolitischen Ereignissen fernhält. Gutachten und Rat der Professoren sind bei den Politikern, Wirtschaft und Verbänden aber gefragt. Lang her sind die Zeiten, als die Strafrechtler Stree und Lenckner spontan eine Resolution gegen die erste Fassung des politisch heftig umstrittenen Abhörgesetzes „G 10" unterschrieben.

Herausragende Persönlichkeiten lehrten und lehren in Münster: Harry Westermann, Preußen-Münster-Fan und ein Großmeister der Didaktik („Deine Rede sei kurz, aber verletzend"), war einer der berühmtesten in der letzten Zeit; unzählige – unverbürgte – Anekdoten kreisen um ihn. Nach Westermann, dessen Sohn Harm Peter als Professor lehrt, ist heute eine Medaille benannt, die jährlich für die beste Promotion im Zivilrecht verliehen wird.

Jeder Jurist erinnert sich an einige seiner Professoren, die er meist nur von ferne sah. Denn persönlichen Kontakt zwischen Studenten und Professoren gibt es im juristischen Massenbetrieb nur noch wenig. Unvergeßlich für viele Professor Rudolf Gmür aus der Schweiz mit seinen Vorlesungen in Rechtsgeschichte: Tatsache, daß er am Semesterende die treuen Zuhörer zu Kaffee und Kuchen einlud.

Bekannt sind auch Jo Wessels (Einser-Examen), der einzige, der direkt vom Richteramt beim OLG Hamm ohne Habilitation als Professor berufen wurde. Oder Erich Küchenhoff, der einzige erklärte Linke, engagierter Prozeßbeobachter bei den politisch aufsehenerregenden Strafprozessen der Nürnberger Massenverhaftungen und zu den Mutlanger Sitzblockaden. Nicht zu vergessen Hans-Joachim Schneider mit seinen publikumswirksamen Vorlesungen über Kriminologie („Es gibt zwei bedeutende lebende Kriminologen auf der Welt; der andere wohnt in Montreal..."), Helmut Schelsky oder Rudolf Lukes. Oder Hans Brox, Verfassungsrichter im Bund und im Land, der sich sein Denkmal in dem von Rolf Dietz gegründeten Institut für Arbeitsrecht setzte. Die Lehrbücher oder Kommentierungen von Erichsen, Wessels, Stree, Achterberg oder Schlüter und Degenhardt gehören zum täglichen Brot aller Jurastudenten in der ganzen Republik.

Stille, nicht sehr öffentlichkeitswirksame, aber dennoch große Wirkung hatten auch andere Professoren, etwa Karl Peters mit seinen großen Untersuchungen zum Fehlurteil.

Neben der Uni-Ausbildung ist und bleibt der Repetitor praktisch Pflichtveranstaltung für den Großteil der Juristen: „Kein Examen ohne Repetitor." Der an

Josef Alpmann: „Oft hilft ein Blick ins Gesetz..."

Die Tore, streng wie die Paragraphen des Gesetzes, sind charakteristisch für die Architektur des Juridicums. Von der Aa her fällt der Blick auf den Durchgang mit dem kleinen Uhrentürmchen auf dem Dach.

ein Versagen der Universitätsausbildung erinnernden Konkurrenz der privaten Pauker hat die Uni Münster zwar den Kampf angesagt. Aber auch die Einführung von Grundlagenscheinen oder Wiederholungs- und Vertiefungskurse der Uni extra für die Examenskandidaten konnten das Repetitorwesen nicht eindämmen.

Berühmtester Repetitor ist und bleibt trotz aller Epigonen „der Alpmann" in Münster, mit Filialen in fast allen deutschen Uni-Städten: Seit neuestem pauken die münsterschen Kurse allerdings nicht mehr in der stickigen Enge des Lindenhofs nahe beim Schloß, sondern in einem eigenen „Schulungszentrum". Kaum jemand dürfte die Alpmann-Feten vergessen können, bei denen oft genug gegen Ende die Einrichtung demoliert worden „sein soll". Und verwundert vernehmen die Studenten und Referendare die berühmten, geflügelten Sprüche des Seniors („Oft hilft ein Blick ins Gesetz") auch bei ihren Professoren und Ausbildern ...

Heinz Lothar Grob: Professor im Massenfach oder wie dressiert man einen vollen Hörsaal

Überfüllte Hörsäle sind in allen großen Fächern der Universität Münster an der Tagesordnung. In manchen Fällen reicht auch der größte Hörsaal nicht, um den Andrang zu bewältigen.

Prof. Dr. Heinz Lothar Grob ist Betriebswirtschaftler, der gekonnt auch überfüllte Hörsäle zu meistern weiß. Seine Erfahrungen hat er im nebenstehenden Bericht zusammengefaßt.

Ein voller Hörsaal – was will ein Hochschullehrer mehr, zu dessen (Lebens-)Aufgabe die Verbreitung von Wissen gehört. Doch wenn der Hörsaal für maximal 800 Studenten eingerichtet ist und dort 900 um die knappen Plätze konkurrieren und weitere 300 in einem verdunkelten Nebenraum, in den die Vorlesung per Video übertragen wird, Zuflucht suchen, dann hat dies mit dem natürlichen Wunsch, einen vollen, aber überschaubaren Hörsaal zu haben, nichts mehr zu tun. Eine langfristige Beeinflussung von Angebot (sprich: Kapazitätserhöhung) und Nachfrage [sprich (etwas leiser): Zugangsbeschränkung] ist geboten – doch was ist kurzfristig zu tun?

Der Professor überlegt sich, in die 90-Minuten-Vorlesung dramaturgische Elemente einzuplanen. Nach Phasen des konzentrierten Arbeitens muß – trotz oder wegen der schlechten Luft – ein erfrischender Wind wehen. Wenn nicht mindestens alle 30 Minuten einmal kurz und möglichst von allen gleichzeitig gelacht wird, dann ist die Effizienz gefährdet. Auch schlichte Tricks sind auszuprobieren: Der Professor stellt eine Frage. Wenn sie interessant genug ist, geht ein arbeitsames Gemurmel los. Jeder gibt seinem Nachbarn die Antwort. Schließlich hat einer den Mut und antwortet mit überlauter Stimme. (Er hatte nicht mit der guten Akustik im Hörsaal gerechnet.) Der Professor versteht dennoch nicht alles, sagt aber anerkennend: „Richtig!" und „wiederholt" die Antwort so, wie er sie gerne gehört hätte.

Das Vortragstempo richtig zu gestalten, ist wohl das größte Problem. Mit Kommilitonen, die in den ersten Reihen sitzen, wird Blickkontakt gepflegt. Wird von diesen ein O. K. zurückgeblinkt, geht's weiter im Vorlesungstext. Für viele allerdings dennoch zu schnell. Die melden sich dann durch „Abschalten", also durch allgemeines Gemurmel und Unruhe. Dies ist tatsächlich die wichtigste Rückkoppelung für den Vortragenden. Also war er zu schnell! Oder vielleicht zu langsam? Meistens aber zu wenig verständlich.

Glaubt der Professor, er sei nicht verstanden worden, dann gibt es eine Wiederholung, ein Resümee oder ein anschauliches Beispiel. Wenn es dabei dennoch unruhig bleibt, dann vielleicht deshalb, weil einige bereits beim ersten Mal alles verstanden haben.

Das stärkste Mittel gegen die Unruhe ist das leise ins Mikrophon geflüsterte Wort „klausurrelevant". Es wirkt wie Cortison und sollte selten gebraucht werden.

Trotz (oder wegen) aller Probleme gilt: Wenn eine Massenveranstaltung gut gelaufen ist – der Stoff wurde aufgenommen, die Unruhe gebändigt, zufriedenstellende Blickkontakte aus den ersten Reihen und zum Schluß ein anerkennendes Klopfen von (fast) allen Studenten, dann ist dies ein Erfolgserlebnis. Kurzfristig scheint also manchmal die Welt in Ordnung zu sein. Doch wir müssen langfristig denken! Und spätestens dann landen wir wieder auf dem Boden der Realität ... und die ist alarmierend!

Als Student unter Hunderten oder das Phänomen der „Drop-outs"

Es ist das Phänomen der modernen Hochschule, daß der Student nur im Plural auftritt, der einzelne muß sich in der Masse behaupten. Welche Probleme solche Massenveranstaltungen bringen können, schildert der folgende Beitrag.

Professoren am Katheder – und schon ist Kommunikation in Gefahr. In der Regel jedenfalls. Bis hin zum plötzlichen Einschlafen einzelner Zuhörer kann viel passieren, nur keine Verständigung. Generationen von Studenten wissen davon, manche Hochschullehrer auch. Doch diese unseligen Zeiten sind vorbei. Heute kommt eine Vorlesung moderner daher: Sie wird per Video übertragen, weil ein Hörsaal oft zu klein ist für die große Nachfrage. Der „Prof" wird Programmpunkt, die Lehre kommt aus Lautsprechern. Wer in Münster ein Massenfach studiert, kennt das. Den vielbeschworenen „Diskurs der Universität" kennt er nicht mehr. Macht auch gar nichts, denn Absolvieren geht längst vor Diskutieren.

Jura und Wirtschaftswissenschaften sind die meistbegehrten Fächer. Im Wintersemster 1990/91 waren 5928 Studierende an der rechtswissenschaftlichen, an der wirtschaftswissenschaftlichen Fakultät gar 6001 registriert. Für das Wintersemester 1991/92 haben sich rund 1100 Studienanfänger für Jura eingeschrieben, gegenüber früheren Jahren eine Steigerung um fast 100 Prozent. Auch in der Germanistik (im WS 91/92 2522), den Sozialwissenschaften (2923), der Medizin (4696) und den Naturwissenschaften (allein 2748 Chemiker in spe) herrscht traditionell reger Zulauf. Hermann Schmitz, Planungsreferent in der Universitätsverwaltung, ist denn auch der Ansicht, daß Münster „im Grunde lauter Massenfächer hat".

Der Betriebswirtschaftler Prof. Dr. Dietrich Adam verfolgt einen anderen Ansatz: „Gegen Mitte des Semesters hört das mit der Videoübertragung auf." Seine Erfahrung: Studenten, die mit falschen Vorstellungen ins Studium der Betriebswirtschaft gekommen sind, denen zum Beispiel Mathematik nicht liegt, steigen irgendwann aus (oder um). Neudeutsch nennt man sie auch manchmal „Drop-outs". Adam: „Unsere Kapazitäten sind weit überlastet, wir haben zu wenig Ressourcen und zu wenig Mitarbeiter." Statistiker Schmitz warnt im übrigen davor, den Zusammenhang von schlechter Lehrsituation und schwachem Lernerfolg als „naturgegeben" anzusehen: „Es gibt kleine Seminare, wo keiner was versteht, und stark besuchte, in denen die meisten am Ende doch durchblicken."

Ein „Wiwi"-Hörer, der bisher alle Unbilden des Curriculums heil überstanden hat, erinnert sich an seine H 1-Premiere: „Da saß sozusagen meine ganze

„Videostudenten" – das ist ein neues Phänomen der letzten Jahre. Überfüllte Hörsäle machen eine Übertragung in benachbarte Räume erforderlich. Wie kontrolliert ein Hochschullehrer, ob auch die „Videostudenten" der Vorlesung folgen können?

Draußen vor der Tür: Zu Beginn eines Semesters herrscht bei wichtigen Vorlesungen ein derartiger Andrang, daß längst nicht alle Studierenden mehr Platz finden. Mit fortschreitendem Semester resignieren die meisten und bleiben weg.

Der Anfänger steht vor der großen Schar wie ein Ochs' vor dem Berg

Audimax – Auditorium maximum nennt sich dieser Hörsaal in der Alten Sternwarte, der längst nicht größter Hörsaal der Universität ist. Auch hier das Bild wie überall – Überfüllung.

Schule drin." Andreas, seit vier Jahren BWL-Student in Münster, hatte zu Beginn seine liebe Not in der Masse. „Im ersten Semester stehst du wie ein Ochs' vorm Berge!" Vermutlich tun das die meisten Studienanfänger, aber in vielen Fächern sind es halt weniger Ochsen; und das macht, so glaubt Andreas rückblickend, einen entscheidenden Unterschied: Man interessiert sich für keinerlei Interna – wer was macht, wer welche Funktion hat. Der ganze Apparat ist von vornherein unüberschaubar." Der Student reduziert diese Komplexität in der Regel auf „Schein"-Anforderungen. Wolf Wagner hat in seinem Buch über „Uni-Angst" schon in den 70er Jahren Ähnliches beschrieben: „Die Institution Universität macht (...) nicht klar, was du über die formalen Minimalanforderungen hinaus leisten mußt, um in ihr bestehen zu können." Individuelle wissenschaftliche Betreuung ist ein unerreichbares Ideal geworden.

Zu Kontakten zwischen Lehrenden und Lernenden kommt es nach Andreas' Erfahrung im Grundstudium kaum. „Masse" sei in den ersten Semestern „etwas, wohinter man sich versteckt" – aus einem Motivgemisch von Faulheit und Entmutigung, glaubt er. „Prof" Grob meint dazu: „Wer als Student den Kontakt will, der findet ihn auch."

Für die Uni ist es allerdings ein Glücksfall, daß offenbar nicht alle wollen. Auch so nämlich sind die Sprechstunden der Professoren proppevoll. Wer zum Beispiel in der Germanistik in einer Warteschlange sitzt, um sich seine Proseminar-Hausarbeit abzuholen, bekommt schnell ein Taktgefühl: für einen Acht-bis-zwölf-Minuten-Kontakt.

„Zufo" – Zentrum für Umweltforschung profitiert von der Fächervielfalt

Die Vielfalt und Größe der Universität wirkt sich als Stärke aus: Das Zentrum für Umweltforschung, das Mitte 1991 gegründet wurde, arbeitet interdisziplinär – in einem Ausmaß, wie es selten zu finden ist. Vertreter der Naturwissenschaften und der Gesellschaftswissenschaften tragen ihr Spezialwissen zur Lösung komplizierter Fragen bei. Da arbeitet der Jurist mit dem Landschaftsökologen zusammen, der Mediziner mit dem Theologen. Die außergewöhnlich breite Basis des Forschungszentrums entspricht der außergewöhnlichen Breite heutiger Umweltprobleme.

„Das Umweltproblem ist zu wichtig, als daß jeder Wissenschaftler für sich allein daran forschen kann", gab der Nationalökonom Prof. Dr. Holger Bonus, Vorstandsvorsitzender des Zentrums, bei der Eröffnung die Devise aus. Und daß Koordination und Konzentration hier Entscheidendes leisten können, beweist die Tatsache, daß bis dahin in rund 40 Instituten der Universität an rund 100 Umweltprojekten geforscht wurde. Das Zentrum fungiert also als Katalysator in Umweltfragen.

Das Zentrum ist in eine naturwissenschaftliche Sektion und in eine geistes- und gesellschaftswissenschaftliche gegliedert. Die Stellen der beiden Geschäftsführer bewilligte das Land, alles andere wird aus dem Fundus der beteiligten Institute beigesteuert. Prof. Dr. Werner Hoppe, Raumplaner und Umweltjurist, und Prof. Dr. Wolfgang Barz, Biochemiker, der für den emeritierten Landschaftsökologen Prof. Dr. Karl-Friedrich Schreiber nachrückte, stehen den beiden Sektionen vor. Außerdem gehört der Rechtsmediziner Prof. Dr. Bernd Brinkmann dem Vorstand an.

Von Zufo zu TU, der Transferstelle für Umweltforschung GmbH: Da das Land kaum die für die Forschung notwenigen Mittel bereitstellen kann, soll eine GmbH über ein professionelles Beratungsunternehmen die Gelder beschaffen. Das Grundkapital der GmbH wird je zu einem Drittel von sechs Professoren, Banken und Versicherungen/Unternehmen gehalten. In der Universität bislang ein einmaliger Fall, vielleicht ein zukunftsweisender Fall.

Der Vorstand des Zentrums für Umweltforschung im Sommer 1992: Der Nationalökonom Prof. Dr. Holger Bonus, der Experte für Umweltrecht Prof. Dr. Werner Hoppe, der Biochemiker Prof. Dr. Wolfgang Barz und der Rechtsmediziner Prof. Dr. Bernd Brinkmann.

Schindluder mit der Umwelt ist jahrzehntelang getrieben worden. Seit ein paar Jahren setzt es sich durch, daß Müll getrennt gesammelt wird, daß ausgediente Pharmaka nicht in den Müll gehören, sondern getrennt entsorgt werden. Der Beitrag des einzelnen zum Umweltschutz.

Heribert Meffert: Keine Idealliebe zwischen Stadt und Universität, eher Zweckehe

Prof. Dr. Heribert Meffert gilt inzwischen als „Marketing-Papst" in Deutschland. Seine Einschätzung der Beziehungen zwischen Stadt und Universität schlug sich im nebenstehenden Artikel nieder.

Seit ein paar Befragungen haben wir es schwarz auf weiß: Die Münsteraner lieben „ihre" Universität und sind stolz auf sie. Um so besser, daß sich diese städtebaulich nicht als isolierte „Lernfabrik auf der grünen Wiese" präsentiert, sondern als ein weit über das Stadtgebiet verstreutes Netzwerk aus Hörsälen, Mensen und Seminargebäuden. Eine ideale Ehe also, könnte man meinen, die da zwischen der Universität und der Stadt geführt wird.

Doch eine Analyse dieser komplizierten Beziehung zeigt auf, daß sich die Partner bei zahlreichen Berührungspunkten in Wirtschaft, Politik und Gesellschaft eher in einem fruchtbaren Spannungsfeld bewegen...

Da ist zunächst die heimische Wirtschaft, der jährlich durch das Universitätspublikum mehrere hundert Millionen DM an Kaufkraft zufließen. Ein Teil der Umsätze aus Mieterträgen und Kinokarten wird dabei von der Geschäftswelt in die Universität zwar reinvestiert, wie großzügige Spenden und Förderprogramme dokumentieren. Doch das wertvollste, was die Universität ihrer Stadt zu bieten hätte, bleibt unverzinst: das Humankapital. Außer ein paar niedergelassenen Ärzten und Rechtsanwälten hält es den Studierenden nur durchschnittlich zwölf Semester, bevor dieser gezwungenermaßen in beruflich attraktivere Zentren umzieht.

Politisch verfügt die Universität seit jeher über einen verfassungsmäßig garantierten Autonomiebereich. Doch auch in der Kommunalpolitik zeigen sich wenig Berührungspunkte. Der gewählten Studentenschaft liegen allemal – so hat es zumindest den Anschein – Krisengebiete in Südamerika näher am Herzen als das Bebauungsprojekt am Tibusplatz. Und der typische Münsteraner brauchte sich schon Ende der 60er Jahre nicht vor einer Studentenrevolte des AstA-Vorsitzenden zu fürchten: In der Regel kennt er ihn gar nicht.

Gesellschaftlich und kulturell kommt es zu einem interessanten Tauschhandel zwischen den beiden Ehepartnern: Bietet die Stadt mit ihrer faszinierenden Architektur, Radwegen und Grünflächen sowie einem weitgehend intakten sozialen Umfeld dem akademischen Nachwuchs eine attraktive „Studienkulisse", so setzt dieser umgekehrt der eher bedächtigen westfälischen Verwaltungsmetropole – zumindest während des Semesters – die notwendigen Farbtupfer auf. Dennoch: Ob das 14-Uhr-Frühstück, lila Latzhosen und die autonome Fahrradwerkstatt tatsächlich von den Münsteranern geliebt werden, sei dahingestellt. Im übrigen bleiben auch die angespannte Wohnungssituation und überfüllte Parkplätze ob der ach so vielen Studenten nicht ohne Eindruck auf die heimische Bevölkerung. Doch eine kulturelle Überfremdung steht nicht zu befürchten: Denn hinter den Studenten verbergen sich die „wahren Münsterländer". So sind es vorrangig junge Leute aus dem Umland, die in Münster studieren. Denn nur zu selten verirren sich Hamburger, Hessen und Bayern an unsere Universität.

Bleibt festzuhalten: Münster ist eine Stadt, die sich „ihrer" Universität rühmt, und die Universität rühmt die Lebensqualität „ihrer" Stadt. Die Beziehung zwischen beiden gleicht aber derzeit noch einer Zweck-Ehe, deren Partner aufeinander angewiesen sind. Demgegenüber bieten Stadt und Universität zusammen ein Potential, aus dem bei einem weiteren Aufeinanderzugehen eine für die Bundesrepublik einzigartige Symbiose aus Ausbildungs- und Lebensqualität entstehen kann.

Die Attraktivität der Stadt trägt zur Attraktivität der Universität bei – und umgekehrt. Beliebt sind im Sommer vor allem die Biergärten bei den Studenten. Und ein Platz wie der Prinzipalmarkt sucht natürlich in anderen Städten seinesgleichen.

Marketing-Studenten rücken Passanten mit Fragen zu Leibe

Theorie und Praxis wird in den Befragungen Mefferts eindrucksvoll miteinander verbunden.

Ein Marketingkonzept für Münsters Botanischen Garten – warum nicht? Was auf den ersten Blick erstaunen mag, erscheint auf den zweiten gar nicht mehr so verwunderlich. Denn warum soll ein Münsteraner in seiner Freizeit ausgerechnet zwischen Ginster und Gingkos wandeln, wenn ihm doch so viele Alternativen für die Fragestellung offenstehen? Schwimmbäder und Sportplätze, Cafés und Kinos, Theater und Museen, Allwetterzoo und Planetarium ... Gute Gründe lassen sich genug finden – man muß sie nur richtig verkaufen, meint eine Studentin der Betriebswirtschaftslehre. Sie entwarf in ihrer Diplomarbeit unlängst ein Marketingkonzept für die Grüne Oase hinter dem Schloß. In einem breit angelegten Maßnahmenkatalog fordert sie eine stärkere Bekanntmachung und Profilierung – nicht zuletzt, um Firmen als Sponsoren zu gewinnen. Einer ihrer ganz konkreten Vorschläge (der manchem Wissenschaftler gleichwohl gegen den Strich gehen mag): verstärkte Verweise auf außergewöhnliche Attraktionen wie fleischfressende Pflanzen.

Entstanden ist diese lokalbezogene Arbeit am Lehrstuhl von Prof. Dr. Heribert Meffert, dem einstigen Gründer und heutigen Direktor des Instituts für Marketing. Seit 1969 – Meffert war damals Inhaber des bundesweit ersten Marketing-Lehrstuhls – steht die Beschäftigung mit „Echtzeit-Problemen" im Vordergrund von Forschung und Lehre. „Eine Hochschuldisziplin, die der Frage nachgeht, wie Marktprozesse ablaufen und beeinflußt werden können, kann sich nicht in den Elfenbeinturm zurückziehen", erläutert Meffert seine Philosophie. Das Themenspektrum des Instituts zeigt heute eine breite Palette von praxisbezogenen Problemfeldern: Marketing für Konsumgüter und Dienstleistungen, Marketingmanagement, Marketing und Ökologie und Internationales Marketing.

In den Institutsräumen im Juridicum werden längst nicht nur die globalen Strategien der Automobilhersteller und Kreditkartenfirmen analysiert. Gezielt rückt das 15köpfige Forschungsteam um Meffert immer wieder Marketingproblemen zu Leibe, die vor der Haustür liegen, also Münster und das Münsterland betreffen. Bearbeitet werden diese unter anderem in Projektarbeitsgemeinschaften. Fortgeschrittene Studenten haben in ihnen die Möglichkeit, über einen längeren Zeitraum hinweg unter Anleitung eine Problemstellung zu untersuchen. Durchlaufen werden dabei sämt-

Schönes Ergebnis einer Umfrage: Münsters Mädchen schlank und rank

liche Phasen der Durchführung einer Marktforschungsstudie: von der Konzipierung, über Feldarbeit und Datenanalyse bis hin zur Präsentation der Ergebnisse.

So schon 1979, als Marketingstudenten der münsterschen Damenwelt beim Modekauf über die Schulter schauten und den Textilhändlern wertvolle Einblicke verschafften. Etwa, daß die Münsteranerinnen sich „vergleichsweise konservativ" kleiden, wobei sich doch jede zweite 35- bis 45jährige als „vorsichtig modisch" einstufte, daß sie Qualität zu mittlerem Preis schätzen oder auch, daß sie gesteigerten Wert auf einen problemlosen Umtausch legen.

Schmunzelnd stellten Meffert und seine Mitarbeiter damals fest, daß die Vermarktung von Marktforschungsergebnissen ihrerseits ganz eigene Wege gehen kann. Titelten die Westfälischen Nachrichten am 26. Januar 1979 mit dezentem Charme „Münsters Mädchen: Schlank und rank", so brachte die Bild-Zeitung drei Tage später die nackte Wahrheit ins Blatt: „Petra", eines der „schönen Mädchen aus dem Münsterland". Als Nebenergebnis der empirischen Studie war abgefallen, daß 24,5 Prozent der Münsteranerinnen Kleidergröße 38 tragen, während es im Bundesdurchschnitt lediglich 17,6 Prozent sind ...

Vergleichsweise ernsteren Themen widmeten sich Mitarbeiter des Instituts und Studenten in Folgeprojekten. Sie erforschten das Kultur- und Freizeitangebot der Stadt Münster, den Allwetterzoo, die Universität im Meinungsbild der Bevölkerung und das Image des Flughafens Münster/Osnabrück. Die letzte Untersuchung wurde übrigens 1990 auf dem 1. Deutschen Marketing-Transfer-Tag als beispielhafte Fallstudie vorgestellt – ein deutlicher Beweis für die Qualität der geleisteten Arbeit. Der Flughafen hat die Wirtschaftswissenschaftler auch noch nicht losgelassen, und so beschäftigen sie sich aktuell mit seiner Dienstleistungsqualität.

Sogenannte „Non-Profit-Organisationen" und kommunale Einrichtungen rückten in den vergangenen Jahren mehr und mehr in den Blickpunkt des Interesses. Zum einen, weil diese selbst die Notwendigkeit erkannten, sich marketingpolitischer Instrumente zu bedienen, um im allerorten existenten Wettbewerb zu bestehen; dann aber auch, weil Mefferts Forschungsteam neugierig war, inwieweit sich ursprünglich für Unternehmen erstellte Marketingkonzepte in andere Bereiche übertragen lassen.

Vorzeigebeispiel ist eine 308seitige Studie zum „Regionenmarketing Münsterland". Am Anfang des Forschungsprojekts stand ebenfalls die Arbeit einer Gruppe von Studenten, die dann jedoch von Meffert und seinen Mitarbeitern fortgeführt wurde. Auf der Basis einer umfangreichen bundesweiten Befragung von Bürgern, Unternehmen und Reisebüros erforschten sie Anfang 1991 das Image des Münsterlandes, um Ansatzpunkte für ein Marketingkonzept zur Profilierung der Region zu finden. Die vielgelobte Studie, entstanden im Auftrag der Städte und Regionen, beschäftigt inzwischen Agenturen. Sie sollen die Ergebnisse in ein konkretes Marketingkonzept für das Münsterland umsetzen.

Wenn er wollte, könnte Meffert alle seine Mitarbeiter mit Themen aus dem Bereich des Regionenmarketings versorgen. „Als das Projekt anlief, wollte jede Stadt, jeder Traditionsverband eine eigene Studie haben ...", erinnert sich Assistent Ralph Birkelbach schmunzelnd. Doch Marketingkonzepte für Schützenvereine und Freiwillige Feuerwehren entwickeln will das Institut denn doch nicht. Die Kriterien bei der Auswahl zu behandelnder Themen sind streng: Sie müssen nicht nur praxisrelevant, aktuell und von breitem Interesse sein, sondern vor allem innovativ in der Forschung. Dann nämlich erübrigt sich für „Marketing-Papst" Meffert auch die Frage, ob sein Institut bei der Untersuchung regionenbezogener Probleme „Ameisenforschung" betreibt. Vielmehr wertet er ein Bekenntnis zu Stadt und Umland als Zeichen für Aufgeschlossenheit. Das Renommee der geleisteten Arbeit gibt ihm Recht. Wohl kaum ein anderes Institut der Universität ist in der Fachöffentlichkeit wie in der Region so bekannt wie sein Institut für Marketing.

Die hübschen jungen Studentinnen beeinflussen positiv die Weiblichkeit der Stadt.

Grundlagen für freie Marktwirtschaft wurden in Münster gelegt

Bundeswirtschaftsminister Ludwig Erhard ist der Begründer der sozialen Marktwirtschaft, Prof. Dr. Alfred Müller-Armack (1901 bis 1978) ihr „Erfinder". Geburtsort ist Münster, Geburtsstunde ausgerechnet die Zeit des rigidesten staatlichen Dirigismus während des Zweiten Weltkriegs.

Am 23. Oktober 1941 wurde in Münster die „Forschungsstelle für allgemeine und textile Marktwirtschaft" gegründet, 120 Firmen traten einer Förderergesellschaft bei. Initiatoren dieser Forschungsstelle waren Müller-Armack, seit 1938 Ordinarius für Volkswirtschaftslehre an der Universität Münster, und Dr. Ernst Hellmut Vits (1903 bis 1970), Generaldirektor und Vorstandsvorsitzender der Vereinigten Glanzstoff-Fabriken AG in Wuppertal-Elberfeld, einer der damaligen Exponenten der Chemiefaser-Industrie, der in Münster studiert hatte. Müller-Armack befaßte sich bereits mit marktwirtschaftlichen Ordnungsprinzipien. Ursprünglich entstanden aus den Interessen der Textilindustrie, die für die Erfüllung der kriegsbedingten Wirtschaftspläne eine wissenschaftliche Basis wünschte, entwickelte Müller-Armack in dieser Forschungsstelle die Grundlagen dessen, was er mit einer eigenen Wortprägung „soziale Marktwirtschaft" nannte. Marktwirtschaftliches Handeln und soziales Erfordernis sollten danach miteinander verbunden werden. Am 15. Juli 1946 legte er seine Vorstellungen und Ziele in einem wirtschaftspolitischen Aufruf dar.

Als Staatssekretär im Wirtschaftsministerium (1958 bis 1963) erhielt der geistige Vater der Marktwirtschaft die für einen Wissenschaftler seltene Chance, seine Theorie an der Praxis messen zu können.

Generaldirektor Vits war nicht nur ein nachhaltiger Förderer dieser Forschungsstelle, sondern auch der Wissenschaft im allgemeinen und der Universität Münster im besonderen. Er leitete von 1947 bis zu seinem Tode 1970 die Förderergesellschaft der Universität als Vorsitzender. Mit seinem Namen ist auch der Ernst-Hellmut-Vits-Preis verbunden, der 1968 anläßlich des 50jährigen Bestehens der Förderergesellschaft gestiftet und 1972 Müller-Armack verliehen wurde.

Bei der Trauerfeier würdigte ihn Prof. Dr. Julius Speer, der Präsident der Deutschen Forschungsgemeinschaft: „Ernst Hellmut Vits hat trotz seiner harten Beanspruchung als verantwortlicher Leiter eines großen Unternehmens Jahr um Jahr außerordentliche persönliche Opfer an Zeit und Energie gebracht und seine Gesundheit nicht geschont, um seine Erfahrungen in den Dienst einer unabhängigen, für sich selbst verantwortlichen Wissenschaft zu stellen."

Der geistige Vater der Marktwirtschaft, Prof. Dr. Alfred Müller-Armack, gründete die „Forschungsstelle für allgemeine und textile Marktwirtschaft". Er lehrte von 1938 bis 1950 in Münster.

Ludwig Erhard, Wirtschaftsminister und später Bundeskanzler, gilt als der „Vater des Wirtschaftswunders". Er setzte die Forschungen von Müller-Armack in die Praxis um.

Institut für Wirtschaftsinformatik – Ein beispielloser Kraftakt

Wirtschaftsinformatiker bei der Eröffnung des Instituts: v.l. Prof. Dr. Karl Kurbel, Prof. Dr. Heinz Lothar Grob, Prof. Dr. Ulrich Müller-Funk, Prof. Dr. Jörg Becker und der Leiter der Aufbaukommission, Prof. Dr. Dietrich Adam.

Es war ein beispielloser Kraftakt, mit dem das Institut für Wirtschaftsinformatik aufgebaut wurde. Mitte 1989 wurde der neue Studiengang von Wissenschaftsministerin Anke Brunn genehmigt, zum Sommersemester 1990 bereits eröffnete das Institut im umgebauten Kesselhaus der ehemaligen Germania-Brauerei.

Weitere Diplomstudiengänge wurden in Köln, Essen und Paderborn eingerichtet. Eine empfindliche Lücke in Nordrhein-Westfalen war damit geschlossen, denn Wirtschaftsinformatik wurde bislang nur in Süddeutschland angeboten. Der neue Studiengang integriert Forschungs- und Lehrinhalte der Wirtschaftswissenschaften, besonders der Betriebswirtschaftslehre, und der Informatik.

Die Wirtschaftswissenschaftler, die mit dem Aufbau betreut waren, haben bewiesen, daß sie ihr „Handwerk" nicht nur in der Theorie, sondern auch in der Praxis beherrschen. 3,2 Millionen Mark – ein bis dahin ungekannter warmer Geldregen aus dem Hochschulsonderprogramm von Bund und Land – mußten in weniger als einem Jahr ausgegeben werden, für Möbel, deren Räume man nicht kannte, für Computer, die in kurzer Zeit schon wieder veraltet sein konnten. Es war ein Wettlauf gegen die Zeit, den Prof. Dr. Dietrich Adam mit seinen Mitarbeitern gewonnen hat. Ebenso unter Zeitdruck stand Prof. Dr. Klaus Backhaus, der die Berufungsfragen betreute. Immerhin mußten fünf Stellen für Professoren und zehn für wissenschaftliche Mitarbeiter besetzt werden. Die Stellen waren noch 1989 bereitgestellt worden, weitere kamen 1990 hinzu.

Das atemberaubende Tempo dieser Gründungsphase können ein paar Daten verdeutlichen. Im Februar 1989 fragte das Wissenschaftsministerium an, ob die Fakultät einen Diplomstudiengang Wirtschaftsinformatik aufbauen wolle. Im Mai erfolgte bereits ein entsprechender Erlaß, wenige Tage später, am 6. Juni, wurden die ersten Stellen- und Sachmittel zugewiesen. Am 19. Juni konstituierte sich in der Fakultät eine „Aufbau"-Kommission unter der Leitung von Prof. Dr. Rainer Thoss. Ende Juni wurden per Fahrrad verschiedene Objekte besichtigt, um ein geeignetes Domizil für die Wirtschaftsinformatik zu finden – Ergebnis negativ. Mitte Juli wurde dann über einen Makler die ehemalige Germania-Brauerei als Standort „entdeckt".

In diesem D-Zug-Tempo ging's weiter. Parallel zu diesen Bemühungen wurden die Professorenstellen ausgeschrieben, vier C4 und eine C3. Bücherliste und Studien- und Prüfungsordnung mußten entwickelt werden. Anfang Januar 1990 endete das Auswahlverfahren, 80 Studierende hatten sich um die 40 Studien-

Die Wirtschaftsinformatik schließt eine große Lücke an der Uni

Studieren, lernen, arbeiten im Computer-Pool der Wirtschaftsinformatik.

plätze im ersten Semester beworben. Im März 1990 wurden die ersten Rufe angenommen, drei Lehrstuhlvertretungen beschlossen. Am 2. April 1990 stimmte der Senat der Gründung des Instituts für Wirtschaftsinformatik zu. Am 17. April wurde der Lehrbetrieb aufgenommen.

Geschäftsführender Direktor des neuen Instituts ist Prof. Dr. Karl Kurbel, der aus Dortmund nicht nur seine ganze wissenschaftliche Mannschaft mitbrachte, sondern auch eine ganze Reihe von Forschungsprojekten. Darüber hinaus verfügen er und seine Kollegen über hinreichend Kontakte zur Wirtschaft in der Region, denn vor allem mit Unternehmen aus Münster und dem Münsterland wollen die Wirtschaftsinformatiker zusammenarbeiten. Die im Institut entwickelte Software richtet sich speziell an mittelständische Unternehmen, die bislang für diese Aufgaben noch keinen Computer einsetzen. Für die Wissenschaftler zugleich eine einmalige Prüfungschance, was ihre Entwicklungen in der Praxis taugen.

Der Aufbau des Instituts für Wirtschaftsinformatik ist ein Lehrbeispiel dafür, wie rasch ein Ziel gemeinsam verwirklicht werden kann, wenn keine bürokratischen Hemmnisse im Weg liegen. Für die Universität ein schöner Beweis, daß sie auch nach 200 Jahren noch rasch auf Herausforderungen reagieren kann.

Ein ungewöhnlicher Ort zum Studieren – der Germania-Hof, das umgebaute Gebäude der alten Brauerei.

Ehrungen und Preise sind Zierde der Universität und Fakultäten

Ludwig Erhard gab seinem ehemaligen Staatssekretär die Ehre: Als im November 1972 der Ernst-Hellmut-Vits-Preis der Gesellschaft zur Förderung der Westfälischen Wilhelms-Universität an Prof. Dr. Alfred Müller-Armack (zweiter von links) verliehen wurde, gehörte der frühere Bundeskanzler und Vater des deutschen Wirtschaftswunders zu den Ehrengästen. Der Vits-Preis, eine der höchsten wissenschaftlichen Auszeichnungen in der Bundesrepublik, war 1970 zum ersten Mal an den Chemie-Nobelpreisträger und Präsidenten der Max-Planck-Gesellschaft, Prof. Dr. Adolf Butenandt, gegangen. Rechts neben Ludwig Erhard Prof. Dr. Wolfgang Hoffmann, ganz rechts Prof. Dr. Harry Westermann.

Ehre für den Ausgezeichneten und zugleich Ehre für die Auszeichnenden: Im November 1991 wurde dem ehemaligen Bundeswirtschaftsminister Karl Schiller die Ehrendoktorwürde der Wirtschaftswissenschaftlichen Fakultät verliehen. Seinen Doktor hatte Schiller mit 24 Jahren gemacht, mit 28 bereits war er Professor. Ministerpräsident Johannes Rau würdigte dabei den 80jährigen als „Handlungsreisenden in Sachen sozialer Marktwirtschaft".

Ehrendoktor für das Juristen-Duo: Helmut Proppe, Präsident des Landgerichts Münster, und Wolfgang Lepp, Vorsitzender Richter a. D. am Oberlandesgericht, wurden im Sommersemester 1992 mit der Würde eines Ehrendoktors der Juristischen Fakultät ausgezeichnet – gleichsam als „Markenzeichen" für die Fakultät. Beide sind Mitbegründer des münsterschen Examensmodells, das bundesweit als Pilotprojekt gilt. Beide Juristen erhielten bereits 1969 einen Lehrauftrag.

Ranking: Klasse trotz Masse
Umfragen bescheinigen Spitzenplätze

Ranking, in den USA eine seit langem geübte Praxis, wird seit ein paar Jahren auch in Deutschland praktiziert. Vorläufer waren zweifellos Meffert-Umfragen, in denen die Studenten nach ihren Vorlieben für bestimmte Hochschulstandorte ausgeforscht wurden. Wen verwundert's, daß Münster hier nach München an zweiter Stelle rangierte. Wenn es aber um eine echte Bewertung geht, in der die Leistungen der Hochschulen in eine Rangfolge gebracht, gleichsam Platzkarten von eins bis fünfzig vergeben werden, dann geht es um Empfindlichkeiten. Die Reaktion auf eine Spiegel-Befragung im Jahre 1989 fiel entsprechend aus.

Der Spiegel hatte Studierende nach ihrer Einschätzung der eigenen Hochschule gefragt. Ergebnis: Münster landete auf Platz 41, befand sich dort aber in guter Gesellschaft mit Bonn, Berlin, München, Hamburg und Freiburg. Als Listenführer ermittelten die Befrager Siegen. Womit das Kriterium klar war: Die Studenten wandten sich mit ihrer Notenvergabe gegen die Überfüllung ihrer Hochschulen, waren aber nicht bereit, Konsequenzen daraus zu ziehen und sich in Siegen einschreiben zu lassen. Die Befragung des Hamburger Magazins deckte also die allgemeine Misere der deutschen Hochschulen auf – es wurden jedoch die falschen Schlüsse daraus gezogen. Darüber hinaus wies ein solches Ranking einen eklatanten Mangel auf: Hochschulen sind schließlich nicht nur Ausbildungsstätten für die Lehre, sondern die Qualität ihrer Forschung ist ein wichtiger Prüfstein für ihre Leistung.

Werden überprüfbare Maßstäbe angelegt, schneidet Münster erheblich besser ab, wie das Fach Wirtschaftswissenschaften zum wiederholten Male bewies, zuletzt Anfang 1992. Das Manager-Magazin hatte Manager und Professoren befragen lassen – es ging hier also darum, wie die Praxis die Qualität der Ausbildung bewertet und wie der Stand der Forschung einzuordnen ist. Ergebnis: Münsters Wirtschaftswissenschaftler rangierten an vierter Stelle hinter der sehr spezialisierten Technischen Hochschule Karlsruhe, der Universität Köln mit ihrem breiten Fächerkanon und der exklusiven Schweizer Hochschule St. Gallen, die sich ihre Studenten aussuchen kann. Die Gesamthochschule Siegen, Spitzenreiter des Jahres 1989, wird von den Managern auf Platz 50 verwiesen, für deren Forschung und Professoren haben sie noch weniger übrig. Der technische Nachholbedarf ist in Münster inzwischen mit der Wirtschaftsinformatik ausgeglichen.

Ein zweites Ranking veröffentlichte die „Wirtschaftswoche", die 8700 Studenten befragen ließ, wie sie Qualität der Lehre, Spektrum der Lehre, Rahmenbedingungen und Arbeitsmittel einschätzten. Bei der Auswertung liegt Münster auf dem dritten Platz nach Siegen und Heidelberg. Daraus hat Prof. Dr. Herbert Gülicher vom Institut für Ökonometrie und Wirtschaftsstatistik ein Gesamt-Ranking gemacht, er hat die Listen des „Manager-Magazins" und der „Wirtschaftswoche" miteinander kombiniert – und siehe da: Münsters Wirtschaftswissenschaftler liegen auf Platz eins, gefolgt von Karlsruhe, Hohenheim, Aachen und Stuttgart. Heidelberg folgt in dieser Liste auf Platz acht, „Spitzenreiter" Siegen auf Platz 13.

Herbert Gülicher will diese Rangfolge nicht überbewerten, verweist aber auf die Einschätzung in dem Buch „Die wirtschaftswissenschaftlichen Fakultäten in Deutschland, Österreich, Schweiz": „In den unterschiedlichsten Ranking-Listen ist Münster immer auf den vordersten Plätzen vertreten."

Der Name Münster bürgt also in der Wirtschaft für Qualität, obschon die Durchschnittsnote bei den Prüfungen unter drei liegt. Hier wird niemandem etwas geschenkt.

Posaunt es in alle Richtungen, der himmlische Bläser vom Schloß: Münster ist Klasse – trotz Masse.

Eine eintönige Betonlandschaft gibt es in der Universität Münster nicht

Das Adolf-Kratzer-Haus am Aasee, die Mensa I: 1947 konnte sie wieder eröffnet werden. Benannt ist sie nach dem Physiker Kratzer, einem der größten Förderer der Universität.

Das alte Gebäude der LVA, der Landesversicherungsanstalt, am Bispinghof rundet den Universitätsbereich ideal ab.

Eines der schönsten Universitätsgebäude, das ehemalige Oberpräsidium auf dem Schloßplatz – an der Stelle, an der Schloßbaumeister Schlaun einen der beiden Flügelbauten geplant hatte. Krone und Adler weisen noch auf die alte Bestimmung hin.

Kunst und „Hinterhof" liegen hart nebeneinander

Auch das war Universität: Ein Provisorium vor der Evangelischen Fakultät – inzwischen abgebrochen.

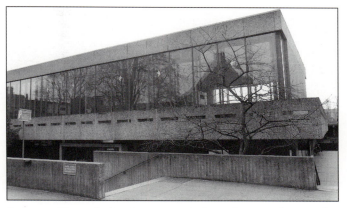

Das neue Hörsaalgebäude am Hindenburgplatz wurde 1967 fertiggestellt.

Der „Study Garden", Projekt des gebürtigen Iraners Siah Armajani zur Skulpturenausstellung 1987, im Garten des Museums an der Pferdegasse.

Der Rosenhof, ein ehemaliges Warenhaus, war in den 30er Jahren Sitz der akademischen Verwaltung.

Sommerfest –
einmal wie der Fürst im Schloß tanzen

Das Schloß leuchtet – diesen herrlichen Anblick bietet es beim Sommerfest der Universität.

In der Universität wird nicht nur studiert und doziert und geforscht, die Universität versteht auch zu feiern, dem Alltag zu entfliehen. Schönstes Beispiel dafür ist das Sommerfest, das zwar nicht durch Masse glänzt, dafür aber durch Klasse. Veranstalter sind Rektorat und die Förderergesellschaft der Universität. Sommerball im festlich erleuchteten Schloß und, wenn das Wetter mitspielt, auch im von Fackeln erleuchteten Schloßgarten – das ist ein faszinierendes Erlebnis. Die besondere Note erhält das Programm dadurch, daß alles aus der Universität selbst stammt: die Musik, die Vorträge, die oft dem wissenschaftlichen Hobby der Referenten entsprechen, das Theater. Ein Programm fern von Leistungszwang und Prüfungsstreß. Der Ballgast hat die Qual der Wahl, eine schöne Qual. Dem Tanz bis in den frühen Morgen ist kein Ende gesetzt. Einmal im Jahr sich fühlen wie der Fürst im Schloß...

Frohe Geselligkeit wird neben harter Arbeit großgeschrieben

Frei vom üblichen Alltagszwang ist auch der dies academicus oder kurz „der Dies". Die Universität öffnet ihre Pforten für jedermann, bietet Informationen, wo sie gewünscht werden. Besondere Angebote unter freiem Himmel erfreuen sich besonderer Beliebtheit wie Simultanschach vor dem Schloßportal.

Das Sommerfest der ausländischen Studenten verwandelt, gutes Wetter vorausgesetzt, den Schloßplatz zu einem großen Freilufttheater.

Bild links: Der absolute Hit – das ist alljährlich die Juwi-Fete im Innenhof des Juridicums: 1992 waren 4000 Karten beim Vorverkauf in einer Stunde abgesetzt, weitere 1200 Gäste hatten an der Abendkasse Glück. Organisiert wurde die Fete von den beiden Fachschaften.

Eine pflanzliche „Weltreise" auf einer Insel hinterm Schloß

Geometrisch geschnittenes, geschwungenes Grün als verspieltes Ornament und Ausdruck absolutistischer Prachtentfaltung – die Ideologie eines Barockgartens läuft den Vorstellungen moderner Botaniker zuwider. Nicht Naturbeherrschung heißt das Leitmotiv der Gestaltung des Botanischen Gartens, sondern: Pflanzen in ihrem Lebensraum zu zeigen, Ökosysteme möglichst naturnah zu vermitteln. Der 1787 angelegte fürstliche Hofgarten im Schatten des Schlosses wich bald einer Anlage, die – bis heute – Forschung und Bürgerschaft zugleich dient. Der Botanische Garten ist die Nahtstelle zwischen Wissenschaft und öffentlichem Interesse an der Natur schlechthin. Umwelterziehung beim entspannenden Botanik-Bummel erhält dabei ein immer stärkeres Gewicht. Breite pädagogische Arbeit und akribische Forschung gehen eine Verbindung ein.

Der spätbarocke Schloßgarten, den Schlauns Nachfolger Ferdinand Lipper 1775 entwarf, wurde erst 13 Jahre später in stark reduzierter Form verwirklicht – schon damals erwies er sich nicht mehr als zeitgemäß. Der Botanische Garten, der dann das Innere des Hofgartens vereinnahmte, ist nicht unmaßgeblich ein „preußisches Produkt": Geschichtliche Größen wie Friedrich Wilhelm III. und der Freiherr vom Stein sind mit der münsterschen Anlage, inzwischen Teil des Botanischen Institutes und Fachbereichs Biologie, eng verbunden. Der Monarch regte 1803 die Errichtung an und betraute den obersten Regierungsbeamten in der jungen preußischen Provinz, den Reformer vom Stein, die Anlage realisieren zu lassen. Reizvolle Relikte des traditionsreichen botanischen Gartens: die 1840 erbaute, klassizistische Orangerie, die das erste Gewächshaus von 1804 ersetzte, sowie die Palmenhäuser aus den Jahren 1869 bis 1871.

Die königliche Order Friedrich Wilhelms ergab sich nicht zuletzt daraus, daß an der damaligen Universität ein erster Lehrstuhl für Naturwissenschaften eingerichtet worden war. Entsprechend hieß der „Auftrag" des Gartens Forschung und Lehre. Zunächst der medizinischen Fakultät zugeschlagen, diente die Pflanzensammlung vor allem dem Anschauungsunterricht angehender Human- und Tiermediziner. Die Unterstützung durch die alma mater floß zu Anfang so spärlich, daß die Wissenschaftler gleichsam einen Pflanzenhandel aufmachen mußten; bis 1875 wurden selbstgezogene Ziersträucher, Obstbäume und Stauden verkauft. In beiden Weltkriegen wurde der Garten nahezu völlig zerstört. Beim Wiederaufbau knüpften die Botaniker an die alte Garten-Konzeption wieder an.

Die Gegenwart brachte eine ambivalente Entwicklung: „Forschung und Lehre stehen auch noch heute oben an", sagen Professor Dr. Paul Tudzynski und Prof. Dr. Engelbert Weis, Direktoren des Institutes für Botanik. Doch als abwechslungs- und lehrreiches Naherholungsgebiet ist das Uni-Areal ungeheuer beliebt; immerhin durchschnittlich rund 10 000 Besucher pro Monat zählen die Mitarbeiter im Sommer. Ein Ansturm, den das Institut nicht als Bürde betrachtet, sondern „als unseren Auftrag".

Der Botanische Garten dient nicht nur der Wissenschaft, er ist auch für die Mittagspause ein beliebtes Plätzchen.

Kakteen und Kalkmagerrasen
Ein Fördererkreis hilft

Den vielzitierten Elfenbeinturm verlassen die Wissenschaftler – oder genauer: Sie öffnen den Gartengästen die Tür für neue Einblicke und Erkenntnisse. „Umwelterziehung", unter diesem Begriff wird eine Vielzahl von Angeboten und Aktionen subsumiert. Zwei Jahre lang betreute die Gartenpädagogin Birgit von Winterfeld die unterschiedlichen Zielgruppen. Das auf Adressaten wie Schulen und Kindergärten zugeschnittene Programm umfaßte eine differenzierte Beschilderung, Führungen und Broschüren. Bemühungen um eine feste Stelle hatten leider keinen Erfolg. Und seit dem Sommer 1990 setzt sich ein „Fördererkreis Botanischer Garten" dafür ein, die Grüne Oase besucherfreundlicher zu gestalten. Ein mehrgleisiges Engagement: Einerseits will der Kreis Geld sammeln und die Brücke zu Garten-Mäzenen schlagen helfen, andererseits versteht er sich als Mittler zwischen interessierten Laien und den Botanik-Profis des Institutes.

Eine pflanzliche Weltreise auf 4,6 Hektar – das ist der Botanische Garten hinter dem Schloß.

Ein exklusiver Ort für zeitgenössische Skulpturen

Eine „Weltreise" auf 4,6 Hektar mitten in Münster: Kap-Flora, Halbwüsten und üppige tropische Vegetation wechseln sich mit einem westfälischer Bauerngarten und mehr als 2000 zum Teil bizarren Kakteenarten ab. Kontraste, die ohnedies einen unmittelbaren Aha-Effekt zeitigen. Dennoch: Die Besucher sollen angeleitet werden, mindestens aber Orientierungshilfe erfahren.

Naturwissenschaftliche Zusammenhänge vermitteln und Forschung für den Laien verständlich machen – ihn für Umweltprobleme zu sensibilisieren, ist ein Ziel. Die Gartenpädagogin geht noch einen Schritt weiter: „Wir möchten jeden für aktiven und verantwortlichen Umweltschutz gewinnen."

Der Besucher soll – trotz der vielen Eindrücke – nicht von einem Wust von Einzelinformationen erschlagen werden, sondern Landschaften und Pflanzengemeinschaften als Systeme erkennen. „Pflanzensoziologie" nennen es die Botaniker, nicht mehr (nur) die jeweilige Spezies – „als Individuum" – in Sammlungen zu zeigen.

Wo steht der Mensch in diesen Ökosystemen? Eine anthropogene, also durch den Menschen entstandene Landschaft zeigt der jüngst angelegte Kalkmagerrasen, der typisch für landwirtschaftlich genutzte Regionen des Teutoburger Waldes ist. Mähen und Beweiden verhindern, daß Sträuche wie Rosen, Schlehen und Liguster dort überhand nehmen. Erkundet der interessierte Laie den Hang auf Trampelpfaden, entdeckt er die artenreichsten Vegetationstypen Nordwestdeutschlands. Rund 60 Pflanzenarten sprießen auf einem Quadratmeter, darunter schützenswerte und seltene Gewürzpflanzen wie Thymian und Enzian.

Kultur und Natur in harmonischer Spannung: Die reizvolle Kulisse des Botanischen Gartens nutzen Künstler immer wieder, um Modernes und mitunter Provokantes in einer gewachsenen Landschaft zu präsentieren. Dies nutzte der Amerikaner Sol Le Witt, der für die „Skulptur 87" auf der Achse Schloß / Rundbassin eine Pyramide errichtete. Zu dieser weißen Pyramide korrespondierte eine „Black Box" vor dem Schloß. Beide Objekte wurden wieder abgebrochen. Der Botanische Garten ist als Ausstellungsraum stets eingeplant, wenn festgelegt wird, wo besondere Objekte der „Exponata" installiert werden.

Einer der schönsten Ausstellungsräume, die man sich überhaupt vorstellen kann. Während der Skulpturenausstellungen und der „Exponata" können Besucher gleichsam im Vorübergehen Natur und Kunst genießen. 1987 hatte der Amerikaner Sol LeWitt hier seine Weiße Pyramide aufgebaut als Pendant zum Schloß.

Der Schloßgarten – der schönste Ausstellungsraum in Münster

„Der große Kurfürst" nennt sich diese schwebende Skulptur des Sendenhorster Bildhauers Bernhard Kleinhans. Sie stand während der „Exponata 91" im Schloßgarten.

Variabel sind diese blauen Kanthölzer, mit denen sich Ursula-Lisa Deventer aus Warstein-Hirschberg an der „Exponata 91" im Schloßgarten beteiligte.

Liebenswerte Skurrilität: der Otto-Hahn-Park

Ein Hahn namens „Otto" stand Pate, als Friedrich Bock seiner kleinen Idylle einen Namen gab. Vor einiger Zeit sah es so aus, als sei das Ende des Parks eingeläutet: Friedrich Bock hatte angesichts zunehmender Kritik aufgegeben. Aber nur vorübergehend ...

„Einzelkämpfer" – so bezeichnet sich Friedrich Bock gerne selbst. Nicht von ungefähr wählt der rührige Uni-Angestellte dieses Attribut. Denn vor rund anderthalb Jahrzehnten krempelte der Kanzler-Fahrer buchstäblich die Ärmel hoch und engagierte sich in einem Bereich, der damals noch nicht „in" war: dem Umweltschutz. Das Projekt im Alleingang wuchs und gedieh. Inzwischen ist der „Otto-Hahn-Park" eine grüne Oase in einer grauen Betonwüste. Das lauschige Plätzchen liegt im Schatten von Uni-Rechenzentrum und Heizkraftwerk.

„Zu Anfang wurde ich ein wenig belächelt", gesteht der Münsteraner, der nicht nur fast seine gesamte Freizeit, sondern auch „ein kleines Vermögen" in das Kleinod investiert hat. 1977 sollte dort, wo jetzt ein Idyll Ruhe und Sauerstoff spendet, ein Parkplatz entstehen. Der Chauffeur des Kanzlers der Uni war entsetzt. Spontan und etwas kühn bot Friedrich Bock, Jahrgang 1939, an, selbst zum Spaten zu greifen. Inzwischen hat der Schöpfer des öffentlich zugänglichen Minibiotops für seinen Alleingang reichlich Lob und ideelle Unterstützung von der Universität, von der Stadt Münster und von Landesministerien geerntet.

Die 120 mal 75 Meter große Gartenanlage verdient nicht nur den Superlativ des „wohl kleinsten Parkes der Welt", sondern auch das Prädikat des dichtbesiedelsten. Denn rund 150 Tiere – darunter Exoten wie bunte Pfauen, schillernde Silberfasane, stolze asiatische Hähne und winzige Wachteln – finden auf dem Areal am Rande des Orléansrings eine Heimat. Kraniche und ein Eisvogel machen dort Station, wo längst Generationen von Schwänen leben und die Besucher vom Papagei Charly mit krächzendem Hallo gegrüßt werden.

Ein Wasserhuhn, das Friedrich Bock Otto getauft und selbst aufgezogen hatte, stand bei der Namenssuche Pate. Die Bezeichnung „Otto-Hahn-Park" für eine Gartenanlage, die von technischen Uni-Instituten eingerahmt wird, ist da eine augenzwinkernde Irreführung all jener, die bei Otto Hahn an den berühmten Atomphysiker denken.

Dieser kleine Park war in der Vergangenheit mehrfach Beschädigungen und Irritationen ausgesetzt.

Pflanzen unter Trockenstreß: Überlebenskünstlern in der Namib auf der Spur

Forschungen in der Namibwüste im südafrikanischen Namibia: Die Arbeitsgruppe von Prof. Dr. Dieter Joachim von Willert des Instituts für angewandte Botanik untersucht hier die Mechanismen, mit denen sich Pflanzen an die wüstenhaften Umweltbedingungen anpassen können, wie sie es also lernen zu überleben. Mit Hilfe von Gaswechsel-Meßanlagen werden Wasserverluste und die Leistung von Photosynthese (Aufnahme von Kohlendioxid) der Pflanzen unter Trockenstreß gemessen. Die „Welwitschia mirabilis", die nur in der zentralen und nördlichen Namibwüste verbreitet ist, ist neben den Sukkulenten (wasserspeichernden Pflanzen) ein Beispiel für die Anpassungsfähigkeit an einen der extremsten Lebensräume der Erde. Die Fotos entstanden am Brandberg nördlich von Swakopmund im November 1990.

Geschichten, Geschichten: Wenn das Schloß erzählen könnte ...

Die Aula des Schlosses – einer der schönsten festlichen Säle in Münster. Das Oval des Raumes liegt über dem Eingangsfoyer.

Auch ein „Engel" braucht mal Make-up – nach einem neuen Goldanzug wurde die Nike 1985 wieder aufgestellt.

Die historische Niere vor dem Schloß: Nach dem Kriege war der Schloßplatz gemäß der Vorkriegsanlage wieder hergestellt worden. Ursprünglich stand hier ein Reiterdenkmal „Wilhelm dem Großen" gewidmet, das der Berliner Bildhauer Bruno Schmitz 1897 geschaffen hatte. Auf dem Sockel stand übrigens eine Widmung: „Das treue Münsterland". Dem heutigen Aussehen liegen die alten Schlaunschen Pläne zugrunde.

Der erste Rektormantel von 1856 kehrte 1990 in die Universität zurück. Seit 1937 hatte er bei Mäkki Reuter (links) nach einer Restaurierung aufs Abholen gewartet. In ihrem Innern trägt die zwölf Kilogramm schwere Robe ein Etikett „Rector Academiae Münster".

Westlich vom Schloß: Das Zentrum der Naturwissenschaften

Ein historisches Foto: Anfang der 70er Jahre informierte sich der Wissenschaftsminister Johannes Rau auf dem Dach des Mathematik-Hochhauses vom Fortgang der Arbeiten am Naturwissenschaftlichen Zentrum. Bei ihm – die „MÜRK", die Münstersche Rektorenkonferenz. Von links: Fachhochschulkanzler Hans Michatsch, Universitätskanzler Dr. Klaus Triebold, Prof. Dr. Karl-Ernst Jeismann, Rektor der (noch existierenden) Pädagogischen Hochschule, Johannes Rau, Uni-Rektor Prof. Dr. Werner Knopp, Prof. Dr. Johann-Dietrich Elbers, Gründungsrektor der Fachhochschule, und Dr. Leo Stahl, Kanzler der Pädagogischen Hochschule.

Der einzige „Campus", den Münsters Universität aufzuweisen hat, ist das Naturwissenschaftliche Zentrum am Coesfelder Kreuz – ohne daß damit alle naturwissenschaftlichen Institute hier konzentriert wären. Der ursprüngliche Entwurf von 1958 wurde nur in kleinen Teilen verwirklicht. Auch das neue Konzept von 1970 blieb zum größten Teil auf dem Papier – die Raumprobleme der Naturwissenschaften sind nicht gelöst.

In den 60er Jahren standen Geldmangel und Verkehrsprobleme einem zügigen Bau im Wege: Der Orléans-Ring war seinerzeit ein zweispuriges Sträßchen, seine Weiterführung in den Westring gelang nur über einen umständlichen Bogen. Schließlich war es die Landesregierung selbst, die die Verlegung des Westrings forderte und damit auch den Ausbau des Orléans-Rings möglich machte. Allerdings mußten nun einige (noch nicht gebaute) Institute ihren ursprünglichen Platz weiter zurückverlegen. Aus der ersten Bauphase stammen die beiden Chemischen Institute und das Institut für angewandte Physik.

Anfang der 70er Jahre wurde ein neuer Anlauf genommen, die Universität stand unter einem enormen Wachstumsdruck – es war die Zeit der Gigantomanie in der Hochschulplanung. Das Hochhaus der Mathematik am Orléans-Ring war 1970 gerade erst bezogen, da wurde fürs nächste Jahr bereits der Bau des zweiten neunstöckigen Hochhauses angepeilt. Und in Kürze sollte ein dritter Matheturm in Angriff genommen werden. Nur konsequent, daß auch das neue Rechenzentrum wiederum an anderer Stelle neugebaut werden sollte. Wer heute durch das Naturwissenschaftliche Zentrum geht, kann über diese Planungseuphorie nur staunen – nichts von all dem ist verwirklicht worden.

Auch die große Institutsgruppe, die Ende 1979 nach einer neuen Planung fertig wurde, sollte Nachfolger haben – schließlich hieß sie ursprünglich Institutsgruppe „I". Und die Biologie war mit immer neuen standardisierten Bauten bis nach Gievenbeck hinein projektiert... Es wäre in der Tat ein gigantisch zubetonierter Naturwissenschaftlicher Campus geworden. Einige Ergänzungen sind inzwischen vorgesehen.

Die „Stadt" der Physiker, Chemiker und Mathematiker

Das Naturwissenschaftliche Zentrum vom Dach des Mathematikhochhauses gesehen: Im Vordergrund das Mensaparkhaus, dahinter links die Mensa II, halb verdeckt das Institut für angewandte Physik, dahinter mit rotem Dach das Institut für Mikrobiologie, rechts daneben das Institut für Kernphysik.

Das Mathematik-Hochhaus mit dem angeschlossenen Rechenzentrum an der „Ecke" des Naturwissenschaftlichen Zentrums.

Das Heizkraftwerk am Orléans-Ring ist seit Jahren an die zentrale Stadtheizung der Stadtwerke angeschlossen.

Der Künstler fixiert die Kosmologie im Stein – Kunst im Zentrum

Das Naturwissenschaftliche Zentrum vom Dach des Mathematikhochhauses gesehen: Vorn rechts die beiden Chemischen Institute, zum Ring hin die Organische Chemie, dahinter die Anorganische Chemie, vorn links die Biochemie, in der Mitte die große Institutsgruppe u. a. für Theoretische Physik und Planetologie, rechts im Hintergrund das Geologisch-Paläontologische Institut.

Kunst im Naturwissenschaftlichen Zentrum: Der Amerikaner Matt Mullican schuf diese Skulptur für die chemischen Institute. Es ist gleichsam eine Darstellung der Kosmologie.

Die Weltraumforscher wollen den Planeten Erde besser verstehen

Die Planetologen vor einem Rasterelektronenmikroskop: v.l. Privatdozent Dr. Alexander Deutsch, Dr. Wolfgang Klöck und Prof. Dr. Dieter Stöffler, sitzend Prof. Dr. Lutz (Addi) Bischoff.

Bild rechts: Landung eines Raumfahrzeugs auf der Oberfläche eines Kometenkerns zur Entnahme von Proben, wie es für die ESA/NASA-Mission „Rosetta" geplant ist.

Es ist eine wahrhaft himmlische Ehrung: Der Asteroid 4283 heißt seit November 1991 „Stöffler". Er gehört der Phocaea-Gruppe an, mißt etwa zehn Kilometer im Durchmesser und ist von der Sonne rund 35 Millionen Kilometer entfernt. Dieser Asteroid wurde 1952 erstmals festgestellt, aber erst in den späten 80ern vom amerikanischen Astronomen Shoemaker genau beobachtet und in seiner Bahn berechnet. Der US-Wissenschaftler vermutet, daß die Phocaea-Asteroiden sich zur Entstehungszeit der Erde, also vor 4,5 Milliarden Jahren, in der Umlaufbahn des neuen Planeten befanden.

Die Benennung nach Stöffler kommt nicht von ungefähr. Der münstersche Planetologe Dieter Stöffler hat in enger Zusammenarbeit mit seinen Kollegen Dozent Dr. Alexander Deutsch und Prof. Dr. Lutz Bischoff die Erforschung kosmischer Kollisionen zu einem seiner Hauptthemen gemacht: „Das Phänomen des Zusammenstoßes von Körpern aller Größen, ein höchst unsteter und dynamischer Prozeß, durchzieht wie ein roter Faden das Geschehen im Planetensystem." Stöffler bestimmte Temperaturen und Druckabläufe, wenn ein Asteroid oder Meteorit einen anderen Himmelskörper trifft. Am Beispiel des Nördlinger Ries stellte er eine solche Naturkatastrophe modellhaft dar: Mit ungeheurer Energie und unvorstellbarer Geschwindigkeit verformte vor 15 Millionen Jahren ein Meteorit bei Aufprall und Explosion die bis dahin wohl geschichteten Gesteine der Schwäbischen Alb („Prinzip der progressiven Stoßwellenmetamorphose"): Ein 25 Kilometer großer Krater war entstanden. Sein Erforscher Dieter Stöffler befindet sich mit 4283 in bester Gesellschaft – ein weiterer neuer Asteroid 4327 trägt den Namen „Ries".

Die Planetologie in Münster ist ein junges Fach; es verbindet Geowissenschaften mit Astronomie. Das Institut, das 1985 nach einer langen und schwierigen Genese, an deren Anfang Dieter Stöffler steht, gegründet wurde, ist bundesweit, ja in ganz Europa einzigartig. Es verfügt weder über Großsternwarte noch über Raumfahrtzentrum, leistet aber in der Forschung Vorbildliches: 1989 honorierte die Deutsche Forschungsgemeinschaft die engagierte Arbeit mit dem Leibniz-Preis und damit mit 3 Millionen Mark, die wiederum für die Arbeit im Institut bestimmt sind.

„Durch die Weltraumforschung lernen wir, den Planeten Erde besser zu verstehen", umreißt Prof. Dr. Dieter Stöffler, von Haus aus Mineraloge, mit einem Satz die Konzeption seines Instituts. Denn Planeten und Kometen liefern unverfälschte Informationen aus der Wiege des Sonnensystems, wofür die münsterschen Forscher einen Zeitsprung zurück um 4,5 Milliarden Jahre vollziehen müssen.

Das Traumziel ist, Kometenproben aus dem All auf die Erde zu holen. Ob jedoch eine solche Kometen-Mission der ESA, der European Space Agency, jemals startet, steht buchstäblich in den Sternen. Die vorbereitenden Arbeiten hat das Institut aber längst aufgenommen. In den Räumen der DLR in Köln, der Deutschen Forschungsanstalt für Luft- und Raumfahrt, werden Methoden für die Tieftemperaturanalytik entwickelt, mit denen die Kometenproben, hinfällige Gebilde aus Eisstaub und Schnee, bei Temperaturen von minus 80 Grad überhaupt untersucht werden können.

Planetologie: Informationen aus der Wiege des Sonnensystems

Die münsterschen Planetologen partizipieren auch an einem Projekt, das noch die alte Sowjetunion für die Mitte der 90er Jahre plante – eine Sonde sollte den Mars erreichen und auch auf ihm landen. Für diese Mission entwickelte die DLR eine Spezialkamera, an der Planetenphysiker Prof. Dr. Tilman Spohn maßgeblich beteiligt ist. Denn er lieferte die Angaben, nach denen die Bilddaten auch planetenphysikalisch interpretiert werden können, also gleichsam einen „Blick" ins unbekannte Marsinnere erlauben.

Das Institut kann aber auch ohne diese Vorstöße ins All arbeiten, in dem es sich, vor allem in der Arbeitsgruppe von Alexander Bischoff, auf die Erforschung der Meteoriten konzentriert – Sendboten aus dem Universum. Allein in der Schneewüste der Antarktis wurden in den letzten Jahren 10 000 solcher Funde, darunter Stücke von Mars und Mond, geborgen. Die Erde war in ihrer Vergangenheit einem regelrechten Bombardement größerer und kleinerer Himmelskörper ausgesetzt, 130 solcher Impakt(Einschlag)-Stellen sind inzwischen systematisch untersucht.

Die Erkenntnisse der Planetologen geben mitunter auch anderen Disziplinen überraschende Anstöße. Das rätselhafte Aussterben der Saurier vor 65 Millionen Jahren und der meisten anderen Lebewesen führen sie auf die Einschlagkatastrophe eines riesenhaften Asteroiden zurück, dessen Krater inzwischen vor der Halbinsel Yucatan geortet sein könnte. Die frei gesetzte Energie und die in die Stratosphäre gewirbelten Massen von Staub, Wasserdampf und Gesteinsdampf verursachten einen langdauernden künstlichen Winter, der das Leben auf der Erde nach relativ kurzer Zeit ersterben ließ. Stöffler: „Für diese Theorie gehen wir fast schon durchs Feuer."

Prof. Dr. Tilman Spohn ist der Physiker im Team der Planetologen.

Er steht im Mittelpunkt des Interesses: Der Mars, über die Oberfläche des von Kratern übersäten Marsmondes Phobos hinweg gesehen.

Physikalische Glaziologie: Das Eis, das aus der Eiszeit kommt

Eine typische Eisoberfläche in Grönland. Für die Flugzeuge müssen die Pisten stets neu hergerichtet werden.

Prof. Dr. Franz Thyssen, Leiter der Forschungsstelle für Physikalische Glaziologie.

Eis aus der Eiszeit ist für Prof. Dr. Franz Thyssen ein ganz besonderer Stoff – „es ist weicher als neueres Eis, enthält auch andere Spurenstoffe". Wo man es „beziehen" kann? Buchstäblich im Innern Grönlands, in das sich die Bohrer zweier Forschungsgruppen, einer amerikanischen und einer europäischen, hineingearbeitet haben. Die Bohrkerne sind für die Wissenschaftler von unschätzbarem Wert, enthalten sie doch praktisch die Klimadaten aus Tausenden von Jahren – sie sind gleichsam der eingefrorene Wetterdienst von vorvorgestern. Klimaforschung steht denn auch für den Geophysiker und Glaziologen Thyssen im Vordergrund, wenn es um den Sinn aufwendiger Polarexpeditionen geht. Über Rechnerprogramme hoffen die Wissenschaftler, Vorhersagemodelle für die zukünftige Klimaentwicklung zu gewinnen.

Polarforschung hat in Münster Tradition. Es war Bernhard Brockamp, der in Münster den Lehrstuhl für Geophysik mit dem Schwerpunkt Polarforschung einrichtete. Brockamp hatte Alfred Wegener 1930 auf der letzten Grönlandexpedition begleitet, bei der Wegener den Tod fand. Franz Thyssen wiederum ist ein Schüler von Brockamp. Seine Habilitation fußt auf den Ergebnissen einer Grönlandexpedition von 1967.

Seit den 70er Jahren beteiligten sich münstersche Pioniere, Dr. Heinz Kohnen zum Beispiel, an Forschungen anderer Länder in der Antarktis. Anfang der 80er Jahre, nachdem in Bremerhaven das Alfred-Wegener-Institut für Polarforschung (Kohnen ist hier als Direktor für die Logistik zuständig) gegründet worden war, wurde in Münster die „Forschungsstelle für physikalische Glaziologie" eingerichtet. Münster besitzt bundesweit den einzigen Lehrstuhl für Glaziologie, internationale Zusammenarbeit ist selbstverständlich.

Der münstersche Beitrag zum Bohrprogramm auf Grönland: Die Wissenschaftler „verbinden" beide Bohrungen, die etwa 30 Kilometer auseinanderliegen, mit Meßprofilen bis etwa 800 Kilometer im Umkreis miteinander, indem sie mit einem elektromagnetischen Verfahren in das Eis „hineinschauen", Horizonte abbilden. Das heißt in der Praxis, daß die Gruppe der Doktoranden im kurzen arktischen Sommer – natürlich nicht mehr mit Hundeschlitten, sondern mit modernen Fahrzeugen über das Eis fährt, kontinuierlich von Meßpunkt zu Meßpunkt, die Daten sammelt, die dann in den Instituten ausgewertet werden.

Das Alter des grönländischen Eises – an der mächtigsten Stelle rund 3400 Meter – schätzt Thyssen auf etwa 150 000 bis 250 000 Jahre. Die Schwierigkeit der Auswertung wächst, je tiefer der Bohrer gelangt, weil die Schichten immer dichter zusammengepreßt, praktisch nicht mehr zu trennen sind.

Grönländischer Bohrkern als gefrorene Wettergeschichte

Trotz modernster Technik – der Einsatz im Eis verlangt auch heute von den Wissenschaftlern einen Schuß Abenteuerlust.

Dieser Bohrkern stellt gleichsam eine gefrorene Wettergeschichte dar. Er läßt den CO_2-Gehalt ebenso ablesen wie die Temperatur, enthält Kalkstaub aus einer Zeit, als die Weltmeere während der Eiszeit trokken gefallen waren, ferner kosmische Partikel (denn alle Bestandteile der Luft sind mit dem Niederschlag im Eis konserviert) sowie besondere Ereignisse der Erdgeschichte, beispielsweise die Vulkankatastrophe von Santorin um die Mitte des zweiten vorchristlichen Jahrtausends oder den Ausbruch des Krakatau 1883. Die Daten, die mit den grönländischen Bohrungen gewonnen werden, erfahren eine besondere Aussagekraft durch den Vergleich mit den Daten ähnlicher Bohrungen in der Antarktis, die seit Jahren laufen.

Für Franz Thyssen stellt dieses Eis aus der Eiszeit einen ausgesprochenen „Glücksfall" dar, können dadurch doch indirekt langfristige Klimaabläufe – das ist so eine Art „Eiskalender" – gewonnen werden, beispielsweise Aussagen über Schwankungen des CO_2-Gehaltes der Luft, die eines Tages Vorhersagen über künftige Entwicklungen ermöglichen. Erfolgt diese Auswertung im Institut, im Labor, am Computer, so erfordert die Gewinnung der Daten trotz modernster Technik immer noch außerordentliches Engagement der Wissenschaftler und zumindest beim ersten Vorstoß ins ewige Eis auch eine gehörige Portion Abenteuerlust auf den Spuren der Polar-Pioniere, von denen viele mit dem Leben bezahlen mußten.

Wenn der Satellit meldet, ob die Gerste richtig steht

Das erste Luftbild eröffnete der Welt ungeahnte Perspektiven. Um ein Vielfaches potenziert haben sich diese im Satellitenzeitalter, denn die Fernerkundung macht auch Unsichtbares sichtbar. Erderkundungssatelliten können verschiedenste Strahlungsinformationen erfassen und zu digitalen Bildern zusammensetzen: zu Bildern aus Zahlen, die man jedoch bildlich darstellen kann und die sich – was weit wichtiger ist – mathematisch und statistisch untersuchen lassen. Die anwendungsorientierte Auswertung solcher Satellitenbilder beschäftigt seit Jahren Hilfskräfte, Diplomanden und Doktoranden der Arbeitsgruppe Umwelt-Informationssysteme unter der Leitung des Geographieprofessors Dr. Ulrich Streit.

Verwendung finden die Satellitendaten in erster Linie als Lieferant für Umwelt-Informationssysteme. Diese umfassen ein breites Feld von Daten zu einem jeweiligen Raum: Informationen über Boden, Niederschlag, Vegetation oder auch Landnutzung. In Beziehung zueinander gesetzt, stellen sie alle notwendigen Informationen für den Schutz der Umwelt und für ihre Überwachung, das sogenante Monitoring.

„Wenn man ein Umwelt-Informationssystem mit Satellitendaten speist, so hat dies einen großen Vorteil", erläutert Streit, dem es wichtig ist, seine Studenten an neue Techniken heranzuführen. „Die Fernerkundung ermöglicht zum selben Zeitpunkt eine flächendeckende Erfassung großer Räume und kann zum Beispiel Auskunft geben über den Zustand der Laubwälder im gesamten Münsterland. Zudem werden die kompletten Informationen in regelmäßigen Abständen immer wieder erfaßt, so daß sich Entwicklungen über einen längeren Zeitraum hervorragend verfolgen lassen."

Hauptlieferant von Informationen ist für Streits Arbeitsgruppe LandSat ein amerikanischer Satellit, der in Spiralbahnen die Erde umkreist und alle 16 Tage in 705 Kilometern Höhe auch über Münster fliegt. Ganze 100 Minuten braucht er für eine Umrundung des Globus. Dabei sammelt er unaufhörlich Strahlungsinformationen – anders als andere Erkundungssatelliten auf sieben verschiedenen Kanälen: im Bereich des sichtbaren Lichts, des nahen und mittleren Infrarotlichtes sowie des thermischen Infrarots.

Ursprung aller Strahlung ist die Sonne. Wo auch immer sie auf die Erde trifft, wird sie unterschiedlich reflektiert oder absorbiert. So geben von Schädlingen befallene Weizenfelder eine andere Strahlung ab als gesundes Grün. Diese elektromagnetischen Strahlen, die ein Mensch mit bloßem Auge nicht wahrnehmen kann, werden im infraroten Bereich vom Scanner-System des Satelliten aufgenommen. So lassen sich dann beispielsweise Aufschlüsse über den Wasserhaushalt oder den Chlorophyllgehalt von Pflanzen gewinnen. Genauso werden auch Zahlenwerte für Temperatur, Warm- und Kaltluftströme ermittelt.

Zwei Stationen in Italien und in Schweden empfangen das gesammelte Datenmaterial und verkaufen einzelne Aufnahmen, sogenannte Szenen, für jeweils etwa 7000 Mark an interessierte Kunden. Auf großen Magnetbändern erreicht das bestellte Material auch das Geographische Institut. Eine Szene umfaßt jeweils ein 185 Quadratkilometer großes Gebiet; das kleinste Pixel („picture element"), für das jeweils ein entsprechender Wert ermittelt wird, beträgt beim LandSat 30 mal 30 Meter. „Eine Aufnahme umfaßt rund 300 Millionen Einzelinformationen", erläutert Karl Wiesmann, der nicht nur Geograph, sondern auch Mathematiker ist.

Prof. Dr. Ulrich Streit (im Hintergrund) erörtert mit Studenten ein Computerbild

Umwelt-Informationssystem: Bilder aus dem Computer

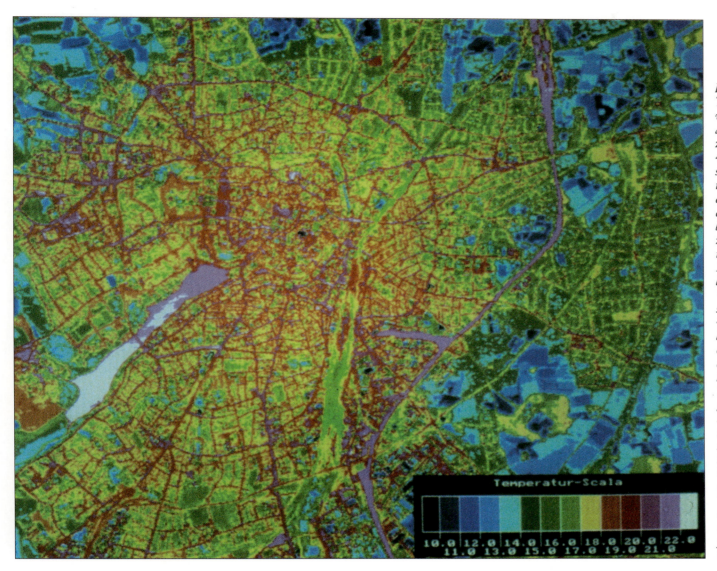

Eine Infrarot-Thermalaufnahme von Münster, gemacht am 3. August 1990 zwischen 3.30 und 4.30 Uhr. Die registrierten Strahlungstemperaturen zeigen das thermische Muster des inneren Stadtgebietes von Münster zum Zeitpunkt der intensivsten Abkühlung. Deutlich treten die bebauten Areale als Wärmeinseln in Erscheinung, die sich von den kühleren unbebauten Freilandflächen abgrenzen. Mit einem vergleichsweise hohen nächtlichen Temperaturniveau gibt sich der Aasee im Südwesten zu erkennen. Straßen heben sich als warme linienhafte Strukturen ab, kühle Flächen sind in der Regel an Wiesen, Weiden und Ackerflächen gebunden. Warm sind dagegen die Oberflächen der Wälder und Baumgruppen.

„Die stecken wir dann einfach in den Rechner, und schon kann damit gearbeitet werden."

Was so „einfach" klingt, gestaltet sich in Wirklichkeit um einiges komplizierter. Denn Wiesmann und zwei weitere Mitarbeiter, Peter Kempa und Stefan Bender, entwickelten die Software für ein eigenständiges digitales Bildverarbeitungssystem, das auf jedem grafikfähigen IBM-kompatiblen Computer einsetzbar ist.

Für die Landwirtschaftskammer untersuchte Streits Arbeitsgruppe die Landnutzung im südlichen Münsterland. Der Satellit erfaßte die verschiedenen Strahlungen der Waldarten und Anbauprodukte; die jungen Wissenschaftler setzten ihrerseits die gelieferten Zahleninformationen in Karten um. Fernerkundung macht das Kartieren vor Ort nicht überflüssig – doch Streits Studenten und Mitarbeiter gehen nur noch ins Gelände, um ausgewählte Stellen zu kartieren, damit sie den ermittelten Werten und zugewiesenen Farben die richtige Bedeutung beiordnen können, ob Gerste, Weizen oder Hafer.

Bis vor wenigen Jahren noch konnte man Satellitendaten nur auf Großrechnern auswerten, wobei kommerzielle Anbieter die entsprechenden Programme zu horrenden Preisen verkaufen. Mit dem am Geographischen Institut entwickelten Programm wird heute auch auswärts gearbeitet. In Verbindung mit Kooperationsprojekten haben unter anderem der Landschaftsverband Rheinland und das Umweltamt der Stadt Neuss dieses System übernommen. Nach erfolgreicher Vorstellung des in Münster entwickelten Bildverarbeitungssystems auf der Fachmesse Geotechnica 1991 wird es nun an mehreren in- und ausländischen Universitäten für Forschung und Lehre eingesetzt.

Friedrich Strauch: Geowissenschaften müssen für Lebensraum der Zukunft sorgen

Prof. Dr. Friedrich Strauch, Paläontologe und Geologe, Präsident der renommierten Alfred-Wegener-Stiftung.

Wir leben in einer Zeit des Umbruchs, des Umbruchs in vielfältiger Weise. Hochtechnologie schafft neue, ungeahnte Möglichkeiten, soziale und politische Strukturen wanken, Ideologien gruppieren sich neu. Die materiellen und sozialen Lebensbedingungen ändern sich weltweit und gereichen dabei nur einem kleinen Teil der Menschheit zum scheinbar Positiven.

Denn der Mensch verändert nicht nur die Sozialstruktur, er ändert auch die Umwelt. Mit den epochalen Erkenntnissen der Physik, Chemie, Biologie und Medizin konnte man sich die Erde „untertan" machen. Es war jedoch ein fataler Fehler im Ansatz. Der Mensch steht nicht als Beobachter und Nutzer außerhalb des Gesamtsystems Erde – wir sind vielmehr integrierter Teil der Ökosysteme unseres Planeten.

Wir haben lange die Erde als unerschöpflichen Rohstofflieferanten und scheinbar unverletzbaren Lebensraum verkannt. Doch begreifen wir allmählich, daß wir uns mit unserem Wirken in die natürlichen Prozesse und Abläufe unseres Planeten einfügen müssen, wenn wir die Existenz und den Lebensraum zukünftiger Generationen auf unserer Erde sicherstellen wollen.

Den Geowissenschaften kommt in Fragen der Erhaltung unserer Umwelt also eine besondere Aufgabe zu. Bislang standen die Wissenschaften der festen Erde nur dann im Brennpunkt des Interesses, wenn es darum ging, einer meist kleinen Gruppe der Menschheit neue Rohstoffvorkommen – vom Erz über Brennstofflagerstätten bis hin zum Wasser – zu erschließen. Anlaß für einen Meinungswandel waren Ereignisse wie schleichende lokale oder überregionale Umweltvergiftungen, der „Ölschock", drohende Naturkatastrophen oder die Bevölkerungsexplosion.

Galten Disziplinen wie Mineralogie, Geologie, Paläontologie u. a. lange Zeit vielen als Steckenpferd von einigen Orchideenwissenschaftlern, deren Erkenntnisse scheinbar ohne Relevanz für den Alltag des modernen Menschen waren, änderte sich diese Haltung, als sich zeigte, daß man nicht schad- und straflos seinen Planeten nur zum Nutzen einiger weniger Generationen ausplündern darf.

Aus dieser Bewußtseinsänderung erwuchsen uns, den Geowissenschaftlern, besondere Verpflichtungen, die wir ernst zu nehmen haben. Und tatsächlich werden nationale (z. B. Alfred-Wegener-Stiftung, interdisziplinäres integratives Dach aller Geowissenschaften) und internationale Initiativen (z. B. die UNEP) und Programme auf den Weg gebracht.

Die Systeme der festen Erde, des Wasser- und des Luftkörpers wie der Biosphäre sind in ihren Wechselwirkungen außerordentlich komplexe Systeme, deren Prozesse und Kreisläufe nur unvollkommen oder kaum bekannt sind. Die angesprochenen Disziplinen haben diese einschließlich ihrer Synergien in den irdischen Ökosystemen zu erfassen. Weiter ergeben sich Fragen nach natürlichen und anthropogenen Veränderungen in der Geo-Biosphäre und nach den Möglichkeiten, beide zu trennen. Ein dritter Fragenkomplex behandelt die zeitlichen Dimensionen, in denen sich anthropogen erzeugte Schäden auswirken, und welche Zeiträume das System braucht, um wieder in einen Gleichgewichtszustand zu kommen, und wie sich solche einstellen. Doch daraus ergibt sich gleich eine vierte Fragengruppe: Wie können solche Gleichgewichte aussehen, gibt es Beispiele aus der erdgeschichtlichen Vergangenheit, ja, was können wir überhaupt aus der Erdgeschichte lernen?

Bei nahezu allen genannten Fragenkomplexen können die geohistorisch arbeitenden Disziplinen aus ihren Erfahrungen Antworten oder Lösungsansätze für zu suchende Antworten geben. Hier setzt beispielsweise die Arbeitsgruppe des Lehrstuhles für Paläontologie an der Westfälischen Wilhelms-Universität ein, einer Disziplin, die an der Nahtstelle zwischen geosphärischen und biosphärischen Wissenschaften beide Gruppen miteinander verbindet. Unsere Ökosysteme, vor allem unsere Lebensgemeinschaften, Grundlage für unsere Ernährung wie auch unsere Existenz überhaupt, sind nur aus ihrer Geschichte verständlich.

Wenn wir ihr Gestern kennen, können wir Aussagen über ihre Zukunft, über ihre Situation morgen treffen. Die Paläontologie kann so zu einer prognostischen Disziplin von eminenter Bedeutung werden, wenn sie zeigen kann, wie Organismenkollektive auf Umweltänderungen, seien sie langsam, allmählich oder plötzlich als Katastrophen hereingebrochen, reagiert haben (Paläoimpaktforschung).

Neben reiner Evolutionsforschung und Arbeiten über die Entwicklungsgeschichte von heute modernen Lebensgemeinschaften werden am Lehrstuhl für Paläontologie wichtige Untersuchungen zu Rekonstruktionen der früheren Umweltbedingungen, vor allem der Klimaverläufe in den letzten 30 Millionen Jahren und deren Ursache durchgeführt, wenn auch dieses unter den derzeitigen Arbeitsbedingungen an der Universität Münster nicht problemlos ist.

Das wissenschaftliche Potential ist hierzu an der Universität Münster gegeben vor allem mit den Instituten für Geophysik, Mineralogie, Geologie und Paläontologie. Die Wissenschaftler dieser Einrichtungen sind sich ihrer Verantwortung bewußt.

Faszinierend: Gibt es künftig Kunststoffe aus Sonnenblumen und Raps?

Ein ungewöhnliches Bild in einem Buch über die Universität Münster – ein blühendes Rapsfeld. Rapsöl kann jedoch eines Tages Grundlage sein für die Herstellung von Kunststoffen. In dem Hochschulverbund „Fettchemie" wird daran gearbeitet.

Nachwachsende Rohstoffe – das klingt faszinierend, aber nicht mehr nach Märchen: Auch in Münster wird intensive Grundlagenforschung betrieben, um pflanzliche Fette als Grundlagen für Produkte zu gewinnen, für die heute noch Erdöl herhalten muß. Kunststoff aus Raps oder Sonnenblumen – für Prof. Dr. Hans-J. Schäfer vom Organisch-Chemischen Institut ist das keine Utopie. Zusammen mit sieben weiteren deutschen Hochschulen arbeitet er an dem Projekt „Fettchemie", das vom Bundesministerium für Forschung und Technologie gefördert wird.

Fast die gesamte Chemieindustrie basiert heute auf Erdöl, fast 95 Prozent aller ihrer Produkte haben eine petrochemische Grundlage. Dabei weiß jeder, daß der Rohstoff Erdöl nicht beliebig lange verfügbar ist. Chemiker, Biochemiker und Biotechnologen untersuchen deshalb die Verwendung von natürlichen Fetten und Pflanzenölen als Rohstoffe für die Industrie.

Erdöl und Ölfrüchte miteinander zu vergleichen, ist gar nicht so abwegig, denn beide sind chemisch ähnlich aufgebaut. Ziel ist es, die molekularen Verbindungen der Pflanzenfette so zu verändern, daß sie dieselben Eigenschaften erhalten wie aus Erdöl gewonnenen Stoffe. Dabei ist die Chemie der Kohlenstoffkette in den Fetten bislang wenig untersucht, diesem Problem hat sich Prof. Schäfer letztens gewidmet.

Als Biochemiker befaßt sich Prof. Dr. Friedrich Spener ebenfalls mit „nachwachsenden Rohstoffen": Er wirkt im Forschungsverbund „Biotechnologie für die Züchtung von Industrieraps" mit. Das Institut für Biochemie und das Institut für Chemo- und Biosensorik arbeiten dabei eng mit dem Kölner Max-Planck-Institut für Züchtungsforschungen zusammen.

Prof. Dr. Hans-J. Schäfer vom Organisch-Chemischen Institut neben einem Elektrolysegerät, das zum Aufbau neuer Verbindungen genutzt wird.

VOM: Aus dem Forschungslabor direkt in die industrielle Anwendung

Der Faszination der Technik erliegt der Laie beim Anblick dieser verwirrenden Untersuchungsapparaturen im VOM, im Verbundzentrum für Oberflächen- und Mikrobereichsanalyse.

Die Lamellen-Vorhänge an den Fenstern lassen nur wenig Licht in den Raum. Chromblitzende Großgeräte stehen dicht aneinandergedrängt, verbunden mit Spiralkabeln. Auf Computerbildschirmen leuchten Bilder, mit denen der Laie nichts anzufangen weiß. Dazwischen sitzt, fast wie ein Störfaktor – ein Mensch. Er ist Physiker. Ohne ihn würde keine sinnvolle Untersuchung zustande kommen in dieser Einrichtung, deren Name eher für Verwirrung sorgt: das Verbundzentrum für Oberflächen- und Mikrobereichsanalyse – von Insidern kurz VOM genannt. „Was wir hier machen", versucht der Mensch zwischen den Geräten sein Tun auf einen kurzen Nenner zu bringen, „kommt dem Versuch gleich, von einem Flugzeug aus in den Straßen von New York nach einem Fünf-Mark-Stück zu suchen."

Die Geräte selbst sind Super-Mikroskope der Spitzenklasse – „Massenspektrometer". Groß, teuer, kompliziert, nur von Experten zu bedienen. Oberflächlich sind die Untersuchungen des Oberflächen-Analyse-Zentrums, zu dem sich die Universitäten Münster und Düsseldorf zusammengeschlossen haben, aber keineswegs.

Die Menschen an den Geräten sind Physiker, Biologen, Chemiker und Mediziner. Sie wissen, daß sie über den Tellerrand ihrer wissenschaftlichen Haus-Disziplin hinausschauen müssen und erst im interdisziplinären Verbund jene Probleme lösen können, mit denen viele wirtschaftliche Unternehmen mit Blick auf ihre Wettbewerbsfähigkeit zu tun haben.

Das Verbundzentrum selbst ist ein fachübergreifendes Service-Unternehmen. Es richtet sich besonders an kleine und mittelständische Betriebe der Wirtschaft, für die wegen der hohen Investitionskosten die Geräte und Experten oftmals nicht bezahlbar sind. Denn eines haben viele Produkte gerade im Bereich der Hochtechnologie gemeinsam: Sie sind in ihrer Produktions- und damit auch in ihrer Konkurrenzfähigkeit abhängig von bestimmten Materialeigenschaften im Oberflächen-, Grenzflächen- und Dünnschichtenbereich. Das gilt für Kameraobjektive und Laserspiegel ebenso wie für künstliche Hüftgelenke und Herzklappen, für Magnetplatten, Videospeicher oder für reibungs- und verschleißartige mechanische Bauteile.

Die Einrichtung selbst ist dabei gleich in mehreren Punkten etwas Besonderes. Die Universität Münster öffnet sich in Kooperation mit der Universität Düsseldorf mit ihrem Know-how und ihren Experten der freien Wirtschaft. Ein Weg also, der auch heute noch keineswegs selbstverständlich ist. Dabei macht sie dies im Bereich der Oberflächen- und Mikrobereichsanalyse auf einem Sektor, der bundesweit einmalig sein dürfte und möglicherweise zu einer Schlüsseltechnologie für die weltweite wirtschaftliche Entwicklung werden kann.

Die Problemstellung ist oftmals dieselbe, wenn es darum geht, die chemische Zusammensetzung von offenbar verunreinigtem Regenwasser zu klären, die Schnitte einer „Staublunge" zu untersuchen, wenn bei der Herstellung von Fensterscheiben plötzlich Bläschen zwischen Glas und Beschichtung auftreten oder eine ganze Autoserie schnell zu rosten beginnt. Denn für die Überwachung und die gezielte Einstellung von Oberflächeneigenschaften sind aufwendige analytische Techniken erforderlich, Techniken, die in der Lage sind, Schichten mit der Dicke von weniger als einem Millionstel Millimeter zu bestimmen. Und die zugleich Stoffmengen im Bereich von Billionstel und Trillionstel Gramm noch nachweisen können – vergleichbar eben mit der Suche nach einem Fünf-Mark-Stück vom Flugzeug aus.

Vom Gallenstein bis zur Kohle – das Mineralogische Museum zeigt alles

In zahlreichen Vitrinen wird eine Übersicht über die wichtigsten Mineralien dargeboten.

Es ist bei Münsteranern beliebter als bei Studenten, das Mineralogische Museum der Universität an der Hüfferstraße, genauso alt wie das Geologisch-Paläontologische, denn beide Museen gingen aus dem 1824 gegründeten Urahn „Museum mineralogicum et zoologicum" hervor.

Das Mineralogische, 1862 selbständig geworden, bietet eine lückenlose Übersicht über die Reiche der Welt der Steine und Kristalle. Dabei hatte nach dem Kriege die Sammlung komplett neu aufgebaut werden müssen. Selbst Fensterbänke, Treppenstufen und Fußböden in dem 1963 fertiggestellten Neubau dienen als Ausstellungsstücke – alles ist auf Steine eingestellt. Eher ins Kuriositätenkabinett gehören die Biokristalle, also Gallensteine oder auch der Magenstein eines Pferdes.

Besucher interessieren sich zumeist für die leuchtenden Edelsteine, wohl verschlossen wie alle anderen Ausstellungsstücke auch in Vitrinen. Denn Kohle beispielsweise ist kaum attraktiv darzustellen; hier beginnt eher das (Zwangs-)Interesse der Studenten. Die Bestimmung der Gesteine zu lernen, ist für jeden Geologen Pflicht.

Der Amethyst, ein besonders prächtiger Halbedelstein im Mineralogischen Museum, hat wie viele andere Steine eine mythische Bedeutung. Wörtlich übersetzt bedeutet der Name „nicht trunken", weshalb man früher annahm, daß Gläser aus Amethyst eine Trunkenheit wohl verhindern könnten.

Der Saurier, der nach 90 Millionen Jahren aus dem Ton gebuddelt wurde

Die Knochenfunde in einem Steinbruch bei Brilon reichten, um das Skelett des Iguanodon rekonstruieren zu können. Ein zweites Skelett ist in Brilon zu bewundern.

Das Geologisch-Paläontologische Museum an der Pferdegasse bietet eine reiche Sammlung von Korallen. Korallen – das sind die größten Baumeister der Erde.

Die Entdeckung münsterscher Paläontologen ging 1980 als kleine Sensation durch den Blätterwald: In einem verlassenen Steinbruch in Nehden bei Brilon hatten sie Knochen von Sauriern freigelegt, von Iguanodons, die bislang nur aus dem belgischen Bernissart bekannt waren. Die Reste der vor etwa 90 Millionen Jahren zu Grunde gegangenen Riesenechsen mußten mühsam aus dem zähklebrigen Ton geborgen, gereinigt, präpariert werden, bevor sie dem staunenden Publikum präsentiert wurden. Das eiszeitliche Mammut, attraktiver Blickfang im Geologisch-Paläontologischen Museum an der Pferdegasse, hatte Konkurrenz bekommen.

Der Höhenflug der Forscher währte allerdings nur kurze Zeit: Geldmangel vereitelte eine systematische Sondierung, obschon an dieser Fundstelle nahezu eine komplette Saurierherde vermutet wurde. Immerhin reichten die Funde – rund 1 200 Knochen wurden geborgen –, das Skelett des Iguanodons neu zu rekon-

Amerikaner boten 50 000 Dollar für das Mammut aus der Eiszeit

Das Mammut ist unübersehbarer Blickfang im Geologisch-Paläontologischen Museum.

struieren: Der Saurier wurde im Gegensatz zu bisherigen Annahmen wieder auf seine vier Beine gestellt. Allerdings blieb diese Grabung innerhalb des universitären Wissenschaftsbetriebes eher eine Marginalie.

Zu bewundern ist dieses „Urviech" in der reichen Schausammlung des Universitätsmuseums, ein zweites Exemplar steht im Museum des sauerländischen Brilon. Für das mit dem Gründungsjahr 1824 älteste Museum Westfalens ist das ein zusätzlicher Publikumsmagnet.

Das Mammut, das 1910 in einer Tongrube bei Ahlen zum zweiten Mal das Licht der Welt erblickte, ist längst zum Wahrzeichen des Museums geworden. Schon damals wußten Amerikaner auch den materiellen Wert zu schätzen: Sie boten 50 000 Dollar für das vollständig erhaltene Skelett, mit fünfeinhalb Metern Länge und drei Metern Höhe ein wahrer (obschon nicht ausgewachsener) Koloß. Die riesenhaften Knochen überstanden die Kriegszerstörungen und wurden dann von Professor Paul Siegfried neu zusammengefügt. Auf eines sind die Wissenschaftler dabei besonders stolz: Dieses etwa 25 000 Jahre alte Skelett ist das einzige in Westeuropa, das nur von einem Individuum stammt. 1956 konnte Siegfried das Museum nach dem Wiederaufbau der ehemaligen Landsbergschen Kurie wieder eröffnen.

Was Kustos Dr. Klemens Oekentorp im Geologisch-Paläontologischen Museum zu bieten hat, ist im wahrsten Sinne anschaulich: urweltliche Tiere wie Wollnashorn oder Höhlenbär, Versteinerungen von Fischen und Pflanzen, Ammoniten und Donnerkeile, die viele Besucher selbst schon mal gefunden haben. Rekonstruktionen, Zeichnungen und Schautafeln erläutern die Erdgeschichte. Viele der Ausstellungsstücke der Schausammlung stammen dabei aus Westfalen. Die Sammlung wird durch Schenkungen und neue Funde ständig erweitert – in den Kellergewölben lagert auf Jahre hinaus Material für manche Dissertation.

Wo betörende Lavendeldüfte und frische Minzengerüche ziehen

Der Versuchsgarten des Instituts für Pharmazeutische Biologie und Phytochemie – eine Idylle, die allein der Ausbildung der Studenten und der Wissenschaft dient. Dieser Versuchsgarten ist in Deutschland einzigartig.

Diese Idylle innerhalb des Naturwissenschaftlichen Zentrums ist kein Luxus, sondern zweckgebunden: Im Versuchsgarten des Instituts für Pharmazeutische Biologie und Phytochemie wachsen Heilpflanzen und Gifte – die Grundlagen vieler Arzneien. Angehende Pharmazeuten lernen hier die Vielfalt der Heilpflanzen von Grund auf kennen – in Deutschland eine einzigartige Einrichtung. Die ihren Ursprung in der mangelhaften Versorgung der Bevölkerung im Zweiten Weltkrieg hat.

1941 legte die Apothekerschaft diesen Versuchsgarten in einer ehemaligen Gärtnerei hinter dem Schloßgarten an. 1947 übernahm die Universität den Pachtvertrag und sorgte für Kontinuität.

Das Lernen im Versuchsgarten geschieht häufig auch über die Nase – Wohlgerüche sind die Kennzeichen der verschiedenen Pflanzen, Lavendeldüfte und Salbeiaromen ziehen über die Beete oder auch frische Minzendüfte. Für viele der jungen Studenten ist es ein harter Weg, bis sie den Kriechenden Günsel oder den Gagelstrauch, den Stechapfel und die Tollkirsche oder die Alraune unterscheiden und bestimmen können. Vorkenntnisse sind zumeist gering.

Wobei sich das Angebot nicht auf die Pflanzenpalette hiesiger Breiten beschränkt, es sind Pflanzen aus allen Gegenden vertreten. Das geschieht über den Saatgutaustausch der Botanischen Gärten, manches ist auch Mitbringsel von Reisen. So sind hier solche Exoten zu bewundern wie die „Duboisia" aus Australien, die Seeleuten früher die berühmte Seekrankheit vertrieben hat (haben soll), eine Rhabarber-Art aus der Nähe von Kabul diente als Abführmittel, um nur wenige Beispiele zu nennen. Mehr als 500 Pflanzenarten sind hier auf 20 000 Quadratmetern vertreten – 0,1 bis 0,2 Prozent der gesamten Weltflora.

Die manchmal wundersame Wirkung der Heilpflanzen wird von den Phytochemikern objektiviert durch umfangreiche Analysen. Das Ergebnis ist oft, daß erst mehrere Wirkstoffe zusammen in einer Pflanze die heilsame Wirkung erzeugen. Einen kleinen Nachteil hat dieser Versuchsgarten: Er ist aufgrund des Personalmangels nicht der Öffentlichkeit zugängig.

Interdisziplinäre Zusammenarbeit und hochkomplizierte Versuchsanlagen

95

Prof. Dr. Alfred Benninghoven (rechts), Direktor des Physikalischen Instituts, mit einem amerikanischen Gast, dem analytischen Chemiker Prof. David Hercules aus Pittsburgh, am TOF-SIMS – am Flugzeit-Sekundärionen-Massenspektrometer.

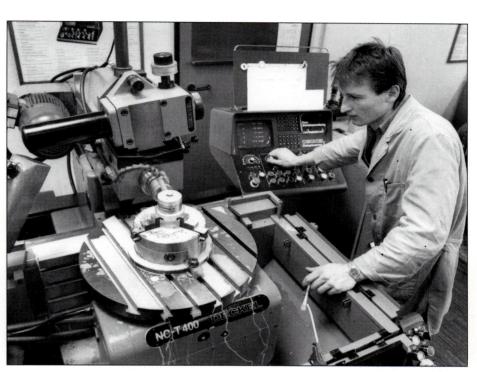

Mit von Computern gesteuerten Werkzeugmaschinen (CNC) werden in den Physikalischen Werkstätten der Universität die kompliziertesten Maschinen für die wissenschaftlichen Versuche gebaut, alles Unikate, die mit größter Präzision und Sorgfalt hergestellt werden müssen. Ein Fehler kann das Ergebnis eines langwierigen Versuchs zunichte machen.

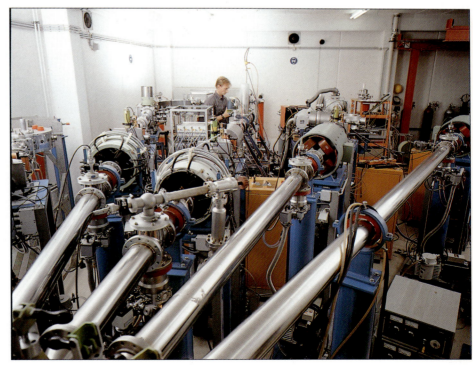

Der Mensch verschwindet nahezu in dieser Schwerionen-Beschleunigeranlage, die sowohl zur Untersuchung von Kernreaktionen als auch zur Analyse von Festkörperoberflächen dient. – Links ein älteres Modell, aber noch im Einsatz: Ein Flugzeitmassenspektrometer.

„Heinzelmännchen" der Meßtechnik: Forschungsverbund für die Biosensorik

Prof. Dr. Dr. Karl Cammann ist der eigentliche Initiator des Forschungsverbundes Biosensorik.

Prof. Dr. Friedrich Spener leitet den Bereich Biotechnologie und Biomedizinische Technologie.

Prof. Dr. Meinhard Knoll von der Fachhochschule Münster (Abteilung Steinfurt) leitet den Bereich Mikroelektronik.

Sie sind der Natur abgeguckt, die kleinen Biosensoren, mit denen man künftig nahezu alles in Sekundenschnelle messen kann – vom Fett im Blut über den Sprengstoff bei Flughafenkontrollen bis zur Verunreinigung in Gewässern. „Heinzelmännchen" der modernen Meß- und Regeltechnik sagt Prof. Dr. Dr. Karl Cammann, Chemiker und eigentlicher Initiator des Forschungsinstituts, der 1987 den Technologie-Transfer-Preis des Bundesbildungsministeriums erhalten hatte. Die Biosensoren ersetzen mit einfachsten Mitteln aufwendigste Maschinen. Nur – bis es soweit ist, muß intensiv gearbeitet werden. Das münstersche „Institut für Chemo-Biosensorik" (ICB) ist dabei bundesweit führend.

Wie bei vielem Neuen war der Reifeprozeß des Instituts kompliziert. Die GmbH, die mit Hilfe von Unternehmen als Träger des Instituts ursprünglich konzipiert war, fand keine Zustimmung bei der EG-Kommission. Statt dessen fanden sich mehrere Institutionen in einem Trägerverein zusammen, und zwar Stadt, Universität, Industrie- und Handelskammer, Landwirtschaftskammer, Technologiehof, der Vorstand des Instituts und mehrere interessierte Unternehmen. In die Planung des Instituts wurde das Fraunhofer-Management eingeschaltet, mit diesem Zuschnitt paßt das Institut nahtlos in die Reihe der rund 40 Fraunhofer-Institute.

Um Größe und Kosten des Instituts mußte hart mit dem Land gerungen werden – nach dem Motto: Wie groß und teuer darf ein Forschungsinstitut sein? Schließlich wurde ein Kompromiß gefunden, nach dem das Land für Bau und Erstausstattung mit Geräten eine bestimmte Summe stellt, der Rest muß über Drittmittel finanziert werden. Der Neubau neben dem Technologiehof soll Ende 1994 bezogen werden.

Diese Sensortechnik ist ohne die Zusammenarbeit von Spezialisten nicht denkbar. Und dieses interdisziplinäre Konzept, das dem Institut zugrunde liegt, ist in dieser Breite weltweit einzigartig. Die Liste der ausgewiesenen Spezialisten reicht von B bis W – von Prof. Dr. Wolfgang Barz (Biochemie der Pflanzenzellen), Prof. Dr. Alfred Benninghoven (Oberflächenphysik), Prof. Dr. Karl Cammann (Analytische Chemie und Sensorik), Prof. Dr. Joseph Grobe (Silizium-Chemie), Prof. Dr. Franz Hillenkamp (Medizinische Physik und Biomolekülanalytik), Prof. Dr. Meinhard Knoll (Halbleitertechnologie und Mikroelektronik an der Fachhochschule Münster), Prof. Dr. Bert Krebs (Bioanorganische Chemie), Prof. Dr. Axel Lezius (Molekularbiologie), Prof. Dr. Hans-Jürgen Rehm (Mikrobiologie), Prof. Dr. Gerd Schmitz (Klinische Chemie), Prof. Dr.

Der Größenvergleich macht es deutlich: Bei den Bio- und Chemosensoren ist auf kleinstem Raum alles zusammengepackt, wofür bislang aufwendige Meßapparaturen erforderlich waren.

Clemens Sorg (Immunologie), Prof. Dr. Friedrich Spener (Biochemie) bis zu Prof. Dr. Herbert Witzel (Biochemie).

1990 bereits gab das Bundesforschungsministerium einen Forschungsauftrag für Biosensorik in Höhe von fünf Millionen Mark nach Münster. Die Zukunftstechnologie wird Wirklichkeit. Ähnliches gibt es weltweit nur in Japan, England und in den USA.

Qualm, Knall und Gestank: Claus Brendel bei seiner Weihnachtsvorlesung

Hexenmeister Claus Brendel im Hörsaal – voller Bänke konnte er bei seiner Weihnachtsvorlesung stets gewiß sein.

Seine Vorlesung hielt er nur einmal im Jahr, als „Weihnachtsvorlesung" hatte sie schon Berühmtheit erlangt, entsprechend groß war der Andrang: Claus Brendel, der Hexenmeister der Alchimie, demonstrierte seinem dankbaren Publikum mittelalterliche Jahrmarkts-Hexerei, das Publikum applaudierte begeistert. 1991 demonstrierte er seine Künste auch auf dem Sommerfest der Universität im Schloß.

„Chemie ist, wenn es stinkt und knallt." Nach diesem alten Lehrsatz ließ er es im Hörsaal blitzen, knallen, dampfen und kräftig stinken, daß sogar die Fenster geöffnet werden mußten. Dem Volk im Mittelalter mußten diese Gaukeleien des fahrenden Volks als Zauberei erscheinen. Für den modernen Wissenschaftler keine Frage, er kennt die chemischen Zusammenhänge und verwandelt eine klare Flüssigkeit in eine rote und weiter in eine grüne, die schließlich wieder rot wird. Er macht aus Rotkohl Grünkohl und – das ist keine Hexerei – brennt schließlich auf dem Labortisch ein wahres Feuerwerk ab. Der Hustenreiz quält schließlich nicht nur Zuschauer, sondern auch den Magier selbst.

Im Dezember 1991 hielt Claus Brendel seine Abschiedsvorlesung, nach 40 Dienstjahren am Anorganisch-Chemischen Institut ging er in den Ruhestand. Sein Können und Wissen verdankt er dem unvergessenen Altmeister Prof. Dr. Wilhelm Klemm, der 1951 die Anorganische Chemie in Münster begründete.

Seine Abschiedsvorlesung war übrigens dem „Honigmet, Gerstensaft und anderen geistigen Getränken" gewidmet. Wobei der passionierte Alchimist seine chemischen Experimente nicht nur mit einem unterhaltsamen Ausflug in die Historie zu verbinden wußte, sondern auch mit philosophischen Gedanken: In vino veritas wandelte Brendel zu „in vino feritas" ab – im Wein liegt immer auch die Wildheit begraben. Selbstgebrautes und Selbstdestilliertes bot er dabei gern als Kostprobe an, mehr aber auch nicht.

Es besteht die berechtigte Aussicht, daß die Abschiedsvorlesung '91 nicht die letzte ihrer Art gewesen ist. Das Rektorat zeichnete Claus Brendel übrigens wegen seines pädagogischen Engagements für Schulklassen und bei Führungen mit der Ehrennadel der Universität aus.

Auszeichnung für die Universität: Nobelpreise, Förderpreise und Ehrungen

Seine größten Meriten hat er erworben, als er Münster schon den Rücken gekehrt hatte. Dennoch ist die Universität Münster stolz, mit Johannes Georg Bednorz den Nobelpreisträger von 1987 ausgebildet zu haben. Der 1950 in Neuenkirchen bei Rheine geborene Bednorz studierte in Münster Mineralogie und Kristallographie und erwarb 1976 sein Diplom. Er wechselte dann an die Eidgenössische Technische Hochschule Zürich, wo er im März 1982 promovierte, und ging 1982 zu einem Forschungslabor in Rüschlikon. Dort gelang ihm im März 1987 der wissenschaftliche Durchbruch: Für seine Entdeckung eines Stoffes, der bei Minus-Temperaturen von 238 Grad Celsius zum „Supraleiter" wird und elektrischen Strom ohne Widerstand leitet, erhielt Bednorz im selben Jahr zusammen mit dem Schweizer Prof. Karl Müller den Nobelpreis.

Nobelpreisträger Bednorz wurde in seiner Heimat vielfach geehrt, u. a. durch die Stadt Münster mit einem Empfang im Friedenssaal, wo er sich in das Goldene Buch eintrug. Hier im Gespräch mit Oberbürgermeister Dr. Jörg Twenhöven und Oberstadtdirektor Dr. Hermann Fechtrup.

Prof. Dr. Christopher Deninger, seit 1989 Lehrstuhlinhaber in Münster, erhielt im Januar 1992 den Leibniz-Förderpreis.

Christopher Deninger war gerade 30 Jahre alt, als er auf den Lehrstuhl für Mathematik an der Universität Münster berufen wurde – er war der jüngste unter 56 Bewerbern. Drei Jahre später wurde er mit dem Leibniz-Förderpreis der Deutschen Forschungsgemeinschaft ausgezeichnet, zusammen mit drei Mathematikern aus Bielefeld, Köln und Wuppertal. Die Preissumme in Höhe von drei Millionen Mark wurde unter den vier Wissenschaftlern geteilt.

Deninger stammt aus Frankfurt, studierte und promovierte in Köln, begann seine wissenschaftliche Laufbahn an der Universität Regensburg. Dort habilitierte er sich 1988 mit einer Arbeit, die während eines viermonatigen Forschungsaufenthalts in Berkeley entstanden war.

Der Leibniz-Förderpreis ist der wichtigste und höchstdotierte Wissenschaftspreis in Deutschland. Deninger erhielt den Preis für seinen fundamentalen Beitrag auf dem Gebiet der arithmetischen algebraischen Geometrie.

Ehrung vorweg geahnt: 1990 erhielten sie in Münster den Vits-Preis, der Biophysiker Prof. Dr. Erwin Neher aus Göttingen und der Mediziner Prof. Dr. Bert Sakmann (rechts) aus Heidelberg, 1991 wurde den beiden der Medizin-Nobelpreis zuerkannt. Beide forschen auf dem Gebiet elektrischer Signale und Schaltvorgänge in den Zellen.

Das Zentralklinikum
Ein Krankenhaus der Superlative

Das neue Wahrzeichen der Stadt, die mehr als 60 Meter hohen Bettentürme des Zentralklinikums. Die Ästhetik der Technik dominiert hier.

Klinikum – eine Stadt für sich ohne Pause und ohne Feierabend

Die Wartebereiche in den großen Hallen sind für die große Zahl der Patienten ausgelegt.

Kinder sollen sich wohl fühlen: Sie finden in den Wartezonen bewegliche Spiele vor.

Es ist eine Stadt für sich, das münstersche Klinikum. „Bevölkert" täglich von mehr als dreizehntausend Menschen, wobei Besucher und begleitende Angehörige nicht einmal mitgezählt sind. Eine kleine „Stadt" von höchster Spezifizierung – der Haushalt von einer halbe Milliarde Mark spricht für sich. Allein das Personal „kostet" rund 300 Millionen.

Von diesen mehr als 13 000 Menschen sind rund 3500 krank, werden von mehr als 800 Ärzten untersucht, behandelt, betreut und von über 900 Schwestern und Pflegern versorgt. Wobei Diagnose, Therapie und Pflege nicht denkbar sind ohne die vielen Techniker im Hintergrund, die für die Funktionsfähigkeit dieser Medizin-Stadt sorgen. Insgesamt sind für das Personal 4500 Stellen eingerichtet. Und dann gibt es die große Gruppe der angehenden Ärzte – die Studenten. Mit etwa 4500 Studierenden ist Münster die zweitgrößte Mediziner-Ausbildungsstätte nach München.

Das Klinikum ist eine Stadt, in der es kein Wochenende und keinen Feierabend gibt. Keine Pause. Zuständig für das große Einzugsgebiet der vier münsterländischen Kreise und natürlich die Stadt Münster, darüber hinaus aber gefragt von Patienten zwischen Nordsee und Sauerland, zwischen Weser und holländischer Grenze.

1600 Planbetten zählt das Klinikum, die aber nie vollständig belegbar sind. Von den 22 Kliniken sind Kinderheilkunde mit 170 Betten, Orthopädie mit 165, Dermatologie mit 95 und Psychiatrie mit 90 Betten die größten, die kleinste ist die Kinder- und Jugendpsychiatrie mit 20 Betten. Insgesamt summieren sich im Jahr

Inmitten der Rundstationen überwachen die Schwestern den Klinikbetrieb.

Die Wäscherei im Versorgungszentrum ist auf Großbedarf ausgerichtet.

22 Kliniken mit 1600 Betten
Menüs, die aus der Kälte kommen

Sieht nicht nach Krankenhaus aus – ein Blick in eine Abteilung der Kinderchirurgie. Eltern spielen mit ihren Kindern.

fast 500 000 Pflegetage auf, wobei die durchschnittliche Verweildauer mit gut zehn Tagen sehr niedrig liegt.

Die Polikliniken sind inzwischen regelrecht „überlaufen", die Zahl der ambulanten Behandlungen hat längst die Grenze von 500 000 pro Jahr überschritten. Lange Wartezeiten für die Patienten sind deshalb inbegriffen. Am stärksten ist die Zahn-, Mund- und Kieferheilkunde frequentiert – mehr als 115 000 Behandlungen werden hier jährlich ambulant durchgeführt. Die Leistungen der Röntgendiagnostik belaufen sich auf mehr als 100 000 Untersuchungen, das Zentrallabor führt mehr als 230 000 ambulante Leistungen, wobei jede Leistung bis zu 20 Analysen umfassen kann, durch. Zahlen, die dem Außenstehenden etwas von dem Großbetrieb Medizin verraten können.

Für dieses zentrale Klinikum wurde im unmittelbaren Anschluß ein großes Versorgungszentrum gebaut, in dem von der Wäscherei über die Energiezentrale, von der Apotheke bis zur Bäckerei alles zusammengefaßt ist, was zum alltäglichen Funktionieren des großen Krankenhausbetriebes beiträgt.

Eine Spezialität des Klinikums stellt die Zentralküche dar. Sie bekocht Patienten und Personal über 21 Verteilerküchen und die Cafeteria. Die Menüs der Patienten kommen aus der Kälte – Tiefkühlkost heißt das Zauberwort, mit dem die Fünf-Tage-Woche eingeführt werden konnte. À la carte können die Patienten ihr Menü individuell zusammenstellen, die Bediensteten werden frisch beköstigt. Insgesamt stellt die Küche pro Jahr mehr als eine Million Portionen her.

Keine Stadt ohne Ausbildung. In den Lehranstalten bilden die Kliniken den Nachwuchs für Pflege und Labor aus, mehr als 400 Plätze stehen zur Verfügung. Darüber hinaus lernen mehr als 125 junge Leute in 26 verschiedenen Berufen – von A (Arzthelferin) bis Z (Zahntechniker).

Interdisziplinäre Forschung: Entzündungen auf der Spur

Mit hochempfindlichen Meßeinrichtungen werden im Labor des Zentrums für Molekularbiologie der Entzündungen Analysen durchgeführt.

Für immer mehr Menschen wird das Leiden zum lebenslangen Begleiter. Die Medizin kann bei chronisch-entzündlichen Erkrankungen allenfalls Linderung, jedoch keine gezielte Behandlung anbieten. Bei dem derzeitigen medizinischen Wissensstand ist eine endgültige Heilung zahlreicher chronisch-entzündlicher Erkrankungen noch nicht möglich.

So leiden in der Bundesrepublik etwa 15 bis 20 Prozent der Bevölkerung an chronischen Infektionskrankheiten. Es sind Viruserkrankungen, insbesondere AIDS, bakterielle und parasitäre Infektionen wie Malaria, vor allem aber chronisch-entzündliche Gelenkerkrankungen, rheumatische Arthritis, Bronchitiden, zahlreiche Allergien und Autoimmunerkrankungen.

Durch neue Forschungsaktivitäten in der Molekularbiologie soll nun ein besseres Verständnis der chronischen Entzündungsreaktionen erreicht werden, so daß in der Folge auch wirksamere Medikamente entwickelt werden können. Das erste Zentrum für Molekularbiologie der Entzündungen in der Bundesrepublik ist an der Westfälischen Wilhelms-Universität gegründet worden. Es soll vor allem die Grundlagenforschung im Bereich der chronisch-entzündlichen Erkrankungen vorantreiben.

Das neue interdisziplinäre Forschungszentrum wird insbesondere von den drei Fachbereichen Medizin, Biologie und Chemie getragen. Fünf Institute und ihnen zugeordnete Forschergruppen sollen sich vor allem Fragen der molekularen Virologie, der Infektiologie und der Experimentellen Pathologie sowie der Zellbiologie und Allergieforschung widmen.

Nur durch die Zusammenarbeit mehrerer Institute und Arbeitsgruppen verschiedener Fachrichtungen, durch eine möglichst breit angelegte molekularbiologisch ausgerichtete Entzündungsforschung, können bisher noch ungeklärte Fragen im außerordentlich komplexen und komplizierten Ablauf einer chronischen Entzündung beantwortet werden.

Mit 80 neuen Stellen für Wissenschaftler und technisches Personal wird die neue Einrichtung das größte Forschungszentrum der Universität Münster. Über Drittmittel, Forschungsgelder, die die Wirtschaft, Stiftungen, die Deutsche Forschungsgemeinschaft oder Ministerien zur Verfügung stellen, sollen im Endausbau insgesamt sogar 200 neue Stellen im Zentrum vorhanden sein.

Dabei kommt der Medizin die besondere Rolle zu, die neuen Forschungsergebnisse aus Biotechnologie und Gentechnologie in die Krankenversorgung zu übertragen und eine wissenschafts- und forschungsorientierte Aus- und Weiterbildung der künftigen Medizinergeneration zu gewährleisten.

Entzündungen sind Abwehrreaktionen gegen körperfremde aber auch körpereigene Stoffe. Entzündungsreaktionen sind für die Erhaltung der körperlichen Gesundheit lebensnotwendig, denn sie ermöglichen regenerative Prozesse, das Heilen von Wunden oder Knochenbrüchen.

Wenn solche Entzündungsreaktionen jedoch überschießend funktionieren, wenn sie nicht mehr abklingen, dann kommt es zu chronisch-entzündlichen Erkrankungen. Ziel einer Entzündungsreaktion kann auch die Beseitigung von körperfremden Stoffen oder Erregern wie Bakterien, Parasiten oder Viren sein. Wenn der Körper mit Hilfe der Entzündungsreaktionen dieses Ziel aber nicht mehr erreicht, kann es zu schweren Erkrankungen oder gar zum Tod kommen.

Drastisch deutlich wird dieser lebensnotwendige Prozeß der Entzündungsreaktion bei der AIDS-Erkrankung. Die Patienten sterben nicht unmittelbar am AIDS-Virus. Vielmehr führt das AIDS-Virus eine Schwächung der entzündlichen Abwehrreaktion herbei, so daß der Körper infolge dieser Abwehrschwäche auch ansonsten harmlose Infektionen nicht mehr in Schach halten kann.

Wenn das Pfeifen im Ohr zur Qual wird, sucht SQUID nach der Ursache

Nach einem Manöver mit seiner lauten Geräuschkulisse wurde der junge Bundeswehrsoldat von einem Pfeifen im Ohr gequält. Tag und Nacht blieb das extrem laute Ohrenklingen bestehen. Völlig entnervt kam er schließlich in das Institut für Experimentelle Audiologie der Universität Münster. Hier wird derzeit das Krankheitsbild erforscht, damit in Zukunft die bis heute noch unzureichende Tinnitustherapie durch neue Behandlungsverfahren verbessert werden kann.

Nahezu 15 Prozent der Bevölkerung der Bundesrepublik leiden an Tinnitus, einem anhaltenden Ohrenpfeifen oder -klingen. In den meisten Fällen ist Tinnitus eine Folge des langjährigen Zusammenwirkens einer Vielzahl schädigender Faktoren, wie Schall, Medikamente, toxische Substanzen, aber auch degenerative Alterungsprozesse.

In seltenen Fällen ist der Tinnitus durch Turbulenzen des Blutstroms in Gefäßwandausweitungen oder durch krampfartige Kontraktionen der Mittelohrmuskeln bedingt. Nur in diesen Fällen konnte man den Tinnitus bisher objektiv nachweisen. Meist litt der Patient zwar sehr unter seinen Ohrgeräuschen, doch der Arzt hatte keine Methode, sie festzustellen oder zu beobachten. Es handelte sich eben um eine rein subjektive Empfindung.

Mit dem neuen Magnetfeld-Sensor, dem sogenannten Squid (Superconducting Quantum Interference Device) kann der Tinnitus nun erstmals objektiv nachgewiesen und lokalisiert werden. Der Squid ist in der Lage, extrem schwache Magnetfelder, die im Körper entstehen, präzise zu messen. Quellen dieser Magnetfelder sind Ströme, die mit Erregungsprozessen von Nerven- und Muskelfasern verbunden sind. Diese biomagnetischen Signale können berührungsfrei über der Körperoberfläche gemessen werden.

Das neu errichtete Biomagnetismuszentrum des Instituts für Experimentelle Audiologie an der Universität Münster ist eine der bestausgestatteten Forschungseinrichtungen dieser Art auf der Welt. Das Meßgerät mit einer großen Anzahl von Meßspulen kostet derzeit mehr als 4 Millionen Mark und ist damit teurer als ein Magnetresonanztomograph. Weltweit sind erst fünf dieser 37-Kanal-Geräte installiert.

Für die Messungen wird eine Abschirmkammer benötigt, die allein etwa eine Million Mark kostet. Dieser hohe apparative Aufwand für die Messung der extrem schwachen biomagnetischen Signale ist erforderlich, um die Störfelder der Umgebung und die um viele Größenordnungen stärkeren Magnetfelder der Erde abzuschirmen.

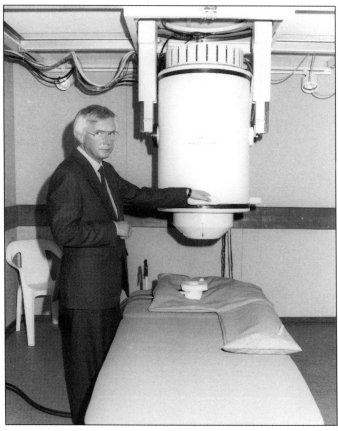

Prof. Dr. Manfried Hoke neben dem „SQUID", dem Magnetfeld-Sensor, in der magnetischen Abschirmkammer. Hoke ist Direktor des Instituts für Experimentelle Audiologie.

Hinzu kommt eine leistungsfähige Datenverarbeitungsanlage, die in der Lage ist, die in vielen Kanälen simultan registrierten Magnetfelder in kürzester Zeit zu verarbeiten. Der neue Magnetfeld-Sensor soll zukünftig vor allem in der Diagnostik eingesetzt werden.

Ein weiteres Anwendungsfeld: Bei der Untersuchung des Magen-Darm-Trakts kann mit Hilfe des Squid und durch Einsatz sogenannter ‚magnetischer Tracer' die Magen-Darm-Bewegung beobachtet werden. Hierzu wird ein winziger Permanentmagnet in einer kleinen Kunststoffkugel, die hermetisch versiegelt ist, verschluckt. Das Magnetfeld wird nun an der Bauchoberfläche gemessen. Der Tracer, von der Größe eines Stecknadelkopfes, wird nach Lage und Richtung während der Magen-Darm-Passage beobachtet, dabei werden Staus und Art der Aktivität aufgezeichnet und ausgewertet. Der magnetische Tracer wird wieder ausgeschieden und ist damit unschädlich für den Patienten. Sollte sich diese Untersuchungsmethode in Zukunft in der Medizin bewähren, so kann man bei Magen-Darm-Erkrankungen in manchen Fällen auf die Durchleuchtung mit Röntgenstrahlen verzichten.

Weitere Einsatzmöglichkeiten des Squid liegen in der Kardiologie und der Epilepsieforschung.

Am münsterschen Kältepol: Frieren für die Zukunft

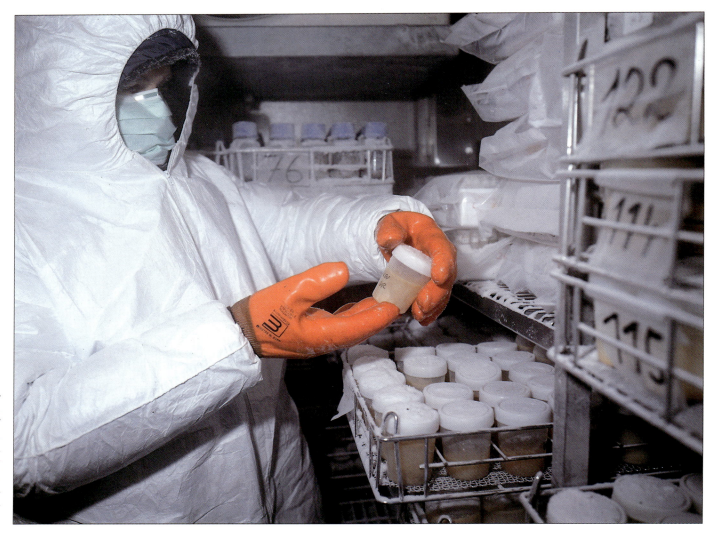

Vermummt wie in der Antarktis: Bei Temperaturen bis zu 90 Grad minus dürfen die Mitarbeiter des Instituts für Pharmakologie und Toxikologie die Umweltprobenbank nur für kurze Zeit und unter Kontrolle betreten.

„Nein, beim besten Willen dürfen wir niemanden länger als zwei, allerhöchstens drei Minuten mit hereinnehmen." Die Frau, die mit energischer Stimme ein Zeitlimit setzt, steht vermummt mit wattierter Spezialjacke, Mundschutz und dicken Handschuhen vor der doppelt gesicherten Tür von Münsters Superkühlfach. Sie ist Mitarbeiterin in einem Wissenschaftlerteam, das seit 1986 am Institut für Pharmakologie und Toxikologie eine weltweit einzigartige Umweltprobenbank für Humanorganproben eingerichtet hat. Bei Temperaturen von bis zu minus 90 Grad lagern hinter der Tür Leberproben, Haare, Urin, Speichel und Blutplasma in einem begehbaren Kühlraum. Die tiefgekühlten Proben verändern sich bei diesen Temperaturen auch über längere Zeiträume nicht und bleiben somit frisch für Untersuchungen, die zumindest teilweise erst in Jahrzehnten Aufschluß über die heutige Umweltbelastung des Menschen geben werden.

Dann endlich wird die erste Stahltür geöffnet. In einer Zwischenschleuse, in der es „nur" minus 30 Grad kalt ist, muß ein weiterer Mitarbeiter warten. Er wird in Abständen von einer Minute ein Klopfzeichen an der zweiten Stahltür geben, die in den eigentlichen Lagerraum mit minus 85 Grad führt. Diese permanente Erinnerung an die Zeit ist wichtig, denn bei den vorherrschenden Minustemperaturen in der Hauptzelle – die noch nicht einmal am Südpol gemessen wurden – verliert das Gehirn des Menschen schnell jedes Gefühl von Zeit und Raum. Und anstelle der lebenswichtigen Warnung vor „Kälte" können die Hirnfunktionen in einen euphorischen Zustand verfallen.

Die Mitarbeiter des Institutes haben sich im Laufe der Jahre an das Phänomen Kälte gewöhnt, räumt die Frau mit der astronautisch anmutenden Kleidung ein. Aber selbst wer mehrmals täglich in die Kühlkammer muß und deshalb schon als „akklimatisiert" gilt, darf

Weltweit ohne Beispiel: Proben des Menschen werden konserviert

auf keinen Fall mehr als allerhöchstens acht Minuten dort verbringen. Doch weder sie noch ihre Kollegen brauchen mehr als fünf Minuten, um zwischen den frostigen Regalen mit inzwischen mehr als 300 000 Plastikbehältern die jeweils richtigen herauszusuchen.

Die Szenerie, die selbst Science-fiction-Kennern einen Schauer über den Rücken jagen mag, gehört in der münsterschen Umwelt-/Organprobenbank zum Alltag. Und diese alltägliche Arbeit dient der zukunftsorientierten Umweltanalytik, in deren Mittelpunkt der Mensch selbst steht. Während man in vergleichbaren Kühlkammern in Berlin die Rückstände von Schädlingsbekämpfungmitteln auf Gräsern und Blättern untersucht, in Kiel täglich den Hormonanteil in Kuhmilch feststellt und in Jülich unter anderem dem Quecksilberanteil von Seemuscheln und Karpfen auf der Spur ist, werden in Münster Proben aus dem Humanbereich konserviert und analysiert.

1975 begann die bis dahin unbekannte Tiefkühl-Langzeitlagerung menschlicher Proben als Pilotprojekt. Inzwischen gehört das Kühlfach mit den dazugehörigen Datenbanken und Analysegeräten als feste Einrichtung zum Bundesministerium für Forschung und Technologie.

Einige wissenschaftlich gesicherte Erkenntnisse, mit denen die Auswirkungen gesetzlicher Maßnahmen im Nachhinein kontrolliert werden können, liegen inzwischen vor. So konnte anhand der Proben festgestellt werden, daß sich seit dem Verbot des Insektengiftes DDT diese Belastung im menschlichen Organismus kontinuierlich verringert hat. Oder daß der Bleigehalt im menschlichen Organismus seit der Umstellung auf bleifreies Benzin deutlich abgenommen hat.

An Probenlieferanten mangelt es den Wissenschaftlern nicht: Jährlich 150 Leute – viele sind Studenten an der Universität Münster – liefern ihren höchst lebendigen Beitrag für die Forschung, indem sie sich Locken stutzen, Urin, Blut, Speichel, Knochen- und Gewebeproben abnehmen lassen. Damit allein ist den Forschern noch nicht geholfen.

Um mit den Proben etwas anfangen zu können, benötigen sie genaue Informationen über Umwelt und Gewohnheiten der Spender. Mit Hilfe eines mehrseitigen Fragebogens werden Daten erfaßt über Nahrung, Rauch- und Trinkgewohnheiten, aber auch über die Verwendung von Kosmetika, Haarfärbemittel, Shampoo und darüber, ob beispielsweise das Schlafzimmer holzvertäfelt ist.

Gleich zwei Vorteile, so erklärt die Frau, die sich nach dem Gang ins Tiefkühlfach jetzt aus ihrer dicken Spezialkleidung pellt, werden durch die Langzeitlagerung erreicht. Zum einen können Neubelastungen der Umwelt oder Veränderungen einer Situation früh festgestellt und dann mit der Vergangenheit verglichen werden. Außerdem können mit immer feineren Meßmethoden in ein paar Jahren Merkmale erkannt werden, die bis heute noch nicht feststellbar sind. Und unter genau dem Aspekt werden die Proben, die bei arktischen Temperaturen für die Nachwelt „frisch" gehalten werden, der Wissenschaft nicht nur viele Erkenntnisse, sondern möglicherweise auch noch viele Rätsel aufgeben.

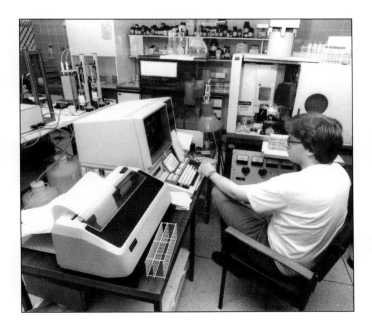
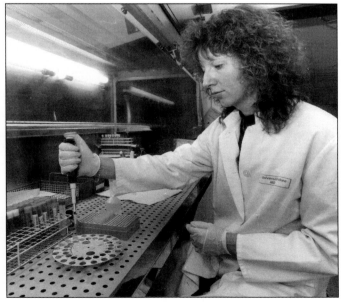

Im Labor werden die Proben für die Gefrierkammer mit äußerster Sorgfalt vorbereitet. Am Gaschromatographen werden hochempfindliche Analysen durchgeführt.

Transplantation – für viele Patienten die letzte Rettung

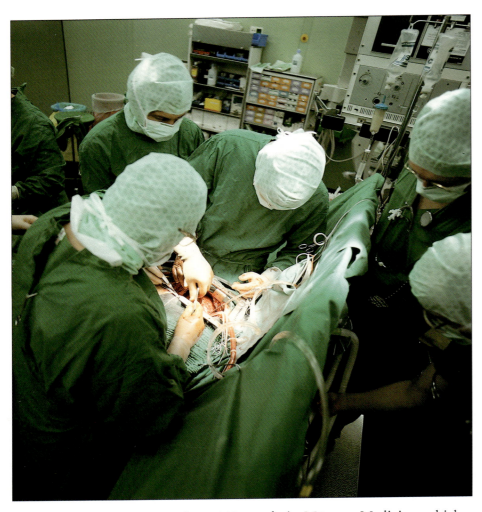

Transplantationen – vor Jahren noch Aufsehen erregende Pioniertaten, gehören heute fast zum Routinealltag der Chirurgen.

Im Jahre 1965 wurde in Münster Medizingeschichte geschrieben: Prof. Dr. Paul Sunder-Plassmann, unvergessener Direktor der Chirurgischen Klinik, transplantierte erstmals in Deutschland eine Niere, allerdings von einer Leiche. Dieser medizinischen Pioniertat blieb jedoch der Erfolg versagt, es bedurfte noch intensiver Forschungen, bis Transplantationen zur klinischen Alltagspraxis wurden.

Nach langen Vorbereitungen wurde 1979 in Münster von Prof. Dr. Hermann Bünte (Chirurgie) und Prof. Dr. Heinz Losse (Innere Medizin / Nephrologie) das Transplantationszentrum gegründet, das inzwischen mit rund 150 Nierenverpflanzungen jährlich an die zweite Stelle in Deutschland gerückt ist. Inzwischen hat als Internist Prof. Dr. Karl-Heinz Rahn die Nachfolge von Losse angetreten. Den Patienten wird damit gleichsam ein zweites Leben geschenkt: „Ich fühle mich wie neu geboren!" geht der Dank an die Ärzte, denn die Alternative, mehrmals wöchentlich die Leben erhaltende Blutwäsche (Dialyse) aufsuchen zu müssen, belastet den Patienten schwer.

Transplantation – das bedeutet auch immer den Wettlauf mit der Zeit. Die Spenderniere muß spätestens nach 48 Stunden mit dem geeigneten Nierenempfänger zusammengeführt werden. Eurotransplant in Leiden (1967 gegründet, Münster ist seit 1968 angeschlossen) ist die Zentrale, die dieses organisatorische Kunststück vollbringt. Bei ihr sind die medizinisch wesentlichen Daten von Dialysepatienten, die auf eine Transplantation warten, registriert. Das rasche Zusammenführen ist dann eine Frage der Logistik.

Im April des Jahres 1990 ging in die Annalen des münsterschen Klinikums erneut eine Pioniertat ein: Prof. Dr. Hans Scheld verpflanzte erstmals in Münster ein Herz. Wobei den Medizinern der ungewöhnliche Umstand zugute kam, daß Spender und Empfänger nur wenige Meter im selben Klinikum auseinander lagen. Die Transplantation war erfolgreich, der Patient konnte nach drei Wochen entlassen werden. Inzwischen ist auch die spektakuläre Herzverpflanzung zur (höchst anspruchsvollen) Klinikroutine geworden, wenn auch die Zahlen natürlich nicht die der Nierentransplantationen erreichen. Immerhin – im ersten Jahr wurden neun Herzen verpflanzt, 1991 waren es schon 23. Bundesweit wurden bis Anfang 1992 rund 2000 Herzen verpflanzt, was etwa zehn Prozent der seit 1969 weltweit verpflanzten Herzen entspricht.

Das münstersche Transplantationszentrum unter der Verantwortung von Prof. Dr. Bernhard Buchholz arbeitet mit großem Erfolg und mit großem Engagement. Fortschritte in der Immunologie stellten dafür die Weichen. Neben Niere und Herz werden vor allem Leber, Bauchspeicheldrüse und Hornhaut verpflanzt – ein hirntoter Mensch mit gesunden Organen könnte bis zu zwölf Patienten helfen. Münster arbeitet mit über 40 Kliniken im gesamten nordwestdeutschen Raum zusammen, um die Bereitschaft zur Transplantation zu fördern. Spender gibt es nicht genug, denn immer noch stehen zu viele Patienten auf der Warteliste. Und bei manchen der Wartenden geht es schlicht um Leben und Tod.

Neue Möglichkeiten der Krebstherapie eröffnet das Zentrum für Knochenmarktransplantationen. Prof. Dr. Herbert Jürgens, Leiter der Klinik für Pädiatrische Hämatologie und Onkologie, und Prof. Dr. Jürgen van de Loo, Leiter der Klinik für Hämatologie und Onkologie, setzen auf Transplantation von Knochenmark nicht nur im Kampf gegen Leukämie, sondern auch bei anderen inoperablen Tumoren. Die Gewißheit einer Transplantation von Knochenmark erlaubt erst die aggressiven Therapien gegen Krebs, mit denen das vorhandene Knochenmark zerstört wird.

Krebstherapie: Kinder leiden, um wieder gesund zu werden

Auf den ersten Blick wirkt sie wie ein ganz normales frisches junges Mädchen. Doch das auffällig pausbäckige Gesicht der 13jährigen ist nicht etwa die Folge zu reichlich genossener Leckereien und die kesse Schirmmütze alles andere als ein fetziges Outfit. Sandra fühlt sich im Moment eher ausgesprochen elend, muß sich immer wieder übergeben. Zum dritten Mal innerhalb weniger Wochen befindet sie sich jetzt auf der Kinderkrebsstation der Unikliniken zur Chemotherapie: Die einzige Chance im Kampf gegen ihre schwere Krankheit, gegen die Leukämie, die mit Abstand häufigste Krebserkrankung bei Kindern und Jugendlichen.

Die Aussicht, diesen Kampf zu gewinnen, ist heute mittlerweile durchaus realistisch. Drei von vier dieser jungen Patienten werden von ihrer Leukämie geheilt – was viel ist, wenn man bedenkt, daß diese Diagnose noch Ende der 60er Jahre fast immer das sichere Todesurteil bedeutete. Daß die erkrankten Kinder und Jugendlichen und mit ihnen ihre Familien heute bei all den immens belastenden körperlichen und seelischen Begleiterscheinungen von Schädelbestrahlung und Chemotherapie aus dieser Hoffnung Mut zum tapferen Durchhalten schöpfen können, liegt ganz maßgeblich mit am besonderen wissenschaftlichen und klinischen Engagement der münsterschen Kinderklinik.

Unter der langjährigen Leitung von Prof. Dr. Günther Schellong hat sich diese Klinik zu einem der führenden Zentren in Deutschland für die Behandlung von Leukämien und anderen Krebserkrankungen bei Kindern und Jugendlichen entwickelt. Bereits seit Ende der 70er Jahre liegt hier auch die Federführung zweier bundesweiter Therapiestudien für jeweils eine bestimmte Form von Leukämie und Lymphknotenkrebs. Als nach der Emeritierung Schellongs Prof. Dr. Herbert Jürgens im Herbst 1991 seine Nachfolge antrat, brachte dieser auch die Leitung einer weiteren bundesweiten Therapiestudie mit nach Münster. Sie konzentriert sich auf das Problem der Knochentumore, deren Behandlung mittlerweile zu einem weiteren Schwerpunkt der Klinik für Kinderonkologie in Münster geworden ist.

Bei allem Leid, bei allem Schwanken zwischen Bangen und Hoffen geht es auf der Kinderkrebsstation aber durchaus nicht nur ernst und traurig zu. Vielmehr erwartet die kleinen Patienten eine Atmosphäre, die durch Wärme und liebevolle Zuwendung und durchaus auch von Fröhlichkeit geprägt ist. Und trotz High-Tech-Medizin sieht es hier alles andere als nüchtern-steril aus: Viele bunte Bilder, von den Kindern selbst gepinselt, schmücken die Wände, Spielzeug überall

Kinderkrebsstation: Begleiterscheinung der aggressiven Therapie sind die kahlen Köpfe, die Haare fallen aus, allerdings nur vorübergehend.

und aus einem der Zimmer hört man gerade Gitarrenmusik und Jugendliche, die dazu singen.

In der Betreuung ihrer jungen krebskranken Patienten werden Ärzte und Kinderkrankenschwestern durch psychosoziale Mitarbeiter entlastet. Diese begleiten die Kinder und Jugendlichen in ihren Ängsten und Hoffnungen und helfen ihnen, die äußerst belastenden Folgen und Nebenwirkungen ihrer Krankheit zu ertragen, wie etwa den vorübergehenden Haarausfall, die Übelkeit und manchmal auch die Amputation eines Beines oder andere chirurgische Eingriffe. In gleicher Weise stehen sie aber auch den Eltern zur Seite, deren Lebenssituation durch die Krankheit ihres Kindes in der Regel völlig umgekrempelt wird.

Unverzichtbar geworden ist darüber hinaus auch das große Engagement der Mütter und Väter selbst, die sich schon vor vielen Jahren zu einem Elternverein zusammengeschlossen haben. Mit Mitteln dieser Selbsthilfegruppe konnte auch ein Elternwohnheim eingerichtet werden. In vielen Fällen sind Mütter (oder auch Väter) auch fest in das Stationsteam eingebunden: Dadurch, daß sie häufig die Grundpflege ihrer Kinder selbst übernehmen, bringen sie den ohnehin auf dieser Station in jeglicher Hinsicht sehr geforderten Kinderkrankenschwestern eine unschätzbare Entlastung.

Der Kampf gegen den Herzinfarkt ist eine nationale und internationale Aufgabe

Prof. Dr. Gerd Assmann mit „Spirit", mit dem von ihm entwickelten Infarktrisikorechner, für den er bereits 1986 von der Stadt Münster mit dem Innovationspreis ausgezeichnet wurde.

Die Statistik verordnet jedem zweiten Deutschen dieselbe Todesursache – Herzinfarkt: Nahezu 350 000 Männer und Frauen sterben allein in den alten Bundesländern Jahr für Jahr an Erkrankungen des Herz-Kreislauf-Systems. Prof. Dr. Gerd Assmann ist alles andere als bereit, diese traurige Wahrheit wie eine bittere Pille zu schlucken. Der Leiter des größten Institutes für Arterioskleroseforschung in der Bundesrepublik setzt mit seinen Mitarbeitern allerlei Hebel an, die Todesursache Nummer Eins in den Industrienationen von diesem Spitzenplatz zu verdrängen. Die Forschungen in Münster werden in erster Linie vom Ministerium für Wissenschaft und Forschung NRW und vom Bundesministerium für Forschung und Technologie unterstützt.

Das Cholesterin, soviel wissen die Mediziner schon seit langem, besitzt für das Herzinfarktrisiko die Schlüsselstellung. Die von Professor Assmann geleitete Langzeit-Studie PROCAM (Prospektive cardiovaskuläre Münster-Studie), die die münsterischen Herzinfarktspezialisten mit rund 30 000 Arbeitnehmern aus dem westfälischen Raum seit 1979 durchführen, hat es schon lange vor ihrem Abschluß zutage gefördert: Bei 75 Prozent derjenigen, die im Laufe des Untersuchungszeitraums an einem Herzinfarkt erkrankten, wurde bereits bei der Eingangskontrolle eine Veränderung des Fettstoffwechsels festgestellt. Bei den Teilnehmern der Studien werden nicht nur Daten wie Größe, Gewicht, Alter und natürlich die Blutwerte ermittelt. Die Mitarbeiter der Studie befragen die Personen auch nach ihren Lebensgewohnheiten und nach Herzkrankheiten in der Familie.

Denn auch, wer sich immer gesund ernährt und niemals geraucht hat, ist nicht vor einem Herzinfarkt sicher. Das Risiko für Krankheiten des Herz-Kreislauf-Systems, so ermittelten die Wissenschaftler, ist auch stark erblich bedingt. Verschiedene erbliche Stoffwechseldefekte haben die Experten um Professor Assmann inzwischen entdeckt, die den Anteil des für die Verkalkung der Arterien so gefährlichen sogenannten LDL-Cholesterins erhöhen. Doch gerade, wer von solch einem Stoffwechseldefekt betroffen ist, muß besonders auf eine gesunde Lebensweise achten.

Aufklärung, und zwar in ganz großem Stil, ist darum neben der Forschung die wichtigste Aufgabe des Professors, der auch das Institut für Klinische Chemie und Laboratoriumsmedizin leitet. Vorsitzender ist er bei der „Nationalen Cholesterin Initiative", deren Name bereits das ehrgeizige Programm verheißt, ferner Vizepräsident des „International Task Force of CHO Prevention". Und Assmann übertreibt nicht, wenn er von der Senkung der Herzinfarktquote als einer nationalen, wenn nicht internationalen Aufgabe und Anstrengung spricht.

Aufklärung schon im Schulalter propagiert Assmann. Bei Herzinfarktpatienten hält er Familienberatung in Sachen Ernährungs- und Lebensgewohnheiten für angebracht. Die neuen wissenschaftlichen Erkenntnisse vermitteln die Experten von der Universität in Tagungen, Konferenzen und Symposien laufend an Mediziner, vor allem Praktische Ärzte, die ihre Patienten über lange Zeiträume regelmäßig beobachten können. Herzinfarkt – eines Tages ein unerheblicher Faktor in der Statistik der Todesursachen? So optimistisch ist Professor Assmann nicht. Doch daß sich das Lebensalter der Patienten nach oben hinausschieben läßt, indem das Risiko vermindert wird, dessen ist er sich sicher. Und auch für die Patienten der Gegenwart verbessern sich Behandlungsmöglichkeiten ständig.

Für Kranke, deren Cholesterinwerte extrem erhöht sind, so daß ein ganz besonders hohes Herzinfarktrisiko besteht, gibt es im Universitätsklinikum das Behandlungszentrum für „LDL-Apherese": Seit 1989 wird die Behandlung, bei der den Patienten gewissermaßen das Cholesterin aus dem Blut gewaschen wird, nicht selten zu einer lebensrettenden Maßnahme.

Ulrich Gerlach: Zum Umgang mit chronisch Kranken und Sterbenden

Der Arzt hat nicht nur mit Gesundung und Heilung zu tun, sondern er muß chronisch Kranke, unheilbar Kranke und Sterbende begleiten – das ist die alltägliche Praxis einer humanen Medizin. Angesichts dieser schweren Aufgabe ist die Medizin aufgeschlossen für die Hilfe aus Naturwissenschaft, Theologie und Philosophie, aus Soziologie, Psychologie und verwandten Wissensgebieten. Die Worte Heilen und Heilung führen die enge Beziehung zwischen Patient und Arzt vor Augen, bedeutet Heilen doch sowohl „heil machen" als auch „heil werden". Damit stößt man zwangsläufig auf die Frage, wie denn eigentlich Gesundheit zu erkennen ist, hat doch die Weltgesundheitsorganisation sogar das soziale Wohlbefinden in die Definition aufgenommen. Deutlicher ist der Begriff Krankheit zu umschreiben: Lebensvorgänge sind dann pathologisch, wenn die Grenzen der regulierenden Adaptation überschritten sind. Das gilt für körperliche und seelische Krankheiten gleichermaßen.

Die Ergebnisse der medizinischen Forschung, zu denen der münstersche Nobelpreisträger Gerhard Domagk mit der Entdeckung der Sulfonamide Großartiges beigetragen hat, haben die Mortalität infolge akuter Krankheiten wesentlich verringert. Andererseits hat der Anteil der chronisch Kranken erheblich zugenommen. Chronisch krank ist ein Mensch dann, wenn seine Möglichkeiten zur altersabhängigen vollen Selbstentfaltung durch die Krankheit auf Dauer behindert sind. Diesem chronisch Kranken als Person gilt die ärztliche Zuwendung, nicht der chronischen Krankheit. Dabei kann schon das ärztliche Gespräch wichtiger sein als die alleinige Rezeptur von Medikamenten. Besonders Schwerkranke und chronisch Kranke erwarten von Arzt, Krankenschwester und Krankenpfleger mehr als bloße medizinische Dienstleistungen, nämlich menschliche Zuwendung, Aufklärung und erklärendes Gespräch über die Natur der Krankheit und über die Aussicht zur Heilung. Das Gespräch darf nicht allein von der Krankheit handeln, sondern muß persönlichkeitsbezogen sein, um für den einzelnen die gewünschte Klarheit zu schaffen.

Gedanken über den Umgang mit Sterbenden sind mit Beginn der hochtechnisierten Phase der Medizin vermehrt und kritisch geäußert worden. Perfekte Medizintechnik dient in ungezählten Fällen dazu, Leiden zu verringern. Lebensverlängerung um jeden Preis unter Einsatz aller technischen Mittel ist sicher unärztlich, besonders dann, wenn der Kranke unzweifelhaft im Sterben liegt. Das Unterlassen unnötiger diagnostischer und sinnloser therapeutischer Maßnahmen ist eine Kunst, die auch in der hochtechnisierten Medizin der heutigen Zeit dem Grundsatz der frühen Ärzte folgt: Salus Aegroti suprema lex. Dagegen gilt die aktive Euthanasie bei fast allen Ärzten als unerlaubt. Spektakuläre Ausnahmen sorgen für gleichfalls spektakuläre Schlagzeilen.

Für die Beziehung zwischen Arzt und Patient ist wesentlich, wie mit der Wahrheit am Krankenbett umgegangen wird. Sicher hat auch der Todkranke Recht und Anspruch auf die Mitteilung der Wahrheit. In welcher Form und wie genau der Arzt den Todkranken über das bevorstehende Sterben aufklären will, wird im Einzelfall unterschiedlich sein. Hier ist es wohl der Ars medica des Arztes überlassen, den richtigen Weg im Gespräch mit seinem Patienten und dessen Vertrauten zu finden. Denn körperliche und geistige Gebrechlichkeit, Bildung und Erziehung, Geisteshaltung und Vertrauen des Kranken sind Faktoren, welche die Wahl der Worte, den Umfang der Mitteilung und die Erklärung des Gesprochenen bestimmen und damit zur Verständigung führen. Im ärztlichen Gespräch soll die Wahrheit angeboten, nicht aufgedrängt werden.

In vielen Gesprächen hat sich gezeigt, daß es weniger die Angst vor dem unausweichlichen Tode ist, als vielmehr die Angst vor den Begleitumständen des Sterbens, die den Schwerkranken bedrückt. Die Vorstellung von Hiflosigkeit, Verlassensein, Schmerzen, Atemnot ist erschreckend. Diese quälenden Zustände wirksam behandeln und mildern zu können, ist die berechtigte Hoffnung, die der Arzt seinem Patienten vermitteln kann, und diese Hoffnung ist ein Schwerpunkt im Gespräch. Dann wird die Sterbeaufklärung zur Wegbegleitung.

Voraussetzungen für die Mitteilung der „Wahrheit" sind genaue Kenntnis der Diagnose und noch mehr der Prognose. Erst das Wissen um die Prognose läßt es zu, daß die Wahrheit akzeptiert wird. Der Kranke, der seinen wahren Zustand und die Prognose kennt, wird Unerledigtes ordnen, Wünsche äußern, ein Vermächtnis regeln, sich mit Menschen und Gott versöhnen können.

Der Umgang mit Schwerkranken und Sterbenden und die gewünschte Wegbegleitung sollten nicht allein professionellen Institutionen übertragen oder überlassen werden. Denn gerade die persönliche Bereitschaft zum Helfen ist ein Merkmal des Weggefährten. Die Beachtung von Wunsch und Wille des Kranken oder Sterbenden ist selbstverständliche Voraussetzung für eine Hilfe, die ihm Rückhalt gibt.

So wird die angewandte Medizin zur zugewandten Medizin, die ihre Aufgabe in Verbindung mit anderen Wissensgebieten zu erfüllen sucht.

Prof. Dr. Ulrich Gerlach leitete von 1974 bis Ende 1990 die Medizinische Klinik und Poliklinik.

Richard Toellner:
Die Grenzen medizinischer Forschungen erkennen

Prof. Dr. Richard Toellner, Direktor des Instituts für Theorie und Geschichte der Medizin, ist Vorsitzender der Ethik-Kommission.

An der Medizinischen Fakultät der Universität Münster besteht seit 1978 eine Ethikkommission, die damit zu den ältesten Einrichtungen dieser Art in der Bundesrepublik zählt. Von Anfang an hat diese Kommission auch die Aufgaben einer Ethikkommission der Landesärztekammer Westfalen/Lippe wahrgenommen, deren offizielles Organ sie seit 1988 ist, weil die geltende Berufsordnung für Ärzte bestimmt, daß jeder Arzt „vor der Durchführung klinischer Versuche am Menschen ... eine bei der Ärztekammer oder einer medizinischen Fakultät gebildete Ethikkommission anrufen muß, um sich über die mit seinem Vorhaben verbundenen berufsethischen und berufsrechtlichen Fragen beraten zu lassen".

Die Beratung des ärztlich verantwortlichen Leiters eines biomedizinischen Forschungsvorhabens ist alleinige Aufgabe der Ethikkommission. Darüber gibt es in der Öffentlichkeit immer noch Mißverständnisse.

Die Tätigkeit von Ethikkommissionen beruht auf dem bei Völkern europäischer Kultur und wissenschaftlich-technischer Zivilisation mehrheitlichen Konsens, daß wissenschaftliche Versuche, insbesondere die wissenschaftliche Prüfung von Wirkstoffen, von medizinischen Untersuchungs- und Behandlungsverfahren und ärztliche Eingriffe am Menschen prinzipiell zulässig sind, wenn sie der Vermehrung wissenschaftlich gesicherten Wissens, der Vertiefung ärztlicher Erkenntnis, der Verbesserung medizinischer Untersuchungs- und Behandlungsverfahren sowie der wissenschaftlichen Ergebniskontrolle ärztlicher Eingriffe dienen und es keine anderen Mittel gibt, um diese Ziele zu erreichen.

Der Wert solcher Ziele für die Allgemeinheit wird so hoch eingeschätzt, daß generell einzelnen Mitgliedern der Gemeinschaft zugemutet werden kann, sich – aus freien Stücken – zum Gegenstand wissenschaftlicher Untersuchungen machen zu lassen, auch dann, wenn das Risiko nicht auszuschließen ist, daß ihr eigenes Wohl dabei beeinträchtigt werden kann.

Die Frage, ob Versuche am Menschen prinzipiell zulässig sind, ob hier prinzipiell das Bonum privatum eine Einschränkung zugunsten des Bonum commune erfahren dürfe, ist für Ethikkommissionen positiv entschieden und kein Diskussionsgegenstand mehr. Ebensowenig ist es Sache der Ethikkommission, Erwägungen über eine mögliche Pflicht des Bürgers zu Risikobereitschaft im Dienst der Forschung anzustellen vor dem Hintergrund der Überlegung, um welcher Ziele und Zwecke willen Menschen sich sonst unbedacht oder freiwillig Gesundheitsrisiken aussetzen (Straßenverkehr, Genuß-, Suchtmittel, Sport etc.).

Die prinzipielle und generelle Erlaubnis zur biomedizinischen Forschung am Menschen ist an ethische, ärztliche, rechtliche und wissenschaftliche Bedingungen geknüpft, die in allgemeinen sittlichen und rechtlichen Normen verankert, in der Deklaration des Weltärztebundes von Helsinki/Tokio formuliert, in Menschen- und Grundrechten kodifiziert und einer Vielzahl nationaler rechtlicher Bestimmungen niedergelegt und in den Standards wissenschaftlicher Methoden enthalten sind.

Bei der Kompliziertheit der Materie und der Schwierigkeit, allen Anforderungen zugleich und in der richtigen Weise gerecht zu werden, zeigen sich zunehmend die verantwortlichen Forscher bei der Planung und Durchführung biomedizinischer Forschung ohne sachkundigen Rat und sachkundige Hilfe überfordert.

In diesem Rat und dieser Hilfe, in der präventiven Prüfung, ob ein biomedizinisches Forschungsvorhaben am Menschen die dafür vorgegebenen Normen beachtet und die geltenden Werte nicht verletzt, besteht die Aufgabe der Ethikkommission.

Um diese Aufgabe sachgemäß wahrnehmen zu können, haben sich die seit 1978 in der Bundesrepublik Deutschland einschließlich Berlin (West) an den Ärztekammern und Medizinischen Fakultäten entstandenen Ethikkommissionen auf Initiative unserer Kommission 1983 in Münster zu einem Arbeitskreis zusammengeschlossen.

Der Arbeitskreis, dessen Vorsitzender seit Gründung Professor Dr. Heinz Losse ist, hat diese Aufgabe mit wachsendem Erfolg wahrgenommen. So ist, um nur ein wesentliches Element der Arbeit zu nennen, eine einheitliche Verfahrensordnung verabschiedet worden, die grundsätzlich die Zusammensetzung und Arbeitsweise der Ethikkommissionen regelt.

Die Ethikkommission der Medizinischen Fakultät Münster setzt sich zusammen aus zwei Vertretern der Klinischen Medizin, zwei Vertretern der klinisch-theoretischen bzw. theoretischen Medizin, einem ärztlichen Vertreter der Kammer Westfalen/Lippe, einem Theologen, einem Juristen und einem Philosophen. Den Vorsitz der Kommission hat von 1978 bis 1988 Professor Losse geführt.

Die Mitglieder der Ethikkommission: Die Mediziner Prof. Dr. Richard Toellner, Prof. Dr. Harald Feldmann, Prof. Dr. Heinz Losse und Prof. Dr. Fritz Kemper, der Philosoph Prof. Dr. Ludwig Siep, der Moraltheologe Prof. Dr. Bruno Schüller, der Jurist Prof. Dr. Helmut Kollhosser und als Vertreterin der Ärztekammer Dr. Inge Wolf.

Im Verborgenen: Ein kleines medizinisches Museum

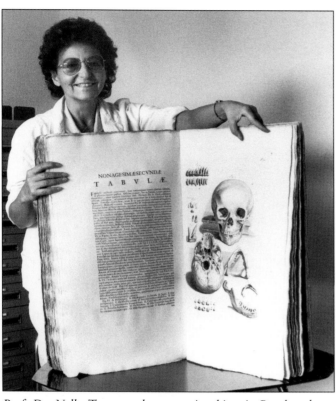

Prof. Dr. Nelly Tsouyopoulos präsentiert hier ein Prunkstück aus der umfangreichen Bibliothek des Instituts für Theorie und Geschichte der Medizin. Die Zypriotin ist inzwischen Gründungsrektorin der ersten Universität der Republik Zypern.

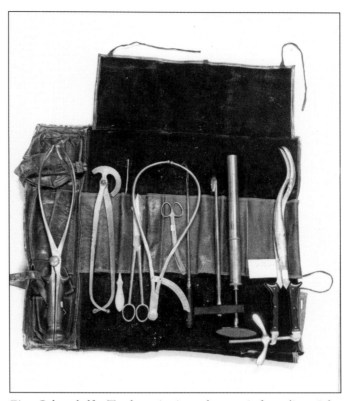

Eine Geburtshelfer-Tasche, wie sie noch zum Anfang dieses Jahrhunderts im Gebrauch war. Das Institut hat viele originale Gerätschaften aus Nachlässen von Ärzten erhalten. Leider fehlen geeignete Räumlichkeiten, um sie in geeigneter Präsentation ausstellen zu können.

Im Keller des 1960 gegründeten Instituts ist eine kleine Sammlung alter medizinischer Geräte zu sehen, die noch auf den Institutsgründer Prof. Dr. Karl-Eduard Rothschuh zurückgeht. Hier die Gerätschaften, um die Patienten zu schröpfen – um „schlechte Säfte" aus dem Körper zu holen.

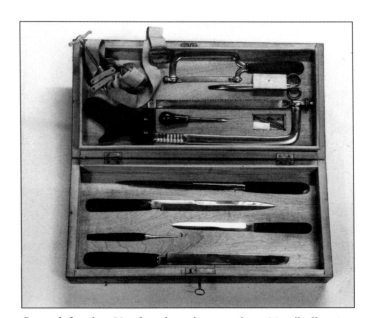

Passend für den Hausbesuch – der vornehme Handkoffer eines Chirurgen. Das breite Band oben links diente zum Abbinden der Gliedmaßen.

In den Menschen hineinschauen – moderne medizinische Diagnostik

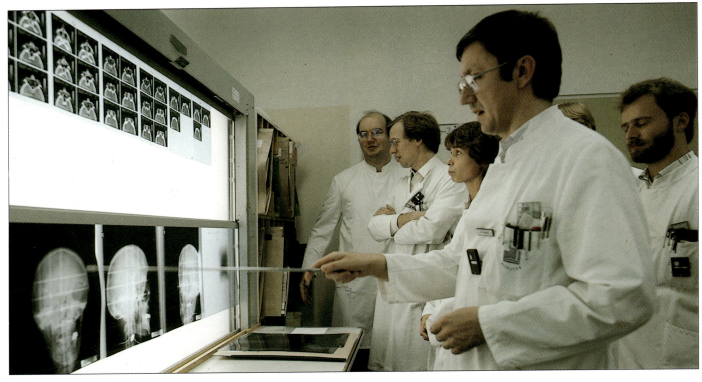

Die klassische Röntgenkonferenz. Vor den Leuchtschirmen mit den Röntgenaufnahmen diskutieren die Mediziner Diagnose und Therapie der Patienten.

Die technischen Verfahren, die es dem Arzt ermöglichen, in den Menschen hineinzuschauen, werden immer raffinierter und komplizierter.

Am Zentrum für Strahlenmedizin der Universität Münster befaßt sich insbesondere der Lehrstuhl für Röntgendiagnostik mit den modernen bildgebenden Verfahren. Furore machte Mitte der 80er Jahre eine neue Form der Diagnostik, die Magnetresonanztomographie, auch Kernspintomographie genannt.

Sie arbeitet ausschließlich mit Magnetfeldern und liefert damit Aufnahmen ohne Kontrastmittel und Röntgenstrahlen. Computer bauen die Bilder aus dem Körperinnern des Patienten aus Millionen magnetischer Meßdaten zusammen.

Diese moderne bildgebende Diagnostik ermöglicht eine dreidimensionale Ansicht des Körpers. Sie erlaubt Aufnahmen aus dem Körperinnern, wie sie bisher ohne Röntgenstrahlen nicht möglich waren. So stellen die Knochen für die moderne Magnetresonanztechnik kein Hindernis dar; damit ermöglicht das neue Diagnoseverfahren einen Blick ins Gehirn und ins Rückenmark. Auch Flüssigkeitsströme im Körper lassen sich beobachten, so daß Herz- und Hirndurchblutungsstörungen frühzeitig erkannt werden können.

Bösartige Tumoren und Tochtergeschwülste lassen sich mit der neuen Aufnahmetechnik gut von gesundem Gewebe abgrenzen. Bis zu einer Stunde muß der Patient jedoch regungslos in der Diagnoseröhre verharren, und manch einer bekommt dabei Platzangst.

Die teure Diagnosetechnik wird vorwiegend dann eingesetzt, wenn die Ärzte vor einer Operation besonders differenzierte Aufnahmen benötigen und die herkömmliche Röntgendiagnostik nicht mehr ausreicht. Der Magnetresonanztomograph der Universität Münster kostete 5,4 Millionen Mark. Doch damit nicht genug, es mußte auch für 1,6 Millionen Mark ein Gebäude für das neue Diagnosegerät errichtet werden. Es dient insbesondere der Abschirmung der Magnetfelder nach außen. Denn das Magnetfeld des Tomographen ist bis zu 30 000fach stärker als das Erdmagnetfeld und kann somit Herzschrittmacher aus dem Takt bringen und Funkfrequenzen stören.

In den 70er Jahren wurde die Computertomographie als die wichtigste Entwicklung seit der Entdeckung der Röntgenstrahlen in der Fachwelt gepriesen. Im Gegensatz zur Magnetresonanztomographie arbeitet die Computertomographie mit Röntgenstrahlen.

Der Computertomograph verfügt über ein besonders hohes Auflösungsvermögen und hat extrem kurze Aufnahmezeiten. 1978 wurde in der Radiologischen Universitätsklinik der zwei Millionen Mark teure Ganzkörper-Computertomograph installiert. Bei diesem Verfahren wird der Körper mit Hilfe von Röntgenstrahlen in Querschnittbilder in Form einzelner Scheiben von vier bis acht Millimetern Dicke „zerlegt".

Von der Röntgen-Technik bis hin zur Kernspintomographie

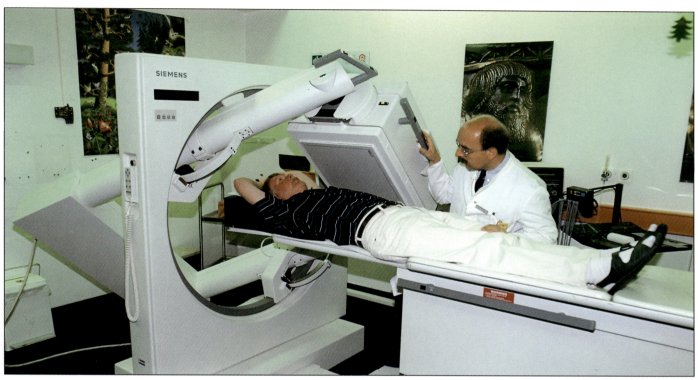

Die Gammakamera in der Klinik für Nuklearmedizin: Diese Rotationskamera wird vor allem für Schichtaufnahmen des Herzens eingesetzt, beispielsweise vor Bypaßoperationen, kann aber auch zur Ganzkörperdiagnostik genutzt werden. Neben der Kamera der Nuklearmediziner Prof. Dr. Dr. Otmar Schober. Unten: Eine Herzaufnahme „geschossen" von der Gammakamera. Die verschiedenen Farben geben dem Arzt Aufschluß über die Durchblutung des Herzmuskels.

Die Strahlenbelastung bei einer solchen Aufnahmeserie ist jedoch nicht größer als bei einer einzigen herkömmlichen Röntgenaufnahme.

Den größten Nutzen brachte die Computertomographie zweifellos der Krebsdiagnostik, da man Tumoren bereits in sehr frühen Stadien erkennen kann. Auch in der Nachsorge können Tumorrezidive und Metastasen frühzeitig erfaßt und behandelt werden.

Die Strahlenbehandlung mit Photonen- oder Elektronenstrahlen wird an der Universität Münster von der Klinik und Poliklinik für Strahlentherapie – Radioonkologie durchgeführt.

Bei der Bestrahlung eines Tumors ist von besonderer Bedeutung, daß das gesunde Gewebe vor schädlichen Strahlen geschützt wird und in erster Linie die bösartigen Zellen zerstört werden. Je genauer man den Tumor lokalisieren kann, um so besser kann man das gesunde Gewebe während einer Strahlenbehandlung schonen, und um so genauer kann man auch die erforderliche Strahlendosis festlegen.

Die Kombination der verschiedenen bildgebenden Verfahren konnte in der Strahlentherapie eine Verbesserung der Lokalisationsdiagnostik bewirken, so daß Erkrankungen, die als Folge einer Strahlenbehandlung auftreten können, verringert wurden. Denn durch eine optimale Anpassung des Strahlvolumens an die Lokalisation von Tumoren können umliegende strahlenempfindliche Organe geschont werden.

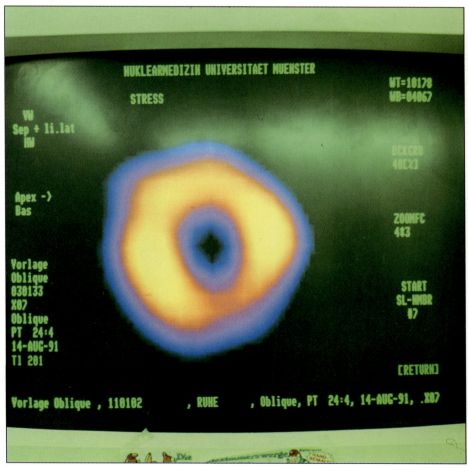

Preise benannt nach Gerhard Domagk und Rudolf von Bennigsen-Foerder

Domagk-Preis an zwei Wissenschaftler: Nach dem Medizin-Nobelpreisträger Gerhard Domagk, der vor mehr als 60 Jahren in Münster die experimentelle Tumorforschung etablierte, ist der mit je 10 000 Mark dotierte Preis benannt, der Anfang 1992 an den Immunologen Prof. Dr. Gert Riethmüller (links) aus München und den Internisten Prof. Dr. Klaus Höffken (Mitte) aus Essen verliehen wurde. Beide arbeiten in der universitären Tumorforschung. Die Preise wurden überreicht vom Vorsitzenden des Kuratoriums für den Gerhard-Domagk-Preis, Prof. Dr. Werner H. Hauss.

Preise für Nachwuchswissenschaftler: Mit dem Bennigsen-Foerder-Preis des Landes wurden der Botaniker Dr. Matthias Rögner (zweiter von links) und der Nuklearmediziner Dr. Wolfgang Brandau Anfang 1991 ausgezeichnet. Rögner erhielt knapp 100 000 Mark für ein Projekt, mit dem der Prozeß der Photosynthese erforscht werden soll. Brandau wurden 90 000 Mark zugesprochen. Er arbeitet mit neuartigen Radiopharmaca in der Diagnostik und Behandlung neurologischer Erkrankungen. Links Wissenschaftsministerin Anke Brunn bei der Überreichung, rechts Rektorin Prof. Dr. Maria Wasna.

Nobelpreisträger Gerhard Domagk und Lambarene-Arzt Hermann Mai

Zum „Nutzen der Menschheit" und „nicht zu ihrem Schaden und ihrer Vernichtung" wollte Prof. Dr. Gerhard Domagk zeit seines Lebens forschen. Und so wurde der langjährige münstersche Hochschullehrer für Pathologie und Nobelpreisträger von 1939 im selben Jahr von der Gestapo verhaftet, als er in seiner Dankesrede sagte: „Es ist leichter, tausende von Menschenleben zu vernichten, als eines zu erhalten."

Domagks Entdeckung der Heilwirkung der Sulfonamide leitete den Siegeszug der modernen Chemotherapie und damit eine neue Ära in der Geschichte der Medizin ein. Durch die von ihm entwickelten Tuberkulosemedikamente nahm der Wissenschaftler der gefürchteten Krankheit ihre Schrecken. Seit 1925 war Domagk Privatdozent und ab 1958 ordentlicher Professor an der Universität Münster.

In seinen letzten Lebensjahren (der 1895 in Lagow / Mark Brandenburg geborene Domagk starb 1964) befaßte er sich mit der Chemotherapie des Krebses. Seine Arbeiten trugen ihm weltweite Anerkennung und die Verleihung zahlreicher Ehrendoktortitel ein. Die Stadt Münster benannte ihm zu Ehren den ehemaligen Westring in Domagkstraße um.

Hermann Mai, 27 Jahre lang Leiter der Kinderklinik, arbeitete nach seiner Emeritierung als Arzt in Lambarene.

Kranken Kindern zu helfen und ihnen im Krankenhaus ein Gefühl der Geborgenheit zu geben – darin sah Prof. Dr. Hermann Mai zeit seines Berufslebens und noch danach seine Lebensaufgabe. 27 Jahre lang – bis zu seiner Emeritierung im Februar 1976 – leitete der 1902 geborene Hermann Mai die von ihm mit aufgebaute münstersche Kinderklinik. Der Mediziner und Chemiker, der sein Doppelstudium mit einer zweifachen Promotion beendet hatte, war 1943 auf den Lehrstuhl für Kinderheilkunde in Münster berufen worden.

Sein Interesse und seine Hilfsbereitschaft aber gingen über Münsters Grenzen hinaus. 1956 begegnete er erstmals dem damals 81jährigen Albert Schweitzer, mit dem ihn fortan eine tiefe Freundschaft verband. Nach seiner Emeritierung setzte Hermann Mai das Werk Schweitzers fort. Er arbeitete mehrere Jahre in dem von Schweitzer gegründeten Urwald-Hospital in Lambarene (Gabun) und wurde 1971 für zehn Jahre Präsident des Deutschen Hilfsvereins für das Albert-Schweitzer-Hospital.

Gerhard Domagk, Nobelpreisträger des Jahres 1939, leitete den Siegeszug der modernen Chemotherapie ein.

60 Meter hohe Bettentürme wurden neues Wahrzeichen der Stadt

Es war eine Baustelle der Superlative in den 70er Jahren. Tief im Boden wurden die gewaltigen Bettentürme verankert, bis sie schließlich mit mehr als 60 Metern Höhe überm Straßenniveau ihre endgültige Größe erreicht hatten.

Das neue Klinikum aus der Luft: Die Bettentürme haben in der Silhouette der Stadt neue Akzente gesetzt.

Das neue münstersche Klinikum ist einem regelrechten Glücksfall zu verdanken: In Nordrhein-Westfalen wurde 1969 zur Abwicklung des gigantischen Hochschulneubauprogramms die HFG gegründet, die gleichsam privatwirtschaftlich arbeitende Hochschulbau- und Finanzierungsgesellschaft, in deren bereits umfangreiches Investitionsprogramm das münstersche Projekt schließlich doch noch aufgenommen wurde – dank eines überzeugenden Konzeptes und einer bis ins Feinste ausgefeilten Raumplanung und eines massiven politischen Druckes. Münster war auf den bereits rollenden Zug aufgesprungen. Bis zum Einzug sollten jedoch noch 14 Jahre vergehen, mußten mehr als eine Milliarde Mark verbaut werden. Ohne die HFG, das kann man heute sagen, wäre das Klinikum nicht gebaut worden.

Das neue Klinikum löste das 1925 eingeweihte Altklinikum am Westring ab, eine in sich geschlossene Anlage, deren Bau vor dem Ersten Weltkrieg gestartet worden war und die noch auf bauliche Konzeptionen vom Ende des vorigen Jahrhunderts zurückging.

Architektonisches Charakteristikum des Klinikums – und darüber hinaus der Stadt Münster – sind die mehr als 60 Meter hohen Bettentürme, die über dem zentralen Flachbereich aufragen. Die „pflege-

Kühle Technik besticht durch ästhetische Funktionalität

Die funktionale Technik kann eindrucksvolle architektonische und optische Reize entwickeln.

Kühles Industriedesign beherrscht das Gebäude der Zahn-, Mund- und Kieferklinik.

leichte" Rundstation, die diesem Konzept zugrunde lag, geht auf amerikanische Vorbilder zurück, war in Deutschland bis dahin jedoch nur in einem kleinen Krankenhaus verwirklicht worden. Also ein Experiment, das für die Vorausschau der damaligen Planer spricht, das nicht kühner architektonischer Selbstzweck war, sondern kühler Rationalität entsprach. Wer heute eine dieser Rundstationen „hoch über den Dächern" der Stadt betritt, vergißt den medizinischen Großbetrieb.

Der Bau verlangte höchstes technisches Können, gleichen die Bettentürme doch einer auf die Spitze gestellten Pyramide: Das Gewicht von rund 20 000 Tonnen lastet auf einer Kreisplatte, die von einem neun Meter dicken Schaft getragen wird. Der endet 14 Meter unter der eigentlichen Baugrube in einem Mergel, der bereits Felsqualität besitzt. Riesige Mengen Beton mußten allein für diese Spezialkonstruktion verarbeitet werden. Um das Lehrgerüst für die Kreisplatte bauen zu können, schlossen sich drei deutsche Großfirmen zu einer Arbeitsgemeinschaft zusammen – die Kapazität einer Firma allein reichte nicht. Die Statik war hin- und hergerechnet und mehrfach mit wissenschaftlichen Gutachten geprüft worden – für diese Aufgabe gab es keine Vorbilder. Diese außergewöhnliche Konstruktion bietet den Vorteil, daß der Zentralbereich nur durch die neun Meter dicken Schäfte „gestört" wird.

Das Klinikum reicht mehrere Geschosse tief in den Boden, die Baugrube lag um 20 Meter unter dem Straßenniveau, noch einmal tiefer wurden die Versorgungskanäle für den automatischen Warentransport gebuddelt. Von dem Bodenaushub profitierte die damals noch selbständige Gemeinde Nienberge: Mit mehr als 500 000 Kubikmetern Boden wurde der Grundstock gelegt für ein wahres Lärmschutzgebirge an der Autobahn.

1971 wurde der Bau des Klinikums gestartet, 1975 gerichtet, 1982 an den Hausherrn, die Medizinische Fakultät, übergeben. Der Einzug war ein Jahr später weitgehend abgeschlossen. 1979 bereits nahm die Zahn-, Mund- und Kieferklinik den Betrieb auf. Ihr Neubau war erst 1971 genehmigt worden, konnte also in das architektonische Gesamtprogramm des Klinikums nicht integriert werden. Ein Dutzend Jahre Bauzeit, von der Planung bis zum Einzug 20 Jahre – für ein Projekt dieser Größenordnung kaum zuviel.

Für Münster ein Glücksfall, denn ohne die HFG hätte die Fakultät das neue Klinikum nicht erhalten. Und die abschnittsweise Erneuerung der Altkliniken ist ein Programm für Jahrzehnte.

Das Altklinikum von 1925 – gelungene städtebauliche Anlage

Eine Luftaufnahme aus dem Jahre 1928 zeigt die städtebaulich sorgsam gegliederte Gesamtanlage der neuen Kliniken. Im Mittelpunkt lag die Medizinische Klinik, die gleichsam wie ein barockes Schloß geplant war.

Das Altklinikum im Westen der Stadt ist ein bau- und kulturgeschichtliches Denkmal, trotz der gravierenden baulichen Änderungen, die mit dem Wiederaufbau nach dem Kriege und später notwendigen Modernisierungen einsetzten. „In ihrer Gesamtheit stellen sie eine Musteranstalt neuzeitlicher Krankheitsforschung und -belehrung dar, eine medizinische Bildungsstätte ersten Ranges", urteilte 1933 ein Fachmann. Und selbst heute bewerten Universitätsplaner die Gesamtanlage wie die Konzeption einzelner Bauten als vorbildlich.

Mit der Neugründung der Universität 1902 wurde auch der Ausbau der Medizin nachhaltig betrieben. Zunächst standen Gebäude am Krummen Timpen und an der Johannisstraße zur Verfügung, konnten aber nur ein Provisorium sein. 1914 wurde deshalb die Genehmigung für den Neubau eines Klinikums erteilt, mit dem Bau wurde noch im selben Jahr begonnen. Bemerkenswert ist, daß sowohl Stadt als auch Provinzialverband (heute Landschaftsverband) einen Kostenbeitrag zugesichert hatten. Die Bauarbeiten wurden erst 1916 eingestellt, 1918 / 1919 wieder aufgenommen, 1925 erfolgte die Übergabe.

Unter den neueren Universitäten war Münster die erste, für die eine geschlossene medizinische Anlage mit Krankenhausbauten, Institutsgebäuden, technischen Anlagen und Wohnhäusern errichtet wurde. Sie war konzipiert für rund 350 Patienten hauptsächlich aus den ärmeren Bevölkerungsschichten. Den Fortschritt der Medizin in einem damals hochmodernen Krankenhaus wußten aber bald auch besser gestellte Bürger der Stadt zu schätzen.

Das Altklinikum stellt eine städtebauliche Einheit dar, die sich bewußt an traditionelle münstersche Bauformen anlehnt. Barocke Architektursprache, die hier typische Kombination von Klinker und Sandstein, Platzgestaltungen, der später mit hohen Bäumen bestandene gepflegte Park vermitteln einen hohen architektonischen Anspruch, der der Bedeutung der Medizin und der medizinischen Ausbildung entspricht.

Zentraler Punkt dieser Anlage ist die Medizinische Klinik, die nahezu wie ein barockes Schloß mit vor-

Barocke Architekturformen betonen den Rang der Medizin

Die Bedeutung der Medizin wurde durch die Wiederaufnahme barocker Architekturformen betont. – Großzügig waren Balkone und Loggien einbezogen in die Klinikbauten. Die Freilufttherapie spielte noch eine große Rolle.

springendem Mitteltrakt gebaut ist. In der Verlängerung der Sertürnerstraße war hier früher ein Platz ausgebildet, der von zwei Institutsgebäuden und zwei Professorenhäusern flankiert wurde. Der alte Westring (heute Domagkstraße) wurde alleeartig bepflanzt. Mit dem Durchbruch des neuen Westrings, um den lange gerungen wurde, gehört diese gelungene städtebauliche Konzeption der Vergangenheit an.

Ursprünglich wurden vier Klinikbauten errichtet: einer für Chirurgie und Hals-Nasen-Ohren-Medizin, einer für Innere und Allgemeinmedizin, der auch die Kinderklinik aufnahm, und je einer für Frauen- und Augenheilkunde. Jede Klinik wurde zudem mit einer Isolierstation („Absonderungsbaracken") ausgestattet. Zur Gesamtanlage gehörten ferner vier Institutsgebäude für Pathologie, Gerichtsmedizin, Hygiene und Pharmakologie. Ein Gebäude wurde für die Verwaltung errichtet, außerdem kamen Küche, Wäscherei und Technikzentrale hinzu. Zwei einfache Dozentenhäuser an der Sertürnerstraße rundeten das städtebauliche Ensemble ab.

Schlaflabor der Psychologen: Träumen für die Wissenschaft

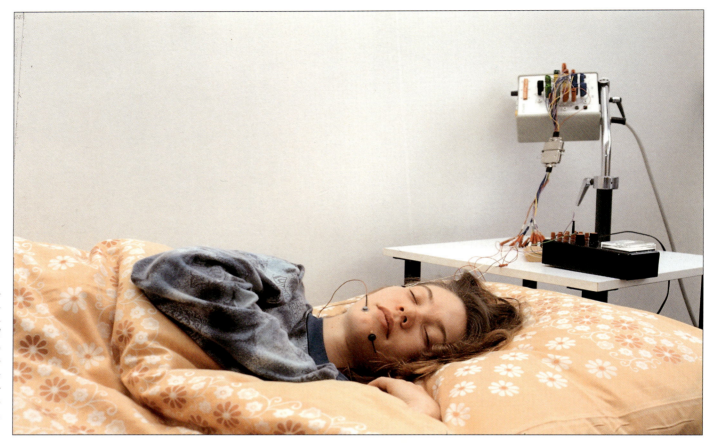

Schlafen für die Wissenschaft: Im Schlaflabor des Psychologischen Instituts wird der Schlaf elektronisch aufgezeichnet, wie lang die Einschlafzeit dauert, wie groß der Traumanteil ist, wie oft der Patient aufwacht.

Jeder vierte Bundesbürger klagt über Schlafstörungen, die neben Herzbeschwerden und Kopfschmerzen zu den häufigsten psychosomatischen Leiden gehören. Bei einer Befragung niedergelassener Ärzte im Münsterland gaben 70 Prozent der Allgemeinmediziner und 50 Prozent der Internisten an, daß sie täglich mehrere Patienten behandeln müssen, deren Nachtruhe nachhaltig gestört ist. An der Westfälischen Wilhelms-Universität werden Schlafstörungen in einem Schlaflabor am Psychologischen Institut erforscht.

Jährlich werden in der Bundesrepublik etwa 700 Millionen Tagesdosierungen schlaffördernder Medikamente verschrieben. Trotz aller Warnungen vor den damit verbundenen Gesundheitsrisiken steigt die Verschreibungsquote bei Schlafmitteln weiter an. Vielen Patienten könnte besser und schneller geholfen werden durch eine wissenschaftliche Diagnose, Beratung und Behandlung in einer Schlafklinik oder in einem Schlaflabor. Noch gibt es aber – im Gegensatz zu den USA – in der Bundesrepublik viel zu wenige solcher Einrichtungen. Deutschland hat nach dem Urteil eines prominenten amerikanischen Schlafforschers die internationale Entwicklung in diesem Bereich im wahrsten Sinne des Wortes „verschlafen".

Nicht so die Westfälische Wilhelms-Universität, deren Schlaflabor als einziges in der Bundesrepublik direkt einem Psychologischen Institut angegliedert ist. Prof. Dr. Christian Becker-Carus, Leiter der Einrichtung, mißt dieser Tatsache erhebliche Bedeutung bei, weil ein großer Teil der Schlafstörungen weder durch internistische, neurologische oder psychiatrische Diagnosen und Maßnahmen erfaßt werden könne.

Kommen schlafgestörte Patienten nach einer meist schon recht langen, aber stillen Leidensgeschichte zum Arzt, greift dieser immer noch allzu häufig zur Schlaftablette. Für Prof. Becker-Carus und seine Mitarbeiter ist dies aber in den allermeisten Fällen nur eine „Scheinlösung von Problemen und keine Lösung von Schlafproblemen". Sehr häufig sei eine schnelle Dosissteigerung erforderlich und beim letztendlichen Versuch, die Droge wieder abzusetzen, verstärken sich Schlaflosigkeit und Erschöpfungszustände meist nochmals erheblich, was wiederum zur Dosissteigerung mit entsprechenden Nebenwirkungen führt. Der Teufelskreis aus Schlafstörung, Medikamenteneinnahme, Entzug, Verschlimmerung der Anfangsprobleme und erneuter Medikamentation schließt sich... Im Schlaflabor der Universität Münster setzt man auf eine gründ-

Wenn Patienten aus Sorge um den Schlaf nicht zur Ruhe kommen

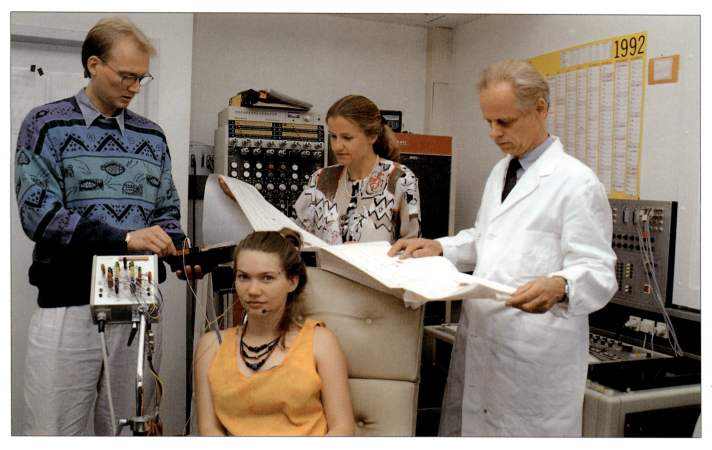

Prüfen die Aufzeichnungen der Gehirntätigkeit während des Schlafs: von rechts Prof. Dr. Christian Becker-Carus, der Leiter des Schlaflabors, Diplom-Psychologin Beate Paterok und Diplom-Psychologe Horst Schürmann. Testperson vorn war Birgit Löchte, Studentin am Institut.

liche Diagnose und auf ein anschließendes Therapiekonzept, „das den schnellen Griff zum Rezeptblock verhindern soll". Ziel ist ein standardisiertes Therapieprogramm, das in Form eines Handbuches sowohl in Kliniken als auch in den Praxen niedergelassener Ärzte angewendet werden kann.

Die Klienten kommen aus dem gesamten deutschsprachigen Raum. Jeweils zwei Patienten können gleichzeitig für zwei Tage und Nächte zur Untersuchung aufgenommen werden. Während des Tages erfolgt eine ausführliche psychologische Untersuchung, in der Nacht die dazugehörige physiologisch-polygraphische Schlafuntersuchung. Hier wird unter anderem ermittelt, wie groß der individuelle Anteil an tiefem oder leichtem Schlaf ist, wie groß der Traumschlafanteil, wie lang die objektive Einschlafzeit ist und wie oft der Patient im Laufe der Nacht aufgewacht ist. Aus den objektiven Ergebnissen dieser Untersuchungen ziehen die münsterschen Schlafforscher Schlüsse auf die Ursachen der individuellen Störungen und stellen ihre Diagnose.

Patienten, bei denen keine primäre Schlafstörung festgestellt wird, werden an andere, auf das entsprechende Krankheitsbild spezialisierte Kliniken weitergeleitet. Ansonsten findet zum Schluß der Untersuchungsphase ein ausführliches Beratungsgespräch statt. Oft bedarf es zur Besserung nur leichter, häufig aber auch erheblicher Verhaltensänderungen des Patienten. Auch Veränderungen im Schlafzimmer selbst können dabei in Betracht kommen. In anderen Fällen empfiehlt sich eine ambulante Psychotherapie oder auch der Aufenthalt in einer Psychosomatischen Klinik. Darüber hinaus ist im Schlaflabor Münster auch eine Gruppentherapie für schlafgestörte Patienten entwickelt worden.

Manche Schlafstörung, die auch mit Pillen und Pülverchen nicht in den Griff zu bekommen war, löst sich im Schlaflabor auch durch eine „Schlaferziehung". Oft bestehen falsche Vorstellungen, welcher Schlaf normal ist.

Die Wissenschaftler stoßen auf eingeprägte „Schlaf-Normen", die nach den Erkenntnissen der heutigen Schlafforschung längst überholt sind. Einigen Patienten, die buchstäblich aus Sorge um den eigenen Schlaf nachts nicht zur Ruhe kamen, konnte schon mit dem wissenschaftlich abgesicherten Hinweis geholfen werden, daß nicht jeder normale Mensch mindestens acht Stunden Schlaf benötige.

In der Universität wird gejazzt, getrommelt, gesungen und gegeigt

Er hat die Akademische Orgelstunde in Münster berühmt gemacht, Prof. Dr. Joachim Dorfmüller vom Institut für Musikpädagogik. Studenten erhalten damit die Möglichkeit, nicht im Seminar, sondern in der Dominikanerkirche zu spielen, und nicht nur vor Kommilitonen, sondern auch, sofern Interesse vorhanden, vor „richtigen" Zuhörern. Das motiviert, ist der schönste Anreiz für die Studenten. Diese Akademischen Orgelstunden finden mit großer Regelmäßigkeit statt, so daß in kurzen Zeitabständen Jubiläen gefeiert werden können – im Dezember 1991 war es bereits die zweihundertste Orgelstunde.

Auch hier stand das Institut für Musikpädagogik Pate: Die Kerntruppe der Big Band der WWU kam ursprünglich aus diesem Institut. Bob Lanese, der bekannte Trompeter, gründete 1982 die Band, der inzwischen Musiker aus verschiedenen Fachbereichen angehören. Die Big Band ist mittlerweile ein Markenzeichen der Universität, gefragt auch außerhalb.

Nichts im universitären Kulturbetrieb wird übertroffen vom Reichtum des Musiklebens. Chöre und Orchester, Bands, große und kleine Ensembles bilden den facettenreichen Klangkörper der Alma mater, in der gesungen, gejazzt, getrommelt und gegeigt wird. Ob in der akademischen Orgelstunde von Professor Dorfmüller oder im Hörsaal der Anatomie beim Medizinerorchester: die Musik schafft an der Universität zahlreiche Möglichkeiten der Begegnung und der künstlerischen Kommunikation.

Zu den ehrwürdigsten Institutionen gehört zweifellos das Collegium musicum instrumentale. Die Tradition des Orchesters reicht bis in die 20er Jahre zurück. Was damals als auf barocke und klassische Musik spezialisiertes Kammerorchester begann, hat sich bis heute zu einem groß besetzten Sinfonieorchester entwickelt. Hier spielen Studenten neben Schülern und Berufstätigen. Damit ist das Orchester seiner ursprünglich engen Verflechtung mit dem Musikwissenschaftlichen Seminar weitgehend entwachsen, auch wenn immer noch enge Beziehungen bestehen. Diese zeigen sich zum Beispiel in der Veranstaltungsreihe „Das Musikkolleg" – offene Abende des Collegium musicum, die mit einem kundigen Einführungsvortrag beginnen.

Im Laufe der Jahre wurden aus dem Collegium musicum heraus weitere Orchester gegründet wie das Studentenorchester oder das junge Sinfonieorchester sowie – als eine gefragte Besonderheit – das Bläserensemble für Mittelalter- und Renaissance-Musik. Die Mitglieder des Bläserensembles gehören dem Musikwissenschaftlichen Seminar und dem Institut für Musikpädagogik an. Sie spielen die Musik aus der Zeit von 1300 bis 1600 n. Chr. – eben des Mittelalters und der Renaissance – historisch so getreu wie möglich auf nach alten Vorlagen nachgebauten Instrumenten.

Demgegenüber hat sich das Instrumental- und Stimmensemble „avantgarde" der neuen Musik verschrieben. Vom reinen a-capella-Gesang ist das Repertoire zur gemischten Besetzung von Stimmen und Instrumenten angewachsen. Neben Neuerscheinungen bildet die Musik aus dem Umkreis von Arnold Schönberg den Schwerpunkt. Außerdem bearbeitet das „ensemble avantgarde" ältere Musik mit zeitgenössischen Mitteln, verfremdet sie mit Improvisations- und Collagetechniken.

Das große Interesse der Studierenden an der musikalischen Betätigung hat zu ungewöhnlichen Spezialisierungen geführt, so zum Beispiel auf kirchliche Musik (Studentenkantorei, Motettenchor), auf Gregorianik (Schola Cantorum), auf die Musik Mozarts (Mo-

Ein reiches Musikleben erfrischt den trockenen Studienalltag

Das Collegium musicum instrumentale unter seinem Leiter Dr. Diethard Riehm, dem Universitätsmusikdirektor. Auch in diesem Ensemble spielen längst nicht nur Musikstudenten, wenn es auch ursprünglich aus dem Musikwissenschaftlichen Seminar heraus entstanden ist. Hier erfreute das Collegium musicum Gäste des Sommerfestes der Universität.

zart-Orchester), ja selbst auf slawisches Liedgut (RA-DUGA). Daß die Studenten neben der „klassischen" aber auch die moderne Musik schätzen, beweist die WWU-Big-Band, die der auch international bekannte Trompeter Bob Lanese 1982 ins Leben rief. Die Kernmannschaft der Big-Band kommt aus dem Institut für Musikpädagogik. Inzwischen rekrutiert sich das 18köpfige Ensemble aber aus verschiedenen Fachbereichen. Swing und Latin-Standards, Rhythmen von Count Basie, Thad Jodes und Buddy Rich haben die Musik der Big Band zu einem Wahrzeichen der Universität werden lassen und die Band zu einer der meist gefeierten und gefragten Musikgruppen – auch außerhalb Münsters.

Studentischer Madrigalchor: Musik überwindet alle Grenzen

Ein Bild, das seinerzeit durch die Presse ging: Der Chor Anfang der 60er Jahre bei der populären Steubenparade in New York.

Das war 1963: Herma Kramm mit dem berühmten Dirigenten Eugene Ormandy.

Auf Auslandstournee: Der Staatsgouverneur von Jamaika, Florizel Glaspole, gratuliert.

Nur wenige Künstler der Stadt Münster können einen Rang beanspruchen, wie ihn sich der Studentische Madrigalchor nunmehr seit Jahren ersungen hat. Das Geheimnis dieser beispiellosen Laufbahn liegt in Herma Kramm, die seit der Gründung des Chores als sein Kraftfeld wirkte. Dabei hatte am Beginn nichts als der schlichte Wunsch zu singen bestanden, über der Musik die Alltagsmisere zu vergessen. Denn im Sommer 1947 herrschten Hunger und Trümmer. Noten mußten mit der Hand geschrieben werden. Gesungen wurde in Baracken, die im Winter mit mitgebrachten Briketts notdürftig geheizt wurden. Der Wille zu singen war stärker als die materielle Not.

Musik hat Herma Kramm nicht nur als Selbstzweck verstanden, obschon sie ein wunderbarer Selbstzweck ist. Sie verstand von Anfang an Musik als Medium, als Schrittmacher über Grenzen hinweg. Und diese Botschafterfunktion erfüllte der Chor in den vielen Jahren in internationalen Dimensionen. Die Madrigalisten stellten sich dabei auch schwierigen Aufgaben.

1950 sang der Chor als erstes bundesdeutsches Ensemble in den Niederlanden, aus denen erst wenige Jahre zuvor die deutschen Besatzer abgezogen waren. 1971, unmittelbar nach dem deutsch-polnischen Vertrag, waren die münsterschen Sänger in Warschau zu hören, dessen Land Hitler-Deutschland als erstes über-

Geschichte des Chores ist zugleich Lebensgeschichte von Herma Kramm

Der Chor beim Neujahrskonzert in der Universität mit Rektorin Wasna. Der Chor singt nicht nur, er weiß auch durch szenisches Spiel zu begeistern.

fallen hatte. Sie sangen trotz politischen Widerstands aus Münster im südafrikanischen Pretoria, und eine musikalische Mission nach China verhinderte nur das blutige Massaker auf dem Platz des himmlischen Friedens. In der letzten Zeit trug der Chor den Gedanken der Versöhnung und Brüderlichkeit in den Osten Deutschlands. Nach dem Fall der Mauer galt es, die innere Mauer einzureißen. Und was ist dazu besser befähigt als die allumfassende Musik. Der Chor tat das, was andere auf anderen Gebieten taten – er gab Hilfe zur Selbsthilfe. Für Good will haben die Madrigalisten „mehr geleistet als zehn Diplomaten", bescheinigte der berühmte Dirigent Eugene Ormandy bereits 1963 den Münsteranern. Der Studentische Madrigalchor hat den Namen Münsters und der Universität buchstäblich in alle Welt getragen – wie keine andere münstersche Institution. Kaum ein Land, in dem die Madrigalisten nicht zu hören waren.

Das ist aber nicht alles. Musik verstand Herma Kramm nicht nur als kultur-politisches Medium, sie erblühte unter „ihren Silberhänden" (Singapur 1973) zu höchster Vollkommenheit, wobei für die Chorleiterin die technische Perfektion Voraussetzung ist. 1960 nahmen die Madrigalisten an einem internationalen Chorwettbewerb in Turin teil – und holten den Sieg, dem in den nachfolgenden Jahren auf vielen Festivals weitere Preise und höchste Anerkennungen folgten.

Den Meistersingern aus Münster eilt inzwischen ein solcher Ruf voraus, daß von ihnen ganz einfach Höchstleistungen erwartet werden. Nicht umsonst war der Chor 1990 für das Eröffnungskonzert der Salzburger Festspiele eingeladen worden. Dabei darf nicht vergessen werden: Die Mitglieder des Chores sind Laien, wenn auch hervorragend geschult, überwiegend Studenten aller Fachrichtungen, die schließlich ihr Studium erfolgreich beenden wollen.

Die Musik erwies oftmals ihre Bindungskünste auch bei den Sängern selbst – das Singen der Madrigale und Motetten stiftete so manche Ehe. Und Kinder dieser Madrigalistenehen gehen wieder auf Reisen mit dem Madrigalchor.

Singen für die Völkerverständigung, Singen für praktische Hilfe. Mehrfach stellte der Chor den Konzerterlös zur Verfügung – für Fenster der neu erbauten Synagoge, für Medikamente, die nach Peru geschickt wurden, für ein Haus, das in Brasilien vom Unwetter zerstört war.

Singen, helfen, Brücken bauen: Das ist die Welt von Herma Kramm, die für ihr jahrzehntelanges Engagement mit etlichen hohen Auszeichnungen geehrt wurde. Die Geschichte des Studentischen Madrigalchores ist zugleich die Lebensgeschichte von Herma Kramm. Madrigalchor und Herma Kramm sind identisch.

Sternstunden des Theaters: Professoren auf der Studiobühne

Peter Otten, Regisseur und Schauspieler, wurde 1949 Leiter der neuen Studiobühne der Universität. Im selben Jahr führte er auch die „Stunde des Wortes" ein.

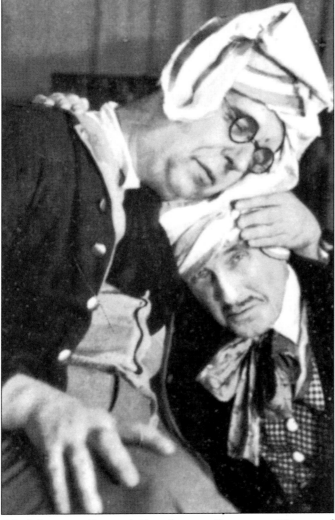

Die bekannten Germanistikprofessoren Benno von Wiese und Jost Trier (rechts) schrieben in Münster Theatergeschichte.

Die Premiere vor mehr als 40 Jahren war eine Sensation: In den Rollen des trinkfreudigen Dorfschulmeisters bzw. des eitlen Dichterlings verhalfen die hochangesehenen Germanistikprofessoren Benno von Wiese und Jost Trier Grabbes „Scherz, Satire, Ironie und tiefere Bedeutung" zu einem fulminanten Erfolg und der Studiobühne der Westfälischen Wilhelms-Universität zu einem ebensolchen Start. Mit den Namen der beiden renommierten Wissenschaftler verbindet sich die Gründung der Studiobühne ebenso wie die des Lektorats für Sprecherziehung und Vortragskunst am Germanistischen Institut. Ihr erster Leiter und Lektor, der ehemalige Regisseur und Schauspieler Peter Otten, initiierte schon im Mai 1949 als zweites Standbein der Studiobühne die berühmten Rezitationsabende, die unter dem Titel „Stunde des Wortes" zu einer angesehenen Institution der Universität geworden sind.

Das Erlebnis, einen Golo Mann (damals Gastprofessor an der WWU) als Zwerg mit Zipfelmütze und wallendem Bart in einer Karnevalsaufführung zu erleben, wird sich sicher nicht wiederholen. Denn die Lehrenden haben sich mit der Zeit aus der praktischen Theaterarbeit weitgehend zurückgezogen. Die Begeisterung der Studierenden hält dagegen ungebrochen an. Neben den Germanistikstudenten, die pflichtgemäß eine Übung in der Sprecherziehung zu absolvieren haben, bekunden vor allem angehende Theologen, Juristen und Mediziner ihr Interesse am Theaterspiel. So hat sich der Jason vieler „Medea"-Aufführungen inzwischen als Oberarzt an der münsterschen Hautklinik habilitiert.

Das Ensemble besteht inzwischen aus einer Gruppe von rund 30 Studierenden. Sie diskutieren die Stückauswahl, sie kümmern sich um das Bühnenbild, Licht- und Tontechnik, um die Kostüme, sie spielen und führen gelegentlich auch schon mal selbst Regie. Kein Wunder also, daß einige der theaterbegeisterten Amateure schließlich den Weg zu einer professionellen Bühne gefunden haben. Mit anspruchsvollen Stücken wie Schnitzlers „Reigen" oder Ionescos „Der König stirbt" feierte die Studiobühne große Erfolge bei Auftritten auch außerhalb der Universität im Münsterland, im Ruhrgebiet, in Belgien, den Niederlanden und einer Gastspielreise nach Istanbul. Breit gefächert ist auch das Repertoire der Rezitationsabende, die sowohl Studierende als auch auswärtige Vortragende gestalten.

Der konstante Besucherstrom hängt sicher auch mit den günstigen räumlichen Gegebenheiten zusammen. Seit Beginn der 60er Jahre ist die Studiobühne stadtnah im Seminargebäude am Domplatz unterge-

Theaterpädagogen experimentieren mit selbstgeschriebenen Stücken

Studenten der Theaterpädagogik spielen unter der Leitung von Dr. Enrico Otto mit Begeisterung Theater. Oft sind die Stücke auch Eigenproduktionen.

bracht. Ein großer Übungsraum, der schwenkbare Plafond, die kleine Drehbühne sowie zahlreiche technische Raffinessen erfüllen alle Voraussetzungen für eine organisatorisch einwandfreie Aufführung.

Vergleichsweise jung und dennoch aus dem Kulturleben der Universität nicht mehr wegzudenken, ist die Bühne der Theaterpädagogik, die Theaterleiter Dr. Enrico Otto 1968 als „Studiobühne der Pädagogischen Hochschule" ins Leben rief. Mit der Integration der PH in die Universität 1980 änderte das Theater seinen Namen, schon um Verwechslungen mit den Kollegen am Domplatz auszuschließen. Repertoire und Zielrichtung beider Bühnen sind ohnehin sehr unterschiedlich. Vor allem experimentelle Aufführungen stehen auf dem Programm der Theaterpädagogen. Ihr Domizil haben sie in der früheren Pädagogischen Hochschule an der Scharnhorststraße 100 gefunden. Das Gebäude direkt am Aasee bietet weidlich Proben- und Aufführungsmöglichkeiten. Das Interesse der Studenten an der praktischen Theaterarbeit ist groß, das Ensemble zählt inzwischen 50 aktive Mitglieder. Besonders willkommen sind Musik- und Kunstpädagogen. Denn zum Markenzeichen der Bühne gehört, daß viele Stücke selbst geschrieben und ausgestattet werden: Texte, Musik, Choreographie und Kostüme entstehen in Teamarbeit. Dahinter steht der Anspruch von Theaterleiter Dr. Otto, den Studenten das Medium Theater möglichst vielfältig als zusätzliches Gestaltungsmittel für den späteren Schulunterricht zu erschließen. Der Austausch der verschiedenen Theatersparten kommt den künftigen Lehrern sehr zustatten. Ebenso die gewinnbringende Ensemblearbeit, die mit einfachen Atem- und Sprechübungen beginnt.

Um in einem Stück auftreten zu können, müssen die Studierenden zunächst Bewegung, Körperhaltung, Kommunikationsformen und das Agieren in der Gruppe erlernen. Erst danach sind sie reif für den öffentlichen Auftritt, sei es in einem Drama von Botho Strauß oder Marguerite Duras – oder eben in einem selbstgeschriebenen Stück wie dem Musical „Sue oder der Garten der Künste", in dem die Theaterpädagogen einen ihrer großen Erfolge feierten.

Heinrich-von-Kleist-Preis für Ulrich Horstmann: Das PROF – ein voreiliger Lexikoneintrag

Ulrich Horstmann, Jahrgang 1949, Anglist, Lyriker, Philosoph und Schriftsteller, lehrte viele Jahre in Münster. 1988 wurde er von der Heinrich-von-Kleist-Gesellschaft mit dem schon legendär zu nennenden Kleistpreis ausgezeichnet, was materiell mit 25 000 Mark zu Buche schlug. Seit dem Wintersemester 1991/92 lehrt Horstmann an der Universität Gießen.

PROF, n., Ausgestorbene, sich am Ende des 20. Jahrhunderts explosionsartig vermehrende Unterart der Gattung Neunmalklug, zu der auch die dickfelligen Apparatschicks und agilen Experten gezählt werden, die in der freien Wildbahn noch hier und da vorkommen, aber aufgrund konsequenter Bejagung keine größeren Schäden mehr anrichten.

Obwohl das PROF in jeder kleineren Universitätsstadt in Scharen auftrat, sind Skelettfunde selten, weil die meisten Exemplare über kein Rückgrat verfügten. Ein solcher anatomischer Rigorismus war nämlich jener Geschmeidigkeit und Anpassungsbereitschaft im Wege, die es dem PROF erlaubte, seinen Wissensdurst immer dort zu stillen, wo die Finanzquellen sprudelten. Und falls sich beim Nachwuchs Verhärtungen auszubilden begannen oder gar eine unselige Anlage zum aufrechten Gang durchschlug, zögerte man nicht lange mit einschneidenden Maßnahmen.

Üblicherweise standorttreu und an dem Genüge findend, was Lichtenberg die „gelehrte Stallfütterung" nennt, wurde das PROF weltläufig, sobald es der Fortpflanzungs- und Vermehrungstrieb überfiel. Zur Balz kamen die Gattungsvertreter zu Hunderten und Aberhunderten in sogenannten Kongreßzentren zusammen, wo sie sich durch Vorträge und Referate gegenseitig befruchteten. Als ernsthafter Forscher galt dabei nur der, welcher schon seit Jahren nicht mehr wußte, ob er Männlein oder Weiblein war, und folglich waren auf solchen Veranstaltungen Jungfernzeugung und die auf eine funktionierende Klimaanlage angewiesene geistige Fernbestäubung die Regel. Um die sexuelle Verwirrung vollkommen zu machen, erklommen eines Tages auch noch vollbärtige Feministen das Podium, die im Brustton der Überzeugung ein ihnen lange vorenthaltenes akademisches Mutterrecht einklagten. Das PROF änderte daraufhin freudig erregt die Ausschreibungstexte, denn der Konfusion und Verkomplizierung galt seine geheime Leidenschaft. Und wenn das eigene Fach in dieser Beziehung zu wünschen übrigließ, wurde die Forschung interdisziplinär und deckte auf diese Weise den Unübersichtlichkeitsbedarf ihrer Betreiber.

Gewöhnlich lebte das PROF von dem Glauben an die eigene Bedeutung, verschmähte aber in mageren Jahren auch das Wohl der Menschheit nicht, von dem es lange zu zehren wußte. Seinen Daseinszweck erblickte es in der Analyse, d. h. der Atomisierung und Verhackstückelung von Wirklichkeit in all ihren Erscheinungsformen. Und da sich in der Beschränktheit der Meister zeigt, zerteilte und untergliederte das PROF zunächst einmal sein eigenes Tätigkeitsfeld derart, daß jedes immer mehr über immer weniger herausfand, bis die Koryphäen schließlich alles über nichts wußten. Der Erfolg dieser Methode war durchschlagend. Die Theologie hatte im Handumdrehen den letzten Gott, der es noch mit ihr aushielt, vergrault und fiel vom Glauben ab. Die Literaturwissenschaft erkannte in der Lust am Lesen ihren erbittertsten Widersacher und zwang ihn so nachdrücklich in die Knie, daß ein freiwillig zu einem schöngeistigen Buch greifendes Drittsemester nicht einmal mehr in schöngeistigen Büchern vorkam. Die Liebe zur Weisheit galt in der Philosophie als sicherer Ausweis des Dilettantismus und Banausentums. Die Psychologie war stolz auf ihre Seelenlosigkeit, die Chemie auf ihre Gifte, die Physik auf den Nebel in ihren Kammern, die Informatik auf ihre Ausschaltung von Sinn, die Genetik auf das durchgebrachte Erbgut. Kurz, Heere von PROFS arbeiteten, sofern sie nicht aus Gewissensgründen und im kargen Solde der Rüstungsindustrie der Friedensforschung oblagen, selbstlos daran, die Geisteswissenschaften vom Geist und die Naturwissenschaften von der Natur zu erlösen.

Der Grad der am Ende des zweiten Jahrtausends erreichten Hirnlosigkeit und Unnatur war denn auch höchst ermutigend, zumal das PROF einen neuen Verbündeten gefunden hatte, dem es sich mit der gewohnten Eilfertigkeit kompatibel machte, den Computer. Dieses erstaunliche Gerät kannte nur Ja-Nein-Entscheidungen und räumte ein für allemal mit jenem unberechenbaren Womöglich auf, das die glasklare Logik des PROF schon viel zu lange mit seinen unliebsamen Überraschungen zum Narren gehalten hatte. Endlich brauchte sich niemand mehr mit einer widersprüchlichen Realität herumzuschlagen, weil die saubere empirische Basis jetzt vom Datenspeicher geliefert wurde. Das PROF war am Ziel seiner Wünsche. Und während es darauf wartete, daß die künstliche Intelligenz die Lösung der Restprobleme ausdruckte, konnte es sich sogar eingestehen, daß es eigentlich nie besonders gern nachgedacht hatte und vernünftig gewesen war. Warum das PROF ausgerechnet auf dem Gipfel seines Erfolgs ausstarb, bleibt ein Rätsel. Vielleicht aber hat sein Verschwinden eben damit zu tun, daß es das Vielleicht zum Verschwinden bringen wollte.

P. S.: Ulrich Horstmann, der erstmals 1983 beim Lyrikertreffen öffentlich auftrat, ist von der Fachkritik intensiv beobachtet worden, wobei sein galliges Kulturunbehagen durchaus vielschichtig interpretiert wird. Der Schriftsteller urteilte einmal selbst über sein Werk: „Es ist nicht für jedermann verdaubar."

Irgendwann schreibt ein jeder Mann: Frido Mann – der Enkel

Gedankenversunken kräuselt Frido Mann die Stirn. „Ich wollte weg von alledem", sagt er leise. Schmerzlich hatte ihm der Freitod seines Onkels Klaus schon in jungen Jahren die Last des Schreibens bewußt gemacht. Mann ergriff die Flucht nach vorn. „Am Anfang habe ich Musik studiert, dann Theologie und Philosophie, schließlich Medizin und Psychologie." Fünf Jahre arbeitete er in der Gütersloher Psychiatrie. Reiste zwischen '78 und '81 immer wieder als Gastdozent nach Leipzig („Das wurde mir hier übelgenommen.") und unterrichtete gleichzeitig am Institut für medizinische Psychologie in Münster. Hauptthema: Das Selbstverständnis des Arztes.

Doch eines Tages holte das literarische Erbe auch den Enkel von Thomas Mann ein. Wieder war Klaus der Auslöser. „Ich habe den ‚Wendepunkt' gelesen." Frido Mann gab die Distanz zur Schriftstellerei auf. 1986 erschien sein autobiographisch geprägter Roman „Professor Parsifal", 1991 verfaßte Mann das Exposé zu dem Programmheft für die im Konzentrationslager „Theresienstadt" entstandene Oper „Der Kaiser von Atlantis oder der Tod dankt ab". Der Fünfzigjährige begann mit krebskranken Kindern literarisch zu arbeiten, widmete sich immer mehr dem Thema Tod.

„Kinder begegnen dem Sterben oft mit einer schonungslosen Offenheit." Mann sammelte ihre Geschichten, veröffentlichte sie zusammen mit anderen Therapeuten der münsterschen Uni-Klinik in dem Band „Es ist wie es ist". Immer wieder schimmert die kindliche Todesdrohung durch diese Erzählungen hindurch, „doch es ist Trauer mit der Lebendigkeit von Kindern". Bei dem Gedanken an die Zeit mit den kleinen Patienten wird dem zierlichen Mann sichtlich schwer ums Herz, und doch ist eine tiefe Freude in ihm spürbar. Er selbst starb bereits im Alter von vier Jahren, als kleiner „Nepo" in Thomas Manns „Doktor Faustus". „Damals habe ich häufig bei meinem Großvater in Kalifornien gewohnt." Vater Michael, der als Musiker die Welt bereiste, wußte den Sohn dort gut aufgehoben.

Heute ist Schreiben für Frido Mann „ein Abenteuer – jede Seite". Der zweite Roman ist bereits abgeschlossen, einen Band mit Erzählungen arbeitet er gerade um. Für den dritten Roman recherchierte Mann sogar in seiner Lieblingsstadt Prag. Die Stelle am münsterschen Institut für medizinische Psychologie, an dem er die vergangenen fünf Jahre als Professor tätig war, nimmt der gebürtige Kalifornier und Schweizer Staatsbürger nur noch halb wahr. Ob er mal an ein Pseudonym gedacht hat? Manns Gesicht wird für einen Moment ernst. Dann taucht wieder ein Lächeln in den lebhaften braunen Augen auf. „Nein, nie."

Drei Generationen auf einem Bild: Frido Mann auf dem Arm seines Vaters Michael Mann. Rechts Thomas Mann, dessen literarisches Werk die Mann-Familie prägte. Unten Frido Mann heute, der Psychologe und Schriftsteller.

Die Freunde der Universität helfen und fördern

Die Idylle in der Massenhochschule: Landhaus Rothenberge, das von der Förderergesellschaft unterhalten wird.

Das Humboldt-Haus wurde von der Förderergesellschaft bezuschußt. Es dient ausländischen Wissenschaftlern.

Preise und Stiftungen und akademische Ehrungen

Sie dürfen sich Freunde der Universität Münster nennen, die rund 1200 Mitglieder der Förderergesellschaft – mit vollem Titel „Gesellschaft zur Förderung der Westfälischen Wilhelms-Universität". Mit ihren Beiträgen und großzügigen Spenden werden Vorhaben finanziert, für die sonst im universitären Sparhaushalt kein Topf zu finden ist.

Die Förderergesellschaft wurde in der Not und aus der Not geboren. Noch während des Ersten Weltkriegs kamen Männer der Wirtschaft und Männer der Wissenschaft zusammen, gründeten 1918 die Förderergesellschaft. In den ersten Jahren unterstützte die Gesellschaft vor allem die akademische Jugend, spendete kräftig für die damals (1927/28) vorbildlichen Sportanlagen. Während der Zeit der Nationalsozialisten konnte die Gesellschaft aus dem allgegenwärtigen NS-Einfluß herausgehalten werden.

Bereits im August 1945 nahmen die Universitäts-Förderer in einer Welt, die in Trümmern lag, ihre Arbeit wieder auf, anderthalb Jahre später wurde das Vermögen freigegeben. Zugleich begann mit dem Vorsitzenden Dr. Ernst Hellmut Vits ein neuer Abschnitt in der Tätigkeit der Förderergesellschaft. Seine Worte aus dem Jahre 1951 sind zeitlos programmatisch:

„Wissenschaft und Wirtschaft müssen im engsten Kontakt miteinander stehen. Besonders ihrem Hinterland muß die Universität ideell und materiell verbunden sein. In Westfalen bestehen dafür günstige Voraussetzungen. Zu einer hervorragenden Universität tritt eine leistungsfähige Wirtschaft. Sie zu interessieren und zu aktivieren weit über das bisher gezeigte Maß hinaus, ist Ziel der Förderergesellschaft. Den Nutzen werden beide Teile haben. Aber über eine Bindung aus Zweckmäßigkeitsgründen hinaus muß das Verhältnis der Wirtschaft zur Wissenschaft zu einer echten Herzensangelegenheit werden."

Größtes Projekt am Anfang der 60er Jahre war das Landheim Rothenberge, das sich geradezu zu einer ländlichen Idylle für vom Massenstreß geplagte Studenten entwickelt hat. Zum symbolischen Preis von einer Mark wurde auf Initiative des unvergessenen Prof. Dr. Harry Westermann das Haus von der „Bertha-Jordaan-van-Heek-Stiftung" angemietet, die Förderergesellschaft muß allerdings für den Unterhalt des Gebäudes aus dem Jahre 1921 aufkommen. Dazu waren 1990 rund 800 000 Mark für Renovierung und Umbau aufzuwenden.

Anfang der 80er Jahre startete die Förderergesellschaft erneut ein richtungweisendes Projekt: Sie ermöglichte mit einem Zuschuß von 670 000 Mark den Bau eines Internationalen Begegnungszentrums, des

„Alexander-von-Humboldt-Hauses", das ausländischen Wissenschaftlern Herberge bietet. Die Erweiterung Anfang der 90er Jahre erforderte erneut 450 000 Mark.

Die Gesellschaft ist eine segensreiche Einrichtung für die Universität. Ihre Tätigkeit wirkt auch demonstrativ nach außen hin, beispielsweise durch den alle zwei Jahre zu vergebenden Ernst-Hellmut-Vits-Preis, der mit stattlichen 40 000 Mark dotiert ist. Die Gesellschaft kann dies alles leisten, weil sie nicht nur Beiträge und Spenden einnimmt, sondern auch über etliche Stiftungen verfügt. Der berühmte Chemie-Professor Dr. Wilhelm Klemm beispielsweise, Ehrensenator der Universität, hat sein gesamtes Vermögen der Förderergesellschaft vermacht.

Die Universität weiß die Tätigkeit der Förderergesellschaft zu schätzen. Sichtbarer Ausdruck war 1990 die Ernennung des Vorsitzenden Dr. Ludwig Trippen zum Ehrensenator der Universität – eine hohe Auszeichnung, mit der die Universität äußerst sparsam umgeht. Rektor Prof. Dr. Hans-Uwe Erichsen rühmte bei der Verleihung, daß Dr. Ludwig Trippen „wie wenige das Bewußtsein gesellschaftlicher Verantwortung für die Wissenschaft und damit ein wesentliches Element der Gestaltung unserer Zukunft" vergegenwärtigt.

Der Dank der Universität: 1990 wurde Dr. Ludwig Trippen zum Ehrensenator ernannt. Links der damalige Rektor Prof. Dr. Hans-Uwe Erichsen.

Dr. Ernst Hellmut Vits hat lange Jahre die Förderergesellschaft geprägt, deren Vorsitzender er von 1947 bis 1970 war.

Weltoffene Wissenschaft
Hilfe für lettische Universität Riga

In der Universität Lettlands in Riga unterzeichnete die Rektorin der Universität Münster, Prof. Dr. Maria Wasna, zusammen mit Prof. Dr. Juris Zakis im Februar 1992 einen Partnerschaftsvertrag. Neben Hilfe zur Selbsthilfe wird auch materielle Unterstützung gewährt.

Wissenschaft kennt keine Grenzen. Diese Binsenwahrheit wird eindrucksvoll belegt durch einen Blick in die lange Liste der Partnerschaftsabkommen der Universität – allein bei den förmlichen, offiziellen nennt das Vorlesungsverzeichnis mehr als 30 Partner in aller Welt, und die Tendenz ist steigend. Ergänzt werden diese internationalen Verflechtungen durch eine Vielzahl von Kooperationen auf Fakultäts-, Fachbereichs- und Institutsebene, durch intensive Kontakte von Professoren zu ihren Kollegen im Ausland. Überspitzt formuliert: Fast jeder Wissenschaftler an der Universität unterhält internationale Beziehungen. Auch für die förmlichen Partnerschaften legten die Hochschullehrer die Basis.

Politische Veränderungen wirken dabei als Vorboten einer neuen akademischen Verständigung – nach dem Fall des „Eisernen Vorhangs" verstärkt die Universität Münster ihr Engagement im Osten Europas. Tschechoslowakei, Polen (Beziehungen zu Warschau, Krakau und Breslau bestehen schon länger), Lettland finden so wieder den Anschluß an den westlichen Kulturkreis. Ein Schwerpunkt der wissenschaftlichen Kooperation, aber auch materiellen Hilfe liegt auf dem Baltikum.

Auffallend ist eine starke Konzentration der feierlich besiegelten Universitätspartnerschaften auf Südamerika – kaum ein Land, das in der langen Liste nicht vertreten ist.

Den Anfang dieser Brückenschläge ins Ausland machte 1966 Lille in Frankreich. Prof. Bittel hatte sich um diese Freundschaft auf Wissenschaftsebene besonders verdient gemacht, wofür ihn der französische Staat mit dem Orden „Palmes académiques" ehrte. (Inzwischen haben die Auszeichnung drei weitere Universitätsangehörige erhalten: Prof. Dr. Dietrich Habeck (Medizin), Dr. Wolfgang Werner (Pharmazie) und Dr. Dietmar Wilske (Auslandsamt).

Die schwedische Universität Lund war es, die nach dem Krieg in der größten Not münsterschen Studenten half. Fresno in Kalifornien ist die einzige Partnerstadt Münsters, zu der auch die Universität offizielle Kontakte geknüpft hat. Gute Beziehungen bestehen auch zur norwegischen Partnerstadt Kristiansand. Die Universität Münster hat hier 1991 beim Aufbau einer Sommeruniversität geholfen. Mit Enschede (hier ist es die Universität Twente) hat nun auch die Stadt Münster eine engere Zusammenarbeit (innerhalb des Städtedreiecks Münster-Osnabrück-Enschede / Hengelo) vereinbart.

Singulär weit und breit dürfte eine solche Unterzeichnung mit Tübingen sein, mit der Eberhard-Karls-Universität.

Diese internationalen Beziehungen dienen aber nicht nur der Forschung, sondern besonders auch der Studentenausbildung. An vier europäischen Mobilitätsprogrammen (Erasmus, Lingua, Comett, Tempus) beteiligt sich die Universität Münster, und zwar überdurchschnittlich stark im Bundesdurchschnitt. So erfreulich diese studentische Mobilität bewertet wird, sie bringt auch Nachteile in Form administrativer Mehrarbeit. Das führte so weit, daß sich die Medizinische Fakultät der Universität von San Francisco bei ihren deutschen Partneruniversitäten regelrecht beschwerte: Sie könne die täglichen Anfragen nach Auslandsaufenthalten und Praktika deutscher Medizinstudenten nicht länger beantworten. Die Mediziner dürfen sich solche Kritik getrost als Lob hinter den Spiegel stecken.

Es gibt eine weitere Kehrseite: Im Gegenzug gestaltet sich die Unterbringung der ausländischen „Mobilitätsstudenten" in Münster zunehmend schwierig, die Wohnheimplätze dafür reichen nicht aus.

Wenn Münster stolz auf das selbst gegebene Etikett „europaoffene Stadt" ist, so kann sich die Universität mit Recht „weltoffen" nennen.

Partnerschaften dienen der Verständigung über Grenzen hinweg

Es war ein Meilenstein in den internationalen Beziehungen der Nachkriegszeit, das erste Partnerschaftsabkommen der Universität Münster mit der Universität Lille – seit 1959 vorbereitet, am 11. Mai 1966 feierlich in Münster unterzeichnet von den beiden Rektoren Prof. Dr. Guy Debeyre (links) und Prof. Dr. Fritz Klein.

Feierlicher Rahmen für ein außergewöhnliches Treffen: Zu Ehren ihrer polnischen Gäste von der Krakauer Akademie Nikolaus Kopernikus hatten die münsterschen Medizinprofessoren ebenfalls wieder ihre Talare angezogen. Einzig Rektor Prof. Dr. Wilfried Schlüter (Jurist) erscheint auf diesem Foto in „Zivil". Die freundschaftlichen Kontakte zwischen Münster und der Medizinischen Akademie in Krakau wurden im Oktober 1983 offiziell besiegelt.

Ausländische Gäste vermitteln internationale Atmosphäre

Ein Gruppenbild, das Nationen und wissenschaftliche Disziplinen vereinigt. Physiker und Romanisten, Mediziner und Planetologen, Geographen und Sprachwissenschaftler zeigt dieses Foto. Die jungen Forscher stammen aus den USA und Ungarn, aus Portugal und Italien, aus Japan und Lettland.

Kleine steinerne Brocken hält die junge Amerikanerin in den Händen. Partikel aus dem All, die ihre Arbeit illustrieren: Die Geophysikerin untersucht Meteoriten. „Fachliche Affinitäten", sagt Dr. Wendy Calvin, hätten sie nach Münster geführt. Allerdings nicht nur diese. Denn neue Erfahrungen auf dem wissenschaftlichen Gebiet zu sammeln, sei nur ein Motiv, in der Fremde zu forschen und zu lehren. Ein unbekanntes Land kennenlernen, sich in einer wenig vertrauten Sprache üben – dies gehe mit dem Wunsch einher, neue wissenschaftliche Horizonte zu entdecken. Diese Aussage gilt wohl für alle ausländischen Dozenten und Professoren an der Westfälischen Wilhelms-Universität. Rund 100 Wissenschaftler aus Brasilien oder Bulgarien, der Mongolei oder Namibia – regen den Austausch unter Fachkollegen an und vermitteln eine internationale Atmosphäre an der Universität.

„Ich könnte das zu Hause gar nicht machen." Dr. Linards Skuja, Physiker aus Lettland, weist auf Computer, Meßgeräte und Laser, die den Raum in dem Neubau des naturwissenschaftlichen Instituts ausfüllen. Die Ausstattung der Universität für Lettland in Riga indes sei dürftig, den Physikern fehlten viele Geräte, berichtet Dr. Skuja. „Hier kann ich viel besser forschen", zieht der Stipendiat eine Bilanz der ersten Monate im Westfälischen.

Dr. Henrique Barroso zog es der Sprachen wegen nach Münster. „Die besten Romanisten sind Deutsche", sagt der Sprachwissenschaftler, der französische Studien betreibt und seine germanistischen Kenntnisse ausbauen will. „Hier läßt es sich gut arbeiten", resümiert Barosso. Der Humboldt-Stipendiat spielt damit auf das menschliche Klima und die ganzjährig erträgliche Witterung an.

Kanazawa, auch eine Unistadt, hat etwa doppelt so viele Einwohner wie Münster. Eine „typische japanische Metropole – alles ist sehr künstlich", schildert Dr. Yoshimichi Ueda. Der Pathologe mag Münster, „weil hier viel Natur ist". Und: „Ein gutes Umfeld für Kinder", lautet die „Diagnose" des Pathologen, dessen Sohn Yushi zu den bekannten jungen Gästen im Humboldt-Haus zählt.

Die von münsterschen Professoren eingeladenen Wissenschaftler unterschiedlichster Disziplinen leben einige Monate oder bis zu zwei Jahren meist als Stipendiaten im Westfälischen. Wenn sie all' ihre Eindrücke in wenige Worte zusammenfassen, lauten diese: „Regen, Fahrräder und nette und interessante Menschen."

Universität ist Gastgeber für mehr als hundert ausländische Wissenschaftler

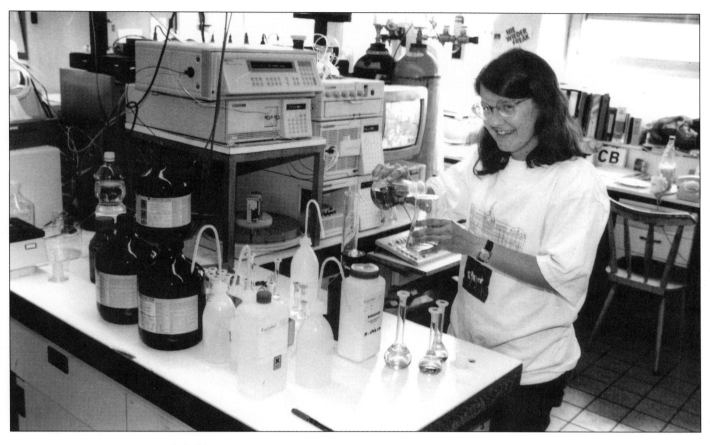

Das T-Shirt mit dem Schloß verrät es: Dr. Jan M. Robert von der Universität Riverside in Kalifornien hat ein Faible für die Universität Münster. Die junge Assistant-Professorin nutzte einen halbjährigen Forschungsaufenthalt in Deutschland, um u.a. am ICB, dem Institut für Chemo- und Biosensorik, zu arbeiten.

Nicht nur traditionell in der Adventszeit lädt das Rektorat die ausländischen Gäste der Universität zum Empfang ins Alexander-von-Humboldt-Haus: hier im April 1989 mit dem damaligen Prorektor Prof. Dr. Volkmar Leute (links).

Brückenschlag zu 57 Staaten auf der ganzen Welt

Wie oft Mohamed diese Türklinke heruntergedrückt, die schwere Holztür geöffnet hat, weiß der Student der Wirtschaftswissenschaften nicht. Seit viereinhalb Jahren lernt und lebt der Afrikaner in Münster und beinah täglich führt es den Sudanesen in die Wilmergasse. Nicht nur für diesen ausländischen Kommilitonen hat sich erfüllt, was Joachim Sommer als Leitidee seiner Arbeit formuliert: „Die Menschen sollen hier *ihr* Zentrum haben." Der Name ist Programm: „Die Brücke", Internationales Zentrum der Westfälischen Wilhelms-Universität, schlägt Brücken.

Statistiker des Uni-Auslandsamtes zählten 1991 tagtäglich über 200 „Brücke"-Besucher. Quirliges Leben herrscht allemal in der Institution, die vom „British Council" nach dem Krieg – in erzieherischer Absicht – eingerichtet wurde und sich seit 1956 in Uni-Hand befindet. 2066 ausländische Studierende aus 57 Staaten haben sich im Wintersemester 1990/91 in Münster immatrikuliert – gemessen an 45 000 Studenten insgesamt eine verschwindend kleine Gruppe, die doch das internationale Flair der Wilhelms-Universität mit ausmacht. Am stärksten waren zu diesem Zeitpunkt Iraner (217), Türken (194), Südkoreaner (191), Griechen (137) und Niederländer (100) vertreten. Mehr als zwei Drittel aller ausländischen Gäste der WWU stammen aus Entwicklungsländern. Innerhalb eines Jahrzehnts, seit 1980, verdoppelte sich die Zahl der buchstäblich buntgemischten Gruppe. Und die Tendenz: „Weiter steigend", prognostiziert Dr. Dietmar Wilske, Leiter des Auslandsamtes.

In der Brücke kristallisiert sich seit langem schon ein multikulturelles Zusammenleben heraus. Dies jedoch nicht nur in puncto Kultur. Einen Schwerpunkt des „Brücke-Programms" bilden Vorträge und Diskussionen, in denen Heimatländer der in Münster Studierenden vorgestellt werden und auch politische Themen der neuen und der alten Heimat eine Plattform finden. „Entstehen dabei einmal Konflikte, dann ist das Klima entscheidend", sagt Leiter Joachim Sommer. Das Zentrum erfülle nicht zuletzt eine „Ventilfunktion", böte ein „Forum für Dissens und Konsens" der Ausländer untereinander und gegenüber deutschen Mitstudenten. „Hier können alle frei reden", formuliert Sommer, was er mit „Pflege von Streitkultur" meint.

Der Diplom-Sozialpädagoge möchte ausländische und deutsche Kommilitonen noch stärker zusammenbringen. „Wir wollen nicht im eigenen Saft schmoren", bekräftigt Joachim Sommer, der seit 1977 die Leitung des Internationalen Zentrums innehat. Ein Wunsch, der sich zumindest immer dann erfülle, wenn Kultur auf dem Programm steht. In dies Konzept – Leitmotiv Brückenschlag – paßt das „offene Frühstück", bei dem die „Brücke" an jedem Werktag als internationales Café fungiert. Diese noch junge Einrichtung bietet neben einer preiswerten Stärkung über 40 ausländische Zeitungen und Zeitschriften sowie eine vielfrequentierte Bibliothek.

Der Alltag im Café der „Brücke" ist längst multinational: Ein Telefonat erreicht Ximena Meza-Correra. „Ist hier irgendjemand aus Tunesien?", ruft sie in den Saal hinein. Bei Kaffee machen es sich Runden mit Männern und Frauen an den Tischen gemütlich. Fehlanzeige, der Gesuchte ist nicht da. Die Chilenin, eine von neun Hilfskräften des Zentrums, die sich viereinhalb Stellen teilen, sagt: „Tut mir leid" in den Hörer, während ein buntes Sprachengewirr in ihr Büro dringt.

Kultur, Kommunikation und eine Servicefunktion bei Problemen im Studium, mit den Ämtern, bei Sorgen finanzieller oder ganz persönlicher Art – dies sind die Säulen eines Programms, an dessen Durchführung Vereine der größeren ausländischen Gruppen (Kurden, Lateinamerikaner, Türken, Afrikaner und Asiaten) beteiligt sind. Autorenlesungen, etwa türkisch-deutsche Lyrik, werden ebenso geboten wie eine Diashow über Bangladesh oder Podiumsdiskussionen um Fremdenfeindlichkeit.

Sie bilden eine Art „Stammtisch", bei dem Künstler oder Wissenschaftler Historisches oder politisch Aktuelles analysieren und Facetten fremder Kultur auf spanisch, französisch oder englisch beleuchten: der „Circulo Hispanoamericano", der „Table ronde" oder die „English Discussion Group". Beinah 3000 Besucher verbucht die „Brücke" allein bei diesen fremdsprachigen Foren. 9000 Gäste, lautet die Besucher-Bilanz des Jahres 1991, wenn Kultur angeboten wurde.

Grenzen verlieren den Charakter des Ausgrenzenden, wenn eine Schar aus vielen Nationen etwa das chinesische Neujahrsfest feiert oder in einem „Workshop" der Ausdruckskraft kurdischer Volkstänze nachspürt. Den Menschen in der „Brücke" gelingt der Brückenschlag, ohne dabei in verklärende Folkore abzugleiten.

„Die Brücke" ist die Drehscheibe für die ausländischen Studierenden

In gemütlicher Clubatmosphäre treffen sich ausländische Studenten in der Brücke. Tagtäglich kommen über 200.

Die neuen Räume des Studienkollegs wurden im Mai 1992 eingeweiht: Eine indonesische Studentin zeigte einen traditionellen Blumentanz ihrer Heimat.

Das Staatliche Studienkolleg ist für viele ausländische Studierende die erste Anlaufstelle. Zwei Semester lang erhalten sie hier Unterricht in deutscher Sprache und auch noch in drei bis vier Sachfächern. 240 Studierende aus 35 Nationen besuchen zur Zeit das Studienkolleg, das seit Anfang 1992 neue Räume in einem Flügel der alten Kinderklinik an der Robert-Koch-Straße beziehen konnte. Endlich – denn das Provisorium hatte bis zu dem Zeitpunkt sage und schreibe fast 32 Jahre gewährt, ein Provisorium, das unzumutbar und unwürdig war. Mitte der 80er Jahre wurde nach massivem politischen Druck nach einer raschen Lösung gesucht, weil die Landesregierung nicht auf die „Ideallösung" in den 90er Jahren warten wollte. Eine Kette von Verzögerungen sorgte dann doch für den späten Termin.

Sportliche Massenbewegung
15 000 tun etwas für die Gesundheit

Rhönrad-Akrobatik beim alljährlichen Ball des Hochschulsports entfaltet einen besonderen Reiz.

Den Kampf gegen studentisches Sitzfleisch mittels sportlicher Betätigung haben schon die Burschenschaften des vergangenen Jahrhunderts mit Leidenschaft geführt. Das Bedürfnis, die körperliche Muße beim Lernen durch Bewegung auszugleichen, hat sich bis heute erhalten: Rund 15 000 Teilnehmer nutzen während des Semesters pro Woche die etwa 200 Veranstaltungen in über 60 Sportarten, die der Hochschulsport Münster ihnen bietet. Der alte Turnvater Jahn hätte an dieser „frisch-fromm-fröhlich-freien" Begeisterung seine helle Freude gehabt.

Der Bereich Hochschulsport der Universität Münster steht mit einem breit gefächerten Angebot den eigenen Hochschulangehörigen und denen der Fachhochschule (Abteilungen Münster und Steinfurt), der Katholischen Fachhochschule NRW und der Kunstakademie zur Verfügung. Damit werden über 60 000 Teilnahmeberechtigte in den Sparten Wettkampf-, Breiten- und Betriebssport sowie durch Kurse, Freizeiten, Projekte und Workshops angesprochen. Pro Semester gibt der Hochschulsport etwa 7500 Wertmarken aus, die zur Teilnahme an den turnusmäßigen Veranstaltungen berechtigen. Diese werden erfahrungsgemäß zweimal pro Woche genutzt.

Eine bedeutende Vorreiterrolle spielt der münstersche Hochschulsport in einer Grauzone der körperlichen Ertüchtigung. Seit 1988 bringt er Behinderte und Nichtbehinderte zusammen, um gemeinsam „Integrationssport" zu treiben. In der gesamten Bundesrepublik ist die Verwirklichung dieser Idee, Behinderte aus der sportlichen Isolation herauszuholen, einmalig. Überfordert wird dabei niemand. Denn das spielerische Angebot richtet sich nach dem jeweiligen Behinderungsgrad: „Vielseitiges Bewegen und Spaß in der Gruppe, anstatt meßbare Leistung des einzelnen ist bei den kostenlosen Veranstaltungen Trumpf", heißt es im Jahresprogramm 1991, das die Arbeitsgruppe Integrationssport unter dem Titel „Freizeit, Spiel und Sport mit Behinderten und Nichtbehinderten" herausgegeben hat. „Während dieses Angebot in der Öffentlichkeit und weit über Münsters Stadtgrenzen hinaus auf große Resonanz gestoßen ist, fehlt die Hilfe in Form

Spaß und Lernen in mehr als 60 verschiedenen Sportarten

von Stellen für hauptamtliche Mitarbeiter seitens der zuständigen Landesministerien", beklagt der Leiter des Hochschulsports, Manfred Hahn.

„Für manche Menschen war diese Möglichkeit geradezu ein Sonnenaufgang", weiß Manfred Hahn zu berichten. So nehmen einige Familien sogar weite Anfahrten aus dem Norden oder Süden der Republik in Kauf, um mit ihrem behinderten Kind gemeinsam aktiv sein zu können. Dank dieses Projekts können in Münster beispielsweise Sehbehinderte so rasanten Sportarten wie Radfahren, Kanufahren, Segeln, Surfen oder Tauchen nachgehen. Undenkbar – noch vor wenigen Jahren. Beachtlich sind auch die Erfolge, die die Westfälische Wilhelms-Universität im Bereich des Wettkampfsports alljährlich einheimst. Allein 19 Titel holten die Athleten und Mannschaftssportler bei nationalen und internationalen Deutschen Hochschulmeisterschaften in den Jahren 1989 und 1900 nach Münster. Zu internationalen Meisterehren kamen die Uni-Sportler u. a. im Badminton, Cross-Country-Lauf, Segeln und Laufwettbewerben der Leichtathletinnen. Populäre Mannschaftssportarten wie Fußball, Handball, Basketball, Volleyball und Hockey sind darüber hinaus ebenso vertreten wie Tischtennis, Schwimmen, Rudern oder Squash. Die Wettkampfmannschaften setzen sich aus ehemaligen Leistungssportlern und Breitensportlern der Universität zusammen, die sich gern in Wettkämpfen messen.

Vom leistungsbezogenen Pyramidenmodell, das noch vor 20 Jahren einen hohen Stellenwert besaß und nach dem aus einer großen Masse von Sportlern bei gezielter Förderung eine kleine Spitze herausragender Talente gewonnen werden konnte, hat sich der Hochschulsport inzwischen abgekehrt, betont Manfred Hahn: „Solche Entwicklungstheorien haben ihre Gültigkeit längst verloren." Heute setzt man eher auf Konzepte, die auf Spaß und Lernen im Sport basieren. Da können sich Teilnehmer in einem Freizeitkursus etwa mit dem Surfen oder dem Skifahren anfreunden. Ganz ohne Zwang. Bei akuter Motivationsflaute darf auch gefaulenzt werden. Mit schönen Grüßen an den alten Turnvater.

Aufs Kreuz gelegt wird beim Hochschulsport eigentlich niemand. Es sei denn, er oder sie legt es darauf an...

Studentenmission stand am Beginn der Studentengemeinden

Das Zentrum der Evangelischen Studentengemeinde am Breul wurde nach ökologischen Gesichtspunkten umgebaut.

Das Schaufenster der Katholischen Studentengemeinde an der Frauenstraße, zugleich eine Informationsbörse.

Die Katholische Hochschulgemeinde verfügt am Kardinal-von-Galen-Ring über das schönste Gebäude.

Die Studentengemeinde der Anfangszeit nach dem Zweiten Weltkrieg ist mit der Studentengemeinde von heute kaum vergleichbar. Als Mitglied einer Studentengemeinde galt jeder, der katholisch bzw. evangelisch getauft und an der Hochschule eingeschrieben war. Die seelsorgerische Arbeit ging vom Erfassungsprinzip aus: Jeder Student der eigenen Konfession gab eine Karteikarte ab, jeder bekam auch ein Veranstaltungsprogramm. „Da wir damals rund 5000 bis 6000 katholische Studenten an der Universität hatten, bedeutete das für uns, daß wir 5000 Programme gedruckt haben", erinnert sich Dr. Hans Werners, seit 1954 an der KSG tätig und von 1956 bis 1968 Studentenpfarrer. „Und die Beteiligung war außerordentlich gut." Zu den Säulen der damaligen Pastoral zählten Glaubensinformation, Bibelarbeit, Einkehrtage und Exerzitien. ESG und KSG führten mit großer Resonanz „Studentenmissionen" durch; hinzu kam eine Fülle von Tagungen, Vorträgen und Arbeitsgemeinschaften, die sich mit Problemen der Grenzbereiche von Glaube und Wissenschaft auseinandersetzten. Viele Professoren, Dozenten und Assistenten hatten eine starke Bindung an eine der Gemeinden.

Mit den schnell anwachsenden Studentenzahlen – es entstanden in kurzer Zeit allein zehn katholische Studentenheime – zerbrach auch das Erfassungsprinzip der Studentengemeinden. Spätestens 1968 – im Jahr der Studentenrevolte – wurden sie zu Auswahl- und Entscheidungsgemeinden. Seitdem werden die Studenten einer Konfession nicht mehr flächendeckend erfaßt. Alle können an der Gemeindearbeit teilnehmen, die sich ansprechen lassen und dazugehören wollen, lautet das Prinzip seit dieser Zeit. Fast gleichzeitig erwachte auch das politische Interesse der Studentengemeinden, das vorher so gut wie nicht vorhanden war. „Bei uns wuchs die Erkenntnis, daß wir uns nicht mehr aus allem heraushalten konnten", kommentiert Werners im Rückblick. Go-ins, Hausbesetzungen und Diskussionen mit dem SDS gehörten jetzt beinahe zum Alltag auch der Studentengemeinden. Erst ab Mitte der 70er Jahre ließ diese Politisierung langsam an Schärfe wieder etwas nach – die Grundtendenz allerdings hat sich bis heute gehalten. Das bestätigte nicht zuletzt das starke Engagement der Studentengemeinden bei den Golfkriegs-Demonstrationen.

Mit den „Mutter-Kirchen", mit denen es vorher kaum Konflikte gegeben hatte, kam es seit Anfang der 70er Jahre zu regelmäßigen Spannungen, bei denen es zumeist um die politische Ausrichtung ging. Trotz allem behielten die Gemeinden ihre Freiräume. Daß die Studentengemeinden heute ein sozialistisches, marxi-

Universitätsgemeinden und drei historische Gotteshäuser

Die Petrikirche nimmt unter den Universitätskirchen eine Sonderrolle ein, wurde sie doch zwischen 1590 und 1597 als Kirche für das Jesuitenkolleg gebaut, das 1588 das Gymnasium Paulinum übernommen hatte. Die Petrikirche, in einer Stilverbindung von Renaissance und Gotik errichtet, ist heute noch Schulkirche des Paulinums, wird aber vor allem regelmäßig von der Katholischen Studentengemeinde genutzt. Die Petrikirche war im letzten Krieg zu 80 Prozent zerstört worden, 1957 bereits war sie wieder aufgebaut.

stisches oder „grünes" Erscheinungsbild haben, verneint der heutige KSG-Pfarrer Ludger Funke: „Wir sind hier politisch sehr engagiert, aber ich würde unsere Position auf der Grundlage des konziliaren Prozesses sehen: Gerechtigkeit, Frieden, Bewahrung der Schöpfung." Einen breiten Raum nimmt in letzter Zeit die Frauenfrage ein; viele Arbeitskreise beschäftigen sich mit der Dritten Welt und den Problemen zwischen Arm und Reich. Doch auch Wallfahrten, Meditationsabende oder Frühschichten haben nach wie vor ihren Platz in den Programmen. „Eine Studentengemeinde muß eine gewisse Vielfalt anbieten", betont Ludger Funke. Klar ist nämlich für ihn, daß ein Student nie nur aus einem Motiv an einem Arbeitskreis

Freiraum für den einzelnen im universitären Massenbetrieb

Die Dominikanerkirche ist die offizielle katholische Universitätskirche. Sie ist eine Ordenskirche vom Anfang des 18. Jahrhunderts, wurde ein Jahrhundert später profaniert und diente ab 1889 der Stadt für Schulgottesdienste. Der Wiederaufbau nach den Kriegszerstörungen wurde erst 1974 abgeschlossen.

Die Observantenkirche, die evangelische Universitätskirche vom Ende des 17. Jahrhunderts, teilte das Schicksal etlicher Gotteshäuser – sie wurde Anfang des vorigen Jahrhunderts profaniert und vom Militär genutzt. Der Wiederaufbau brachte einen Neuanfang – seit 1961 dient sie der evangelischen Gemeinde.

teilnimmt: Viele wollen sich nicht nur politisch engagieren, sondern auch und gerade an einer anonymen Massenuniversität Leute kennenlernen, Beziehungen knüpfen und ihre Freizeit sinnvoll gestalten. Nicht zufällig ist der älteste Arbeitskreis der KSG der Motettenchor: Er wurde 1967 gegründet.

Fast völlig zurückgegangen ist der Kontakt zu den Dozenten und Professoren. Die Diskussion über Grenzfragen von Glaube und Wissenschaft haben sich verlagert auf Debatten über ethische Fragen der Wissenschaften selbst. In dieser Situation suchen Wissenschaftler verschiedener Fachbereiche nach Orientierung. „Die Kirche spielt im Wissenschaftsprozeß seit Beginn der 70er Jahre fast keine Rolle mehr. Wir suchen deshalb im Hochschulbereich Partner, die mit uns kooperieren wollen", erklärt ESG-Pfarrer Burkhard Homeyer. Die Frage sei allerdings, wie das der ESG angesichts ihrer begrenzten personellen Ausstattung gelingen könne.

Mit der Verschärfung des Leistungsdrucks stellt sich für die Gemeinden neuerdings noch ein anderes Problem: Viele finden kaum noch genug Zeit und Kraft für eine Mitarbeit in der Gemeinde, Termine für Gemeinderatssitzungen sind nur noch unter größten Mühen zu finden.

„Wir haben bald nur noch die Aufgabe, für ein Stück Freizeit und zur Entlastung dazusein, wenn man der Uni nach getaner Arbeit den Rücken zukehrt", befürchtet Homeyer. Damit erleben die Hochschulgemeinden seiner Meinung nach etwas, was auch auf die Ortsgemeinden zukommen wird: daß sie nur noch als Dienstleistungbetrieb und mit ihren Freizeitangeboten in Anspruch genommen werden.

Gemeinsam ist allen dreien nicht nur die demokratische Struktur – der Gemeinderat leitet die jeweiligen Geschicke –, sondern auch das Problem, daß der Adressatenkreis immer kleiner wird. „Wir leisten oft Steinbrucharbeit", meint Ludger Funke realistisch. „Aber wir üben auch ein, was christliche Gemeinde der Zukunft sein könnte. Und wir haben das erreicht, was wir wollen, wenn wir eine Resonanz in den Herzen derer finden, die zu uns gehören wollen."

Studentenwiese: Sonnenbad bewacht von „Billardkugeln"

Einer der bei den Studenten beliebtesten Plätze in der weit verzweigten Universität: die Wiese am Aasee mit den Giant Pool Balls von Claes Oldenburg, Wahrzeichen der „Skulptur 77". Die alte Mensa liegt gleichsam „nebenan", zur Innenstadt und zum Schloß sind es nur wenige Minuten zu Fuß. Im Sommer gleicht diese Wiese einem regelrechten Lagerplatz, der auch abends nicht geräumt wird, zumal in unmittelbarer Nachbarschaft, in der Promenade, der erste Biergarten seine Zapfhähne laufen hat. Die überdimensionalen „Billardkugeln" werden übrigens ständig bemalt. Manchmal auch witzig...

Bildungsnotstand ist ein Dauerthema für die münsterschen Studenten

Helga steht am Pranger, sie hat schon 14 Semester studiert und sich noch nicht zum Examen gemeldet: Studentenprotest im Jahre 1987, als wieder einmal die „Bummelstudenten" ins Kreuzfeuer politischer Kritik gerieten. Daran hat sich bis heute nichts geändert – auch 1992 gab es Versuche, das Studium zu reformieren und damit zu verkürzen. Daß für lange Studienzeiten in starkem Maße auch die vielerorts schlechten Studienbedingungen verantwortlich sind, bleibt dabei unberücksichtigt.

Demonstrationen in der Uni
Gäste müssen oft gute Nerven haben

Bildungsnotstand und Hochschulpolitik war auch das Thema, als Jürgen W. Möllemann als Bundesbildungsminister sich 1989 der Diskussion mit den Studenten stellte.

Eine friedliche Demonstration auf dem Lambertikirchplatz: Ein Freiluftseminar.

Unzureichende Ausstattung der Institute wurde auch 1968 schon beklagt.

Der AStA vertritt die Interessen der Studenten gegenüber dem Rektorat

Der AStA hält gleichsam „Wache" vorm Schloß: Er hat seinen Sitz in einem der beiden Kavaliershäuschen, die zu der barocken Schloßanlage gehören. Nicht immer ging und geht es allerdings auf dem Rasen davor so sportlich-friedlich zu.

Wahlen zum Studentenparlament: Der Aufwand, den die Gruppen mit ihrer Wahlwerbung betreiben, steht in keinem Verhältnis zur Wahlbeteiligung der Studenten.

Wahlen zum Studentenparlament: 1979 verteilte der Rektor Prof. Dr. Werner Müller-Warmuth in der Mensa Flugblätter, um die Studenten zur SP-Wahl zu ermuntern.

Das Haus Frauenstraße 24 war eines der ersten besetzten Häuser

Das Haus Frauenstraße 24 wurde zum Symbol des Widerstandes: Der nachhaltige Widerstand der studentischen Besetzer bewahrte es vor dem Abbruch.

Die Demonstrationen für den Erhalt des Gebäudes Frauenstraße 24 zogen sich jahrelang hin. Unter Führung des AStA wurde auch vor dem Rathaus dafür geworben.

Das Haus Frauenstraße 24, in der Nähe des Schlosses, ist eines der wenigen schönen Beispiele für den Jugendstil der Jahrhundertwende. Seit 1980 gilt es auch offiziell mit der Altstadtsatzung als „erhaltenswert". Das war nicht immer so: Anfang der 70er Jahre sollte es abgebrochen und durch einen Neubau ersetzt werden. Der ein Jahrzehnt währende Kampf um den Erhalt dieses Gebäudes machte die Frauenstraße 24 zum Symbol – es war eines der ersten besetzten Häuser in der Bundesrepublik.

Das Haus wechselte seit 1971 mehrfach den Besitzer. Zweimal mußten Besitzer auch Konkurs anmelden, bis schließlich Anfang 1981 die landeseigene Gesellschaft LEG das Haus erwarb. Die Politik hatte sich eingeschaltet und legalisierte damit letzten Endes die ungesetzliche Besetzung aus dem Jahre 1973. Den letzten Anschub hatte wohl der sogenannte „Hausbesetzerkongreß" in Münster gegeben – der hier bundesweit versammelten linken Szene sollte der „Tanz ums goldene Kalb" und den Besetzern das „Stigma des Märtyrertums" genommen werden.

Der Preis, der für diesen pragmatischen Weg gezahlt werden mußte, war hoch. Die Sanierungskosten summierten sich schließlich auf mehr als 1 Million Mark, außerdem mußten an den Vorbesitzer rund 600 000 Mark gezahlt werden. Damit wurde dieser studentische Wohnraum teurer als ein studentischer Neubau, trotz leerer Landeskassen. Darüber hinaus wurde die Einrichtung dieses Studentenhauses nur möglich, weil das zuständige Ministerium sehr großzügig mit Ausnahmegenehmigungen arbeitete. Es war ein politischer Preis, der für das verfallene Jugendstilhaus bezahlt wurde.

Der Kampf um den Erhalt des Hauses entwickelte sich teilweise wie ein spannender Krimi, mehrfach wurden die Gerichte eingeschaltet. So auch 1980, als das Amtsgericht die ersten Kündigungen gegen Mieter aussprach – die allerdings gar nicht mehr in dem Haus wohnten. Besitzer und Gericht waren vom AStA in die Irre geführt worden. Mitte 1980 verfiel dann die 1973 erteilte Abbruchgenehmigung für das Haus – die Zeit hatte für die Besetzer gearbeitet, die politische und juristische Taktiererei hatte Erfolg gehabt.

Am Haus Frauenstraße 24 schieden sich auch im Rat die politischen Geister, zumal das Haus zum Sammelpunkt der linksradikalen Szene in Münster wurde. Das Haus als Instrument politischer Propaganda – das gehört seit Anfang der 80er Jahre der Vergangenheit an. Das „Kulturzentrum" aus der „Kampfzeit" im Erdgeschoß ist inzwischen zu einer beliebten Kneipe geworden.

Bohren, bohren, bohren:
Damit der Patient später nicht klagt

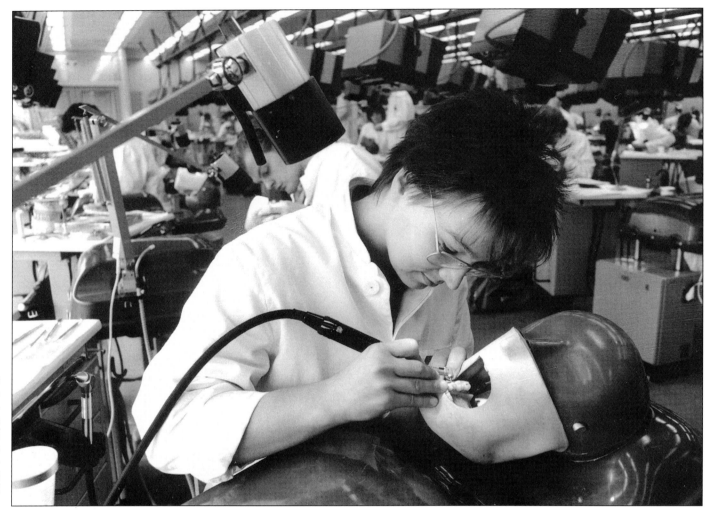

Die Praxis ist für die Studenten der Zahnmedizin genauso wichtig wie das Wissen: Im Phantomsaal wird gebohrt, geschliffen und gefüllt – und keiner zuckt, oder stöhnt oder versinkt qualvoll im Sessel.

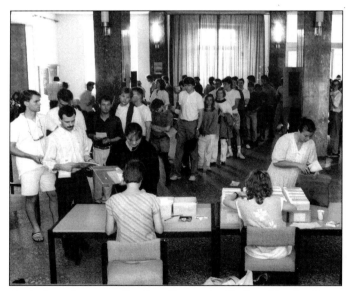

Auch das gehört zum Studienalltag – das Rückmelden im Foyer des Schlosses. Lange Schlangen und damit auch Wartezeiten für die Studierenden sind dabei unumgänglich.

Der „klassische" Lesesaal in der alten Universitätsbibliothek – mit einer begrenzten Zahl von Arbeitsplätzen, einer Empore und nur kleinen Handbibliothek.

Helenen, Burschen, Turner, Ruderer und katholische Verbindungen

Fein und klein – die Damenverbindung „Helenia Monasteria", die sich hier 1987 gründete. Hier der Vorstand. Damen begleiten wohl lieber die Studenten, als sich in einer eigenen Verbindung zu engagieren.

men aus dem vorigen Jahrhundert, als sich die katholische Kirche Angriffen des preußischen Staats gegenübersah. Aus einer Abwehrhaltung heraus entstanden katholische Vereine und Verbindungen, zu deren Basis auch heute noch das konfessionelle Leben gehört. Mensuren und Duelle lehnen die Verbindungen des MCV mit dem Hinweis auf christliche Grundsätze ab. Der an beiden Seiten der Klinge stumpfe Degen, von Korporationen Schläger genannt, soll die akademische Freiheit symbolisieren.

Eine Hochburg stellte Münster lange Zeit für den Unitas-Verband (UV) dar. Der Unitas-Verband Münster (UVM) umfaßte einst acht Verbindungen (heute noch vier), die sich jeweils als wissenschaftlicher, katholischer, nicht-farbentragender und nicht-schlagender Zusammenschluß verstehen. Nach seiner Gründung 1855 rezipierte der UV zunächst nur Theologen, öffnete sich später jedoch für Studenten aller Fakultäten. Münsters ältester UV-Verein ist die UV Frisia.

Die zahlenmäßig meisten studentischen Vereinigungen in Münsters Korporationsgeschichte weist der Kartellverband katholischer deutscher Studentenvereine (KV) auf. Der KV in Münster umfaßte zu seiner Blütezeit insgesamt zehn Vereine, von denen noch sechs existieren. Sie berufen sich auf die Prinzipien Religion, Wissenschaft und Freundschaft. Ein Band zu tragen lehnen die KV-Mitglieder mit dem Hinweis ab, daß Akademiker nicht äußerlich durch Bänder, sondern vor allem gedanklich zusammengehalten werden sollen.

Vierte Vereinigung studentischer Gruppen sind die münsterschen Mitglieder des Convents Deutscher Korporationsverbände. Ihre Struktur ist zu differierend, so daß sie sich einer Beschreibung entzieht. Während einige Zusammenschlüsse, wie z. B. die Corps, Burschen- und Landsmannschaften Mensuren austragen, lehnen der akademische Ruderbund und der akademische Turnerbund dies ab.

Studentische Verbindungen pflegen alte Traditionen und Bräuche

Religion spielt bei den katholischen Verbindungen von CV und KV eine große Rolle. Hier bei einem Gottesdienst in der Lambertikirche.

Mai 1984: Mit einem festlichen Umzug eröffneten die münsterschen Korporationen die Feierlichkeiten zum 120jährigen Bestehen der katholischen Studentenverbindung „Germania".

Am Beginn eines jeden Studiums: Die Suche nach dem Zimmer

Mit einer ungewöhnlichen Plakataktion versuchte der AStA, die Öffentlichkeit auf die studentische Wohnungsnot aufmerksam zu machen. In der Vergangenheit hat es regelmäßig auch konzertierte Aktionen von Kirchen und Stadt gegeben.

Ein Containerdorf wurde zu Beginn des Wintersemesters 91/92 an der Fliednerstraße aufgebaut. Es diente Erstsemestern, die keine Bude gefunden hatten, als Bleibe.

Wohl dem, der einen Platz in einem Wohnheim ergattert

Wohl dem, der hat: Fast schon gemütlich wirkt diese neue Studentenwohnung. Wohnen in der WG ist hier selbstverständlich.

Seit vielen Jahren dasselbe Bild: Spätestens ab September drängen sich allmorgendlich mehr als 50 junge Leute in einem kleinen Raum. Hinter dem Schreibtisch ein meist hilfloser Mensch, ein Telefon, ein in der Regel leerer Karteikasten – die Wohnungsvermittlung des Allgemeinen Studentenausschusses hat seit Ende der siebziger Jahre schon mehrmals die Adresse gewechselt. Nichts geändert aber hat sich am Andrang, besonders zu Beginn des Wintersemesters. Das Bild von dem nahezu entmutigten Haufen, der sich jeden Tag um vielleicht ein einziges Zimmerangebot schart, ist beispielhaft für das Szenario an anderen Vermittlungsstellen. Wer studieren will, braucht nicht nur einen Studienplatz. Die größte Hürde für die neuen Erstsemester ist in Münster alle Jahre wieder die Budensuche.

In einer „kleinen" Großstadt wie Münster mit rund 270 000 Einwohnern stellen die Studenten fast ein Fünftel der Gesamtbevölkerung – ein nicht zu übersehender Faktor auf dem Wohnungsmarkt, der auch für viele andere Gruppen sehr eng geworden ist. Längst vorbei sind die Zeiten, in denen in unrenovierten, aber großzügig-gediegenen Altbauwohnungen das studentische Zusammenleben in Wohngemeinschaften, damals noch „Kommunen", für ein bißchen Miete erprobt wurde. Wer wirklich wohnen will, darf schon lange nicht mehr wählerisch sein. Das zwischenzeitlich totgesagte winzige, möblierte Zimmerchen zur Untermiete, ohne Damen- beziehungsweise Herrenbesuch, nur für Nichtraucher und Wochenendfahrer versteht sich, erlebt sein Comeback. Für viele Erstsemester ist es immer noch oder wieder die erste Station in der Universitätsstadt.

Weil Münster nicht sehr groß, aber äußerst studentenreich ist, liegt die Versorgungsquote mit Studentenwohnheimen höher als anderswo im Lande. Dennoch, 200 Studenten stehen zu Semesterbeginn immer auf der Warteliste des Studentenwerks, das die Wohnheime baut und verwaltet. Fast 6000 Zimmer werden – im Gegensatz zu den Wohnmöglichkeiten auf dem freien Wohnungsmarkt – zu erschwinglichen Preisen an Studierende vermietet. Für ausländische Studenten ist ein Raum in einem Studentenwohnheim oft überhaupt die einzige Chance, irgendwo einzuziehen.

Die Kehrseite der Attraktivität: Es gibt zu wenig Studentenbuden

Den Bedürfnissen der Klientel haben sich die neueren Studentenwohnheime, die jetzt Studentenwohnhäuser heißen, vor einigen Jahren angepaßt. Passé sind lange Flure mit zahllosen, gleichförmigen Zimmern. Die Wohngemeinschaft hat ins Studentenwohnheim Einzug gehalten. In den neuen Häusern leben die Bewohner zu zweit, zu dritt oder zu viert in einer Wohnung zusammen. Die Studentenwohnhäuser können ganz normale Häuser werden, wenn die Universität eines Tages – sollten die Prognosen der Bildungspolitiker recht behalten – leerer wird.

Davon aber ist vorerst nichts zu spüren und deshalb wird beim Studentenwerk kräftig gebaut. Ein Ende der studentischen Wohnungsnot markieren zwar auch 1000 neue Plätze nicht, aber es hat etwas Luft auf dem engen Wohnungsmarkt geschaffen. Ob dann Anfang Oktober wieder an der Promenade gezeltet wird, Notunterkünfte in Turnhallen für die jeweils 5000 bis 6000 Erstsemester eingerichtet werden müssen – die Entwicklung der Studentenzahlen muß es zeigen. Bisher gehört für AStA und Studentengemeinden der Kampf um Schlaf- und Wohnmöglichkeiten für die Neuankömmlinge zum Alltagsgeschäft eines jeden Herbstes. Der Mensch, auch der Student in Münster, ist heute vorrangig Individualist und wohnt, Umfragen zufolge, am liebsten solo.

Auf der Suche nach einer Bleibe greifen Studenten auch zu ausgefallenen Ideen, um das Interesse der Öffentlichkeit zu wecken – wie diese junge Dame, die als „Sandwichman" durch die Straßen lief.

Der Anteil der Wohnheimplätze in Münster ist überdurchschnittlich, er reicht in der „kleinen" Großstadt dennoch nicht.

Studentenhäuser wurden in den letzten Jahren gebaut. Der originelle Fahrradparkplatz ist typisch für die Fahrradstadt Münster.

Die „Speisung der Fünftausend":
240 Mitarbeiter sorgen fürs Massen-Menü

Dimensionen, bei denen einer Hausfrau schwindelig wird: Nur voll durchtechnisiert und mit Fließbändern lassen sich die tausenden von Essensportionen bewältigen.

An jedem Werktag beginnt am Aasee und am Coesfelder Kreuz eine Neuauflage der „Speisung der Fünftausend". Was eher noch eine Untertreibung ist: Weit über 10 000 Mahlzeiten wandern allmittäglich in die Mägen der Studenten. Mit einem Wunder haben die sich endlos schlängelnden Bratwürste, das Kartoffelgebirge oder die Suppenseen natürlich rein gar nichts zu tun, die in den beiden großen Mensen vom Band rollen.

Rund 240 Mitarbeiter schwingen den Kochlöffel, ordern, organisieren oder kassieren, damit das Studentenfutter jeden Mittag wieder die Bäuche füllt, die doch angeblich voll nicht gern studieren. Aber wer studiert schließlich schon mit dem Bauch?

Nicht weniger als die vereinigten Berliner aus Ost und West würden an einem Mittag von dem satt, was die Mensaköche alljährlich auf den Plastiktabletts anrichten. Rund drei Millionen Essen verleiben sich die münsterschen Studenten in ihren beiden Stammlokalen innerhalb von zwei Semestern ein, wobei das Preis-Leistungsverhältnis über den unvermeidlichen Tatbestand der mitunter etwas hektischen Massenabfertigung hinwegtröstet. Bei einem bundesweiten Mensenvergleich landeten die münsterschen Speisefabriken – was die Annehmbarkeit der Preise im Verhältnis zur Schmackhaftigkeit des Gebotenen angeht – auf einem respektablen zweiten Platz. Auf Preisstabilität nämlich wird mit Rücksicht auf das mitunter sehr schmale Portemonnaie der Kundschaft geachtet. Andererseits offenbart die Statistik des Studentenwerks: Der studentische Gaumen ist mit den Jahren verwöhnter geworden, schmäht fettige Koteletts und undurchsichtig-deftige Eintöpfe, verlangt statt dessen nach biologisch vollwertiger Kost, frischen Gemüsen und Salaten. Beides wird seit Jahren verstärkt serviert, in der modernen, 1979 fertiggestellten Mensa am Coesfelder Kreuz heißt „Wahlessen" die studentische Devise beim Mittagstisch. Ein Broccolistückchen hier, ein wenig Gratin dort – Schnitzel und Koteletts liefern zu Lebzeiten garantiert glückliche Schweine aus artgerechter Mast.

So anspruchsvoll waren die Ahnen und Urahnen der heutigen münsterschen Studentengeneration nicht.

Mensa: Schnitzel und Pommes sind Leibgericht laut Statistik

Lange Reihen lassen sich im großen Saal der neuen Mensa am Coesfelder Kreuz nicht vermeiden. Die Studenten haben allerdings die Möglichkeit, sich ihr Essen individuell zusammenzustellen.

Die Zusammensetzung der einfachen Gerichte, die Münsters erste, unmittelbar nach dem Ersten Weltkrieg eingerichtete Mensa in einem Keller des Universitätsgebäudes am Domplatz kredenzte, sind zwar nicht im Detail überliefert. Gleichwohl firmierte die Speisestätte in Studentenkreisen alsbald als „Schlemmerkeller". Geschlemmt und zwar festlich, so berichtet es ein Chronist des münsterschen Studentenwerks, wurde auch im Dezember 1945, als die heutige alte und damals neue Mensa am Aasee, nach Bombenschäden notdürftig wiederhergestellt, ihrer alten Bestimmung wieder übergeben wurde. Zur Einweihung tafelten die Ehrengäste Möhrengemüse – der in Dortmund eigens georderte Heringssalat konnte wegen Benzinknappheit nicht nach Münster geschafft werden.

Schon damals mag den Kostgängern an den langen Mensatischen, die heute insgesamt 3635 Hungrigen Platz bieten, ein Traum im Magen gelegen haben, der heute trotz Gesundheits- und Schlankheitsbewußtsein statistisch eindeutig als Leibgericht der Studenten beurkundet ist: Pommes und Schnitzel.

Nach dem Zusammenstellen des mittäglichen Menüs geht's an der Kasse vorbei.

Sie gaben der Universität Profil: Die Theologen Karl Rahner und Karl Barth

Karl Rahner, renommierter katholischer Dogmatiker, lehrte von 1967 bis 1971 in Münster.

Als Ordinarius für Dogmatik und Dogmengeschichte lehrte Prof. Dr. Karl Rahner, einer der renommiertesten deutschen Theologen, von 1967 bis zu seiner Emeritierung im Jahr 1971 im Fachbereich katholische Theologie an der Westfälischen Wilhelms-Universität. Der Theologe, der nach Stationen in Pullach, Innsbruck und München nach Münster kam, übte maßgeblichen Einfluß auf das Zweite Vatikanische Konzil aus, das sich um eine Öffnung und Erneuerung der katholischen Kirche bemühte. Mehr als 4000 Titel, darunter das zehnbändige Lexikon für Theologie und Kirche, zählt Rahners Gesamtwerk. Elfmal wurde ihm die Ehrendoktorwürde verliehen, die erste von der Universität Münster im Jahre 1964.

Die neun Semester in Münster fielen in eine Zeit nachkonziliarer Auseinandersetzungen. Rahner scheute sich nie, kirchliche Autoritäten zu kritisieren, wenn sie einer seiner Meinung nach notwendigen Fortentwicklung im Wege standen. So fand zum Beispiel das im Auftrag der Deutschen Bischofskonferenz erarbeitete Konzept einer Neuordnung der theologischen Studien in Rahner einen entschiedenen Kritiker, nicht zuletzt wegen des dort entwickelten Modells eines „theologischen Grundkurses". 1976 erschien Rahners „Grundkurs der Glaubenseinführung in den Begriff des Christentums".

Der in Freiburg im Breisgau geborene Karl Rahner, der nach dem Abitur 1922 in den Jesuitenorden eingetreten war, starb 1984 im Alter von 80 Jahren in Innsbruck.

Karl Barth gehört zu den bedeutendsten protestantischen Theologen dieses Jahrhunderts und zu den großen Lehrern an der Universität Münster. Kaum ein Theologe hat einen derartigen Einfluß auf die Kirche und die theologische Wissenschaft ausgeübt wie er, nur wenige stifteten so viel Unruhe wie der Schweizer Theologe. Nach Münster kam er 1925 als Ordinarius für Dogmatik. In den fünf Jahren, die von theologischen Auseinandersetzungen erfüllt waren, gelang Karl Barth der Durchbruch in der wissenschaftlichen Öffentlichkeit. Barth war 1919 mit seinen Auslegungen des Römerbriefes bekannt geworden. Schon 1930 folgte er dem Ruf nach Bonn.

Über die theologischen Fachkreise hinaus wurde der stark calvinistisch eingestellte Barth 1933 bekannt, als er sich gegen die Bestrebungen der sogenannten „Deutschen Christen" wandte („Erklärung von Barmen", 1934). Als er sich 1934 weigerte, den Eid auf Hitler zu leisten, wurde er entlassen und folgte dem Ruf an die Universität seiner Vaterstadt Basel. Die Universität Münster verlieh ihm 1946 zum zweitenmal den Ehrendoktortitel, der ihm 1939 aberkannt worden war, nachdem der Theologe öffentlich Hitlers Einmarsch in die Tschechoslowakei mißbilligt hatte.

Karl Barth, geboren am 10. Mai 1886 in Basel, trat 1961 offiziell von seinem akademischen Lehramt in Basel zurück und arbeitete im Ruhestand weiter an seinem Hauptwerk, der „Kirchlichen Dogmatik", die er bei seinem Tod am 10. Dezember 1968 mit 13 Bänden unvollendet hinterließ.

Karl Barth war einer der bedeutendsten protestantischen Theologen. In Münster lehrte er von 1925 bis 1930.

Kardinal Hermann Volk und Studentenförderer Adolf Kratzer

Hermann Volk war bei aller Wissenschaftlichkeit volkstümlich. Von 1946 bis 1962 lehrte er in Münster.

Er galt als volkstümlicher Theologe, Wegbereiter der Ökumene und war einer der profiliertesten Hochschullehrer der Universität. Von 1946 bis 1962 lehrte Prof. Dr. theol. et phil. Hermann Volk als Professor für Dogmatik an der Universität Münster, deren Rektor er 1954/55 war. Mit den Schwerpunkten Schöpfungslehre und Kontroverstheologie wurde Prof. Hermann Volk einer der bedeutendsten Dogmatiker der münsterschen Universität. Darüber hinaus machte sich der Theologe in Münster um die ökumenische Christliche Theatergemeinde verdient. Sein Engagement für die Ökumene führte unter anderem dazu, daß Papst Johannes XXIII. ihn im November 1960 als Konsultor in das römische Sekretariat für die Einheit der Christen holte.

1962 berief ihn der Papst als Bischof nach Mainz, wo er bis zu seinem 79. Lebensjahr als Nachfolger des hl. Bonifatius wirkte. In Mainz starb Altbischof Hermann Kardinal Volk 1988 im Alter von 84 Jahren.

Als Sohn eines Sattlermeisters war der spätere Bischof und Kardinal am 27. Dezember 1903 in Steinheim am Main geboren worden. Nach fünfjährigem Studium der Theologie und Philosophie in Mainz war er 1927 zum Priester geweiht worden. Nach fast acht Jahren als Kaplan setzte er sein Studium fort, wurde in Freiburg/Schweiz zum Dr. phil. und in Münster zum Dr. theol. promoviert. 1973 erhob ihn Papst Paul VI. in den Kardinalsrang.

Den Studenten ist Prof. Adolf Kratzer vor allem durch das Studentenhaus am Aasee bekannt, das 1957 nach ihm benannt wurde. Jahrzehntelang widmete er sich neben seiner Lehrtätigkeit den studentischen Interessen, leitete das Studentenwerk, baute die Förderung über Gebührenerlaß, Stipendien, Darlehen und Freitische bis zum „Honnefer Modell" aus. Darüber hinaus war der Lehrstuhlinhaber für Theoretische Physik und spätere Ehrensenator während des Krieges langjähriger Prorektor der Universität und von 1935 bis 1942 Dekan der Philosophisch-Naturwissenschaftlichen Fakultät. Vier Jahrzehnte lang gehörte Prof. Dr. Adolf Kratzer dem Lehrkörper der Westfälischen Wilhelms-Universität an.

Der am 10. Oktober 1893 in Günzburg an der Donau geborene Sohn einer Handwerkerfamilie hatte 1920 an der Universität München mit einer Arbeit über die „Quantentheorie der Rotationsspektren" promoviert, die ihm schnell internationale Reputation einbrachte. Während seiner Lehrtätigkeit in Münster wandte er sich immer mehr den erkenntnistheoretischen Grundlagen der Physik zu. Prof. Dr. Adolf Kratzer starb am 6. Juli 1983 im Alter von 89 Jahren.

Adolf Kratzer war nicht nur ein berühmter Physiker, sondern vor allem auch ein nachhaltiger Förderer der Studenten.

Helmut Schelsky – kritischer Begleiter von Gesellschaft und Wissenschaft

Helmut Schelsky war einer der bedeutendsten Soziologen der Nachkriegszeit.

Mit dem Tod von Helmut Schelsky verlor die Universität Münster 1984 einen der maßgeblichen Begründer der münsterschen Schule der Rechtstheorie und einen kritischen Begleiter bildungssoziologischer und hochschulpolitischer Entwicklungen. Als einer der bedeutendsten Wissenschaftler hat er die deutsche Soziologie der Nachkriegszeit nachhaltig geprägt. Stationen seiner akademischen Laufbahn waren neben Münster die neugegründete Akademie für Gemeinwirtschaft in Hamburg, die Sozialforschungsstelle in Dortmund und die Universität Bielefeld, zu deren Planern und Mitbegründern er gehört. Als Ordinarius an die Universität Münster wurde der 1912 in Chemnitz geborene Schelsky 1960 berufen.

Die wichtigsten Schriften seines nahezu 400 Titel umfassenden Gesamtwerkes entstanden während der darauffolgenden Jahre. Wie kaum ein anderer Autor hat Schelsky die sich ankündigenden Strukturveränderungen in der deutschen Gesellschaft erspürt, analysiert und verständlich gemacht. Insbesondere mit seiner eigenen Fachwissenschaft setzte sich der international bekannte Soziologe und Philosoph kritisch auseinander („Anti-Soziologie"), so daß ihm von Kollegenseite vorgeworfen wurde, er habe sich außerhalb seines Faches gestellt. Indem er sich der von ihm bewußt verfolgten Aufgabe kritischer Aufklärung verschrieb, näherte er sich der Rechtswissenschaft immer mehr an. Dabei blieb Prof. Dr. Dr. h.c. mult. Schelsky stets empirischer Soziologe.

Der Hochschullehrer engagierte sich darüber hinaus in der Hochschulpolitik, zum Beispiel als Vorsitzender des Planungsbeirates des Kultusministers für die Entwicklung des Hochschulwesens und als Senator der Deutschen Forschungsgemeinschaft.

Viel geehrte Naturwissenschaftler: Wilhelm Klemm und Heinrich Behnke

Wilhelm Klemm, Ordinarius für Anorganische Chemie, Rektor, Förderer der Universität und Ehrensenator.

Sein Ruf als Hochschullehrer ist nahezu legendär: Der Mathematiker Prof. Dr. Heinrich Behnke begründete in Münster eine bedeutende mathematische Schule, aus der 56 Doktoranden und 30 Hochschullehrer hervorgegangen sind. Das Seminar für Didaktik der Mathematik, das er aufbaute, trägt seit seinem 80. Geburtstag im Jahre 1978 offiziell seinen Namen. Behnke starb, vielfach geehrt, zwei Tage nach Vollendung seines 81. Lebensjahres.

Insgesamt lehrte Heinrich Behnke 52 Jahre an der Universität Münster, auch nach seiner Emeritierung im Jahre 1967 forschte und lehrte er weiter. Mit 26 Jahren bereits hatte er sich habilitiert. Als er 1927 einen Ruf nach Münster annahm, war er gerade 29 Jahre alt. Und er blieb – trotz ehrenvoller Angebote von außerhalb – seiner Universität Münster treu. Ihm ist es wesentlich zu verdanken, daß die Universität als mathematische Ausbildungsstätte einen internationalen Ruf besitzt.

Neben zwei Ehrendoktorwürden und dem Großen Bundesverdienstkreuz erhielt Heinrich Behnke eine Auszeichnung, die für Hochschullehrer sehr ungewöhnlich ist: Die Stadt Münster verlieh ihm vor allem auch für seine Verdienste in den schweren Wiederaufbaujahren die Paulus-Plakette.

Prof. Dr. Dr. h. c. mult. Wilhelm Klemm galt als einer der angesehensten und verdientesten Wissenschaftler der Universität Münster. Von 1951 bis zu seiner Emeritierung 1964 hatte er den Lehrstuhl für Anorganische Chemie inne. Sein Name ist untrennbar mit der Magnetochemie verbunden. Auf wissenschaftlicher Ebene liegen seine Verdienste vor allem in der Untersuchung fester Stoffe durch Anwendung physikalischer Methoden. Darüber hinaus machte er sich um die Universität Münster 1957/58 als Rektor und anschließend zwei Jahre als Prorektor verdient. Außerdem war Klemm Initiator und Begründer des Naturwissenschaftlichen Zentrums.

Die deutschsprachige wissenschaftliche Literatur seines Fachgebiets hat Prof. Wilhelm Klemm um zahlreiche Werke erweitert. Klemm war Mitglied mehrerer Akademien und Ehrenmitglied wissenschaftlicher Gesellschaften. Sein Wirken wurde auch im Ausland durch die Verleihung von Ehrendoktortiteln gewürdigt. Die Universität hat ihn 1981 anläßlich seines 85. Geburtstags zum Ehrensenator ernannt.

Der in Guhrau (Schlesien) gebürtige Chemiker, nach dem im Naturwissenschaftlichen Zentrum eine Straße benannt wurde, starb 1985 im Alter von 89 Jahren.

Heinrich Behnke begründete eine der erfolgreichsten mathematischen Schulen.

Carolinensiel: Der nördlichste Zipfel
Zafernahütte: Der höchste Gipfel

Unmittelbar hinter dem Deich von Carolinensiel liegt die meeresbiologische Wattstation der Universität.

Frische Meeresluft gibt es gratis: Im ostfriesischen Carolinensiel liegt die meeresbiologische Wattstation – der nördlichste Ausleger der Universität Münster. 1972 wurde das Haus unmittelbar hinter dem Deich eingeweiht, Labors und einfache Unterbringungsräume dienen sowohl der Forschung als auch der Ausbildung der Biologiestudenten. Neben den Salzwiesen wird das eigentliche Watt, dieser artenreiche extreme Lebensraum, vor Ort – das heißt im Schlamm – studiert, Versuche werden aber auch im Labor in Münster durchgeführt. Dabei interessieren die Anpassungsmechanismen, die das Überleben ermöglichen.

Die Zaferna-Hütte im Kleinen Walsertal dient dem Sport, aber auch für Exkursionen anderer Fächer.

Die Gäste, die hierher kommen, denken eigentlich nicht an Urlaub, auch wenn der Ort im Kleinen Walsertal liegt: Die Zaferna-Hütte oberhalb von Mittelberg dient der Universität Münster als Quartier bei Exkursionen von Sport-, Biologie- und Geologiestudenten, für Kompaktseminare und auch als Ort der Begegnung mit ausländischen Studenten. In den Ferien aber darf schlicht an Urlaub gedacht werden. Die Zaferna-Hütte ist mit dem Namen von Gerhard Nacke-Erich verbunden, der 1957 die Hütte gleichsam von Aachen „mitbrachte". 1950 hatte er sie für die Technische Hochschule Aachen angemietet, 1957 wechselte er als Direktor des Sportinstituts nach Münster und mit ihm wechselte die Hütte den Nutzer. Diese Zaferna-Hütte ist der südlichste und mit 1 500 Metern zugleich der höchste Ableger der Universität.

Vom Domplatz bis weit in den Westen hinein: Stadt und Universität sind eng verknüpft

163

Diese schon historische Luftaufnahme aus dem Jahre 1973 zeigt die enge bauliche Verknüpfung zwischen Stadt und Universität. Unmittelbar am Domplatz liegt das Fürstenberghaus mit dem alten Franz-Hitze-Haus rechts daneben, dahinter schließt sich das große juristische Quadrum an. Hinter dem vollgeparkten Hindenburgplatz zeigt sich das Schloß mit der früheren „Niere". Schließlich liegt im Hintergrund das noch unvollendete Naturwissenschaftliche Zentrum.

Verzeichnis der Autoren

Markus Brakel, Journalist (138); Dr. Torsten Casimir, Journalist (57); Nicola Ebel, Journalistin (129); Prof. Dr. Hans-Uwe Erichsen, Rektor von 1986 bis 1990 (10); Gerd Felder, Journalist (140); Norbert Frie, Journalist (28, 120); Prof. Dr. Ulrich Gerlach (109); Prof. Dr. Heinz Lothar Grob (56); Doris Gröschke-Bachmann, Journalistin (102, 103, 112); Dietrich Harhues, Journalist (72, 78, 134, 136); Prof. Dr. Ulrich Horstmann (128, Nachdruck aus „Ulrich Horstmann, Ansichten vom großen Umsonst". GTB Siebenstern 1114, Gütersloher Verlagshaus Gerd Mohn, Gütersloh); Dr. Ursula Kapitza, Journalistin (122, 126); Prof. Dr. Werner Knopp, Rektor von 1970 bis 1974 (22); Cornelia Koch, Journalistin (115, 158); Prof. Dr. Herbert Mainusch (12); Susanne Mayr, Journalistin (61, 86); Prof. Dr. Heribert Meffert (60); Erhard Obermeyer, Journalist (8, 18, 20, 24, 30, 33, 34, 36, 39, 40, 44, 46, 51, 63, 67, 79, 82, 84, 92, 96, 97, 100, 116, 118, 124, 130, 132); Prof. Dr. Klaus Ostheeren (25); Raimund Pingel, Oberkreisdirektor (14); Winfried Raffel, Journalist (90, 104); Jutta Reising, Journalistin (107); Wolfgang Schemann, Journalist (13); Martin Schleinhege, Journalist (150); Prof. Dr. Friedrich Strauch (88); Prof. Dr. Richard Toellner (110); Dr. Jörg Twenhöven, Oberbürgermeister (11); Karin Völker, Journalistin (48, 108, 154, 156); Prof. Dr. Maria Wasna, Rektorin seit 1990 (6); Martin Wolters, Journalist (54).

Nachweis der Bilder

Matthias Ahlke (7, 13, 17, 22, 24, 31, 33, 38, 40, 41, 46, 47, 51, 55, 66, 75, 82, 91, 92, 93, 135, 137, 148, 152, 153, 156, 157); Aschendorff (5, 10, 11, 23, 36, 54, 59, 63, 66, 89, 97, 115, 116, 122, 131, 133, 145, 146, 147, 152, 158, 159, 160, 161); Carl Determeyer (19); Nicola Ebel (129); Hans Eick (100, 101, 106); Forschungsstelle Asia Minor (44, 45); Forschungsstelle für Physikalische Glaziologie (84, 85); Martin Frank (163); Dietrich Harhues (49, 50, 72, 76, 80, 127, 134, 137, 155); Michael Helmkamp (71); Hochschulsport (138, 139); Institut für Chemo- und Biosensorik (96); Institut für Frühmittelalterforschung (40); Institut für neutestamentliche Textforschung (34, 35, 37, 38); Institut für Planetologie (82, 83); Landesmuseum für Kunst und Kulturgeschichte (69, 74, 81); LandSat (87); Frido Mann (129); Susanne Mayr (61, 86); Medizinische Verwaltung (116); Erhard Obermeyer (162); Jürgen Peperhowe (126); Christoph Preker/Ralf Heil (2, 15, 27, 30, 56, 57, 80, 81, 89, 98, 103, 107, 108, 114, 120, 121, 128, 130, 133, 144, 153); Winfried Raffel (122); Dieter Rensing (1, 16, 70, 71, 73, 99, 117, 119, 123, 143); Joachim Schumacher (60); Staatsarchiv (3); Stadtmuseum (43); Stadtwerbung und Touristik (29); Studentischer Madrigalchor (124, 125); Studiobühne (126); Sigmar Teuber (162); Universitätsarchiv (9, 17, 18, 20, 21, 118, 148, 150); Universitätsbibliothek (48); Universitätspressestelle / Christian Richters (90, 95, 102, 104); Maik Veste (77); Robert Vornholt (64); Oliver Werner (4, 5, 8, 12, 32, 36, 53, 57, 58, 60, 62, 65, 67, 68, 69, 94, 105, 112, 113, 117, 119, 130, 135, 140, 141, 142, 145, 146, 148, 149, 151, 154, 155).

© 1992 Aschendorffsche Verlagsbuchhandlung GmbH & Co., Münster

Das Werk ist urheberrechtlich geschützt. Die dadurch begründeten Rechte, insbesondere die der Übersetzung, des Nachdrucks, der Entnahme von Abbildungen, der Funksendung, der Wiedergabe auf fotomechanischem oder ähnlichem Wege und der Speicherung in Datenverarbeitungsanlagen bleiben, auch bei nur auszugsweiser Verwertung, vorbehalten. Die Vergütungsansprüche des § 54, Abs. 2, UrhG, werden durch die Verwertungsgesellschaft Wort wahrgenommen.

Gesamtherstellung: Druckhaus Aschendorff, Münster, 1992

ISBN 3-402-05164-8